法规清理、法规汇编、法规规章备案三项法律制度研究

赵 威 ◎ 著

FAGUI QINGLI FAGUI HUIBIAN FAGUI GUIZHANG BEIAN
SANXIANG FALÜ ZHIDU YANJIU

中国法治出版社
CHINA LEGAL PUBLISHING HOUSE

中央人民政府法令汇编

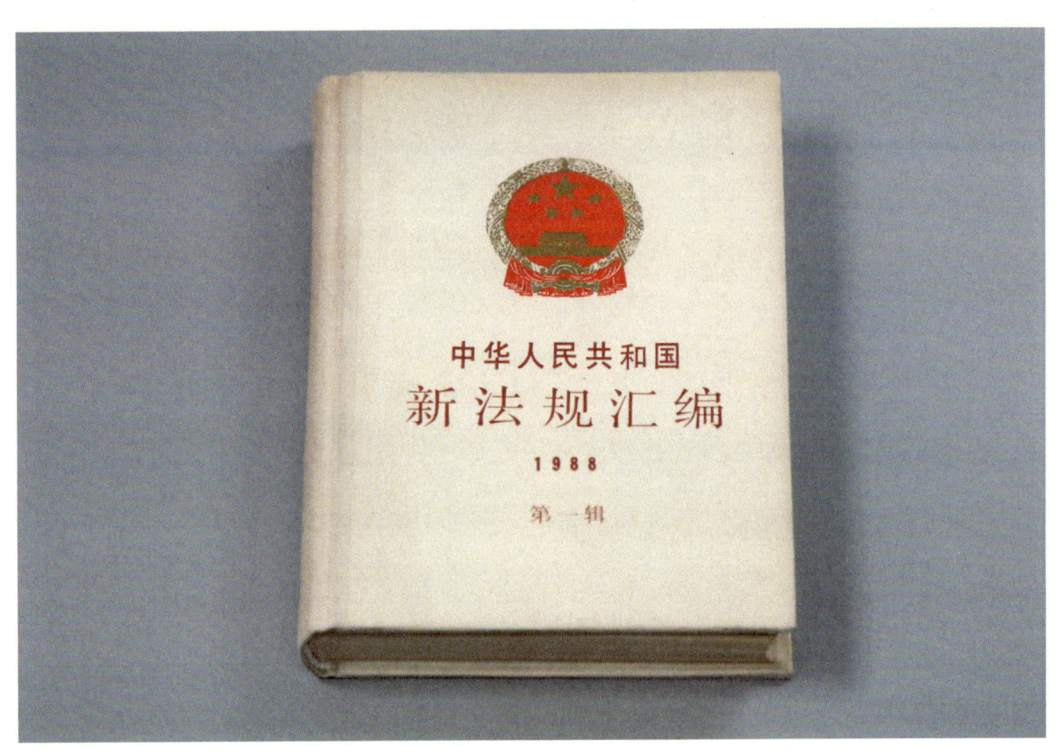

中华人民共和国新法规汇编

PREFACE 序一

赵威同志是我们在中央党校国家机关分校第21期干部培训班（1992年3月至7月，以下简称培训班）学习时的同学，石秀诗担任党支部书记，黄文平担任班长。来自国务院办公厅、国务院研究室、国务院参事室、国务院法制局、国家信访局、国家档案局、国务院特区办、行政管理学会等单位的21名同学，一起认真研读讨论邓小平同志的南方谈话，分组到有关地方基层单位调查研究、结合实际讨论撰写调查报告，结下了难忘的友谊。赵威同学在培训班期间就表现出积极的研究精神。在他退休之后，倾心仿毛体毛笔字的创作，给同学们留下了深刻的印象。他在认真梳理思路、总结工作经验、积累历史资料，做了大量准备工作后，于今年他82周岁之际，完成了《法规清理、法规汇编、法规规章备案三项法律制度研究》（以下简称《三项法律制度研究》）23万字的专著，并请我们俩为《三项法律制度研究》写几句话、作个序。

赵威同志说，"我一辈子没离开过'法'字"。他在国务院法制局（法制办）工作期间，主要负责法规清理、法规汇编、法规规章备案三项工作，担任过国务院法制办协调司副司长。《三项法律制度研究》是他多年从事法规清理、法规汇编、法规规章备案三项工作的系统归纳和经验总结。

《三项法律制度研究》一书，具有法学知识性、语言可读性、材料丰富性的特点，对从事政府法制工作的同志具有重要的参考价值。《三项法律制度研究》一书中，还收录了早期红色革命根据地的四部法规汇编，既珍贵又难得，经赵威同志带着革命感情和专业视野的介绍，使读者对早期红色革命根据地基础性的法规工作，有一个基本的了解，对做好当下的法律工作具有重要的指导意义。

赵威同志的《三项法律制度研究》专著即将出版，可喜可贺，是为序。

贵州省原省长、十一届全国人大财经委主任委员

中央机构编制委员会办公室原副主任

2023年6月

PREFACE 序二

沈春耀同志给作者的贺信

赵威同志：

您好！来函收悉。久未见面，岁月不居。得知您新近完成了《法规清理、法规汇编、法规规章备案三项制度研究》一书，甚感欣慰！特向您表示真诚的祝贺和美好的祝福！

您在国务院法制办公室工作20多年，直接参与、经历和见证了改革开放新时期我国政府法制建设许多重要工作，收集整理了许多有价值的工作资料，积累形成了许多宝贵的工作经验、研究成果和心得体会，是非常难得的。《法规清理、法规汇编、法规规章备案三项制度研究》这本专著，应该是一个集中的反映和很好的记载，从一个重要侧面展现了政府法制建设前期发展的历程和情况。不仅会使我们看到当年所成之"事"，而且会使我们看到成事之"人"，感悟、体会到那个时期政府法制工作者开拓进取的精神风貌、严谨细致的工作作风和良好扎实的专业素养，相信对我们今天在新时代新征程继续前行和奋斗的法治工作者会有很多教益、激励和启发。

我们都曾经长时间在国务院法制办公室工作，为共同的事业而努力，这对我来说是非常难忘的工作经历。您在信函中提及的当年一些工作情况和有关老领导、老同志，引起了我的回忆和深思，感慨良多，深切感到自己的成长和进步得益于国务院法制办公室这一段重要工作经历，受益于许多领导和同志们给予我的关心、指导、帮助和教诲。时光渐行渐远，我们当年的年轻人现在都已经步入老年。往事历历在目，心情难以平静。今天，当看到我们一生追求的法治事业不断发展进步，以习近平同志为核心的党中央高度重视和大力推进全面依法治国，取得一系列重大成就，我心中感到特别高兴，很有成就感。同时，法治事业在传承中不断开拓进取、兴旺发达，饮水思源，不忘桑梓，对前辈前人做出的重要贡献我心中充满了无限的崇敬和感恩。借此机会，向您和曾经在国务院法制办公室（国务院法制局）工作过的各位领导和同志们表示崇高的敬意和衷心的感谢！

沈春耀

全国人大常委会法工委主任

2023年6月21日

PREFACE 序三

　　法规清理、法规汇编、法规规章备案是维护法制统一的重要立法活动，也是实现法律体系科学性、系统性和协调性的基础性工作。新中国成立之后，这三项制度经历了一个从无到有、从时常中断到正规开展的曲折过程。呈现在大家面前的《法规清理、法规汇编、法规规章备案三项法律制度研究》这本书是赵威前辈长期从事法规清理、法规汇编、法规规章备案工作的心得体会和经验总结，凝聚着他长期以来的工作感悟、学术积累和深度思考。

　　本书回顾和梳理了新中国成立以来法规清理、法规汇编和法规规章备案制度建立的时代背景和沿革变迁，详实记载了《中华人民共和国新法规汇编》第一辑编辑出版的过程，为我们提供了许多珍贵的一手资料。难能可贵的是，本书还收录了早期革命根据地的四部法律法令汇编、新中国的十部法律法规汇编，为我们真实展示了中国法规清理、法规汇编、法规规章备案制度演变的历史面貌。

　　赵威前辈在国务院法制办工作二十余载，是我国法规清理、法规汇编、法规规章备案法律制度创建、发展、完善过程的亲历者、见证者。他为政府法制工作倾注了人生最好的年华。对于三项制度建设的很多重要时刻，他都亲历其境、亲受体验。这本书较为全面地记录了我国三项制度的沿革过程，描述了三项制度的基本样态，对于进一步推进三项制度研究提供了宝贵的学术资源和资料支持，对于中国特色备案审查制度的未来发展也进行了积极探索。

赵威前辈在本书的前言中说，我一辈子没离开"法"字。他对于法治事业的真挚情怀，对于法规清理、法规汇编、法规规章备案工作的执着和热爱，也将大大激发中青年学者和法律事务工作者对这三项制度的关注和研究热情，进一步推动三项制度的继续发展和不断完善。他勤勤恳恳、心无旁骛、干一行爱一行的工作精神，也让我们晚辈高山仰止、深深感动。

我是二十多年前认识赵威前辈的。当时，我的博士论文刚刚出版。这是国内法学界较早对法典编纂问题进行系统研究的博士论文。国务院法制办法制监督司在北京大学举行法律汇编与法典编纂国际研讨会，我有幸被邀参会并发言，也有幸认识赵威前辈。时隔多年，赵威前辈前些时候联系我并嘱托我为他的毕生心血之作写序。我诚惶诚恐、倍感荣幸，感恩前辈的珍贵信任亦欣然受命。

我想，本书的出版不仅是赵威前辈的一件值得纪念的大事，也是法学界和法律实务界的一件幸事。本书即将付梓之际，我谨以此序表示热忱的祝贺，也向赵威前辈表示诚挚的敬意和美好的祝愿。

封丽霞

中共中央党校（国家行政学院）政治和法律教研部主任

2023年12月于中共中央党校

PREFACE 前言

我一辈子崇拜毛泽东，信仰共产主义，忠诚于中国共产党。

我一辈子学法、研法、用法、守法、宣法、执法、制法和查法。

我一辈子没离开过"法"字。

我在吉林大学法律系学习6年，毕业后分配到北京，先后在四个单位工作过。第一站是哲学社会科学学部，也就是现在的社科院前身。第二个单位是国际问题文献研究所，其地点是在有名的北大沙滩"红楼"，在那我住了5年。"红楼"里的红地板，每天我们都用高级的煤油擦，不能穿高跟鞋或者硬底鞋，走路要轻，为的是保护文物。在这个研究所我做了一些法律书刊和公开的文化情报工作。1973年，这个研究所被撤销，我被分配到国家图书馆，主要负责法的理论和问题咨询工作。在这里，我做了一件很有意义的事，由我主编《民国时期总书目：1911—1949》（法律分册），书目文献出版社出版。为此，我把国家图书馆1911年至1949年所有馆藏法律图书（除线装本）查阅了一遍，并撰写了内容提要，共收集法律图书书目万余种，我成为查阅国家图书馆1911年至1949年馆藏所有法律图书的第一人。

在国图期间，虽然也是从事法的问题咨询和研究工作，但总觉得从理论到理论，从书本到书本，有点乏味，于是，有了想换换工作的动意。1986年4月，国务院办公厅法制局从办公厅独立出来，正式成立国务院法制局。成立不久，我有幸成为其一员。我来国务院法制局一猛子就扎到法规监督检查司。从20世纪80年代初，到2002年退休，近20年，我都在国务院法制局法规监督检查司工作，我曾主持、负责或者从事法规（包括规章和规范性文件）清理、汇编、备案三项行政法律制度的研究、创建、维护和执行工作，直到退休，可以说我是全身心地投入我国政府法制建设，因此对这个工作很有感情。

国务院法制局成立最初的机构方案，没有这个司，后来经当时的国务院秘书长点名才设的，主要考虑到法律、法规立得那么多，执行情况不理想，需要监督落实。说实话，虽然法制局每年的工作总结，这个司的工作所占篇幅最多，但法制局的重点的确是立法，领导要把99.9%的精力用在立法上。在法制局，大家对这个司的职能设置一直有不同看法，有的同志认为法制局没有监督职能，反对搞执法检查，也有的人认为法制局把法规规章备案工作揽在手里是一大错误。可能由于这个原因，这个司的名称翻来覆去地变化。最初叫法规监督检查司，后来改为法规检查司、政府法制监督司，1998年国务院机构改革时，改为政府法制协调司。年轻人来到这个司都向往到别的司工作。如果1990年以前监督司在册的人算是监督司"老人"的话，那么能坚持到底的人没有几个。20世纪90年代初，司长谷宏和另一位老同志退休后，监督司的"老人"就剩下我老哥一人了，其他人总是处在进进出出之中。

监督司工作面宽、项目多，包括法规清理、法规汇编、法规规章备案、行政执法监督检查、编写法规情况反映、部门职能交叉而产生的规章矛盾协调，以及行政复议、仲裁等。这些工作我都亲手干过，有的是我具体负责，有的是我分管、主管。我热爱这些工作，因为它是政府法制建设的基础性工作，虽然平凡，但很有意义。我在法制局从不想语惊四座，只求勤勤恳恳，老老实实。一进法制局，韵致政府法制基石就成为我人生的一部分，我对政府法制工作倾注了人生最好的年华，虽然没有那么轰轰烈烈，但炼铸了人生价值。我打算把走过的路，经历过、干过的事，认真整理，用文字写出来，希望对想了解和愿意知道这几块工作的同志、同仁有点借鉴。

在职时就想写有关这三项制度的书，因为忙于工作而没动笔。退休了，有时间了，应该开始写了，可是今天写书法，明天办律师案子，什么都想干，还是没有静下心来写这本书，但是心里总是想着这件事。我今年80岁了，留给这个世界的时间不多了，有关这三项制度的事，有些只有我一个人经手，不写出来肯定是尘封地球深处，这样我觉得对不起历史，也抱歉后人。所以我有生之年无论如何要也完成这本书，而且必须写完。

这本书分四个部分：一是介绍、研究我国法规清理制度的建立、基本情况及存在的问题；二是《中华人民共和国新法规汇编》第一辑编辑出版与法规汇编制度；三是法规规章备案制度的创建；最后我想把我历年来在书刊上发表的与本书有关的文章目录和我所掌握的与本书相关的珍贵参考资料目录作为附录附后，为读者提供研究便利。

赵威

2023年6月

CONTENTS 目录

第一章 法规清理制度研究 ……………………………………001

 一、我国法规清理制度的初建 // 001

 二、新中国成立以来历次法规清理的基本情况 // 004

 三、法规清理的概念 // 058

 四、法规清理的程序 // 060

 五、法规清理的意义 // 067

 六、法规清理的分类 // 070

 七、法规清理存在的主要问题 // 082

第二章 《中华人民共和国新法规汇编》第一辑编辑出版 ……………086

 一、《中华人民共和国新法规汇编》第一辑编辑出版的经过 // 086

 二、《中华人民共和国新法规汇编》编辑出版的背景 // 087

 三、《中华人民共和国新法规汇编》落实国务院关于改变行政法规发布
  形式的决定 // 089

 四、《中华人民共和国新法规汇编》的收录范围 // 092

 五、《中华人民共和国新法规汇编》的分类问题 // 096

 六、《中华人民共和国新法规汇编》的编排 // 098

 七、《中华人民共和国新法规汇编》的版本变化 // 103

 八、《中华人民共和国新法规汇编》编辑说明的变化 // 104

九、《中华人民共和国新法规汇编》收录范围的变化 // 106

十、《中华人民共和国新法规汇编》出版发行有关发布会 // 107

十一、重要报刊刊登《中华人民共和国新法规汇编》出版消息及其他 // 108

第三章　我国法规汇编制度 ······110

一、我国法规汇编编辑出版管理制度的历史发展 // 110

二、《法规汇编编辑出版管理规定》的出台 // 115

三、法规汇编编辑出版管理制度的十大要点 // 120

第四章　红色政权早期革命根据地四种法律法令汇编 ······123

一、《中华苏维埃共和国法典》// 123

二、《苏维埃法令》// 125

三、《抗日根据地政策条例汇集》// 127

四、《陕甘宁边区重要政策法令汇编》// 132

第五章　读四部法律法令汇编的几点感受 ······140

一、新中国的摇篮，中华苏维埃共和国 // 140

二、了解革命圣地陕甘宁 // 143

三、陕甘宁边区法制是党的抗日民族统一战线政策的体现 // 143

四、求是的法制品格，高超的战略思维 // 144

五、赈灾救难，一切以人民为中心的法律法规和执政理念 // 145

六、苏区、边区立法技术的感受 // 145

七、法律来源于经济、社会，又服务于经济、社会 // 148

第六章　新中国国家出版的十部法律法规汇编 ······150

一、新中国国家出版的第一部法律法规汇编——《中央人民政府法令汇编》// 150

二、《中华人民共和国现行法规汇编》// 171

三、《中华人民共和国涉外法规汇编》(1949—1990) // 175

四、《中华人民共和国新法规汇编》// 176

五、《中华人民共和国法律汇编》// 177

六、《中华人民共和国法律汇编》(英文版) // 183

七、《中华人民共和国法律汇编》(中英对照版) // 186

八、《中华人民共和国法律》(1979—1999) // 189

九、《中华人民共和国法律及有关法规汇编》(1979—1984) // 190

十、《中华人民共和国法库》// 191

第七章 法规规章备案制度的建立 ·········· 199

一、法规规章备案制度建立的背景 // 199

二、规章备案制度的诞生 // 204

三、早期规章备案制度内容 // 208

四、全国人大常委会办公厅、国务院办公厅联合发文，规范地方性法规备案制度 // 210

五、法规规章备案制度的法制化 // 212

六、国家法规规章备案库 // 233

七、中共中央、国务院、全国人大常委会重视法规规章备案审查工作 // 235

附录一 法规清理文献目录 ·········· 239

附录二 法规汇编文献目录 ·········· 246

附录三 法规规章备案文献目录 ·········· 248

附录四 作者发表在书刊上与本书内容有关的文章目录 ·········· 251

后 记 ·········· 253

第一章
法规清理制度研究

一、我国法规清理制度的初建

我国法规清理制度应该说在20世纪50年代初就已经形成。

（一）周总理关心法规清理工作，20世纪50年代就对法规清理工作作出指示

1955年2月7日，周恩来总理指示："对原政务院及其所属各部门发布的各项法规，及时进行一次整理是一项重要的工作。原政务院发布和批准的各项法规，由国务院法制局有重点地进行整理，各有关部门应酌派适当干部协助。各部门过去发布的各项法规，亦应于今年内尽可能各自进行一次整理。……在整理现行法规的基础上，建立经常的法规编纂工作。"①

（二）1955年至1956年国务院两次就法规清理事项批转国务院法制局的报告

1. 1955年3月28日，国务院法制局根据1955年1月13日周总理在国

---

① 《国务院秘书厅关于总理对法制工作指示的通知》(1955年2月7日)。

务院常务会议上有关建立法律室的原则指示，向国务院递交《国务院法制局关于法律室任务职责和组织办法的报告》，1955年4月26日国务院批转了这份报告并下发《中华人民共和国国务院批转"国务院法制局关于法律室任务职责和组织办法的报告"的通知》，要求国务院各部门参照办理。国务院在批转国务院法制局关于法律室任务职责和组织办法中明确有法规整理、编纂的业务。

2.国务院批转国务院法制局第一次法规清理工作总结报告。1955年初，国务院法制局开展我国第一次法规清理，1955年12月30日向国务院递交《国务院法制局关于法规整理工作的总结报告》，共清理原政务院发布和批准发布的法规250件。1956年9月25日，国务院批转了国务院法制局这第一次法规清理报告，下发《国务院批转法制局关于法规整理工作的总结报告的通知》，要求国务院各部门参照法制局提出的整理意见，对本部门主管的业务法规，分别加以审查并且进行具体的修改、废止或者重新起草等工作，而后按照法定程序加以处理。

（三）20世纪50年代我国的法规清理叫"法规整理"

1955年3月28日《国务院法制局关于法律室任务职责和组织办法的报告》明确规定法制局法律室有五项职责：

1.审查本部门各单位起草的法律性质的命令和指示草案，以及本部门拟签订的合同草案，是否违反国家法律、法令以及相互之间有无矛盾等；

2.协助本部门各单位起草法规草案；

3.研究本部门各单位提出的法律问题；

4.受本部门的委托代表本部门进行有关公证、公断和起诉、应诉等法律行为；

5.整理、编纂本部门业务需要的各种法规。

这里的"整理、编纂各种法规"就是现代意义的法规清理与编纂。

（四）我国法规清理制度的诞生日

如果说国务院批准国务院法制局关于法律室任务职责和组织办法的报告，确立了我国法规清理制度的根基，那么到1956年9月25日的《国务院批转法制局关于法规整理工作的总结报告的通知》，就宣告了我国法规清理制度以国务院文件的形式正式建立。1955年12月30日，国务院法制局给国务院递交《国务院法制局关于法规整理工作的总结报告》，1956年9月25日得到国务院批转。这是我们从事法规清理工作的同志们值得纪念的日子，这个获批之日，即1956年9月25日，应该说就是我国法规清理制度的诞生日。

（五）国务院重视法规清理工作

1. 新中国成立初期，国务院就法规清理工作对国务院各部门和省、自治区、直辖市政府提出明确要求

1955年初，国务院法制局开展我国第一次法规清理，1955年12月30日向国务院递交《国务院法制局关于法规整理工作的总结报告》，1956年9月25日国务院批转并下发《国务院批转法制局关于法规整理工作的总结报告的通知》。国务院要求："国务院各部门应即参照法制局提出的整理意见，对其中本部门所主管的业务法规，分别加以审查并且进行具体的修改、废止或者重新起草等工作，而后按照法定程序加以处理。"国务院还要求："各省、自治区、直辖市人民委员会应该参照法制局整理法规的经验，对已往各自发布的法规，限期进行一次系统的整理，并加以处理。"这两个明确要求，充分体现了国务院对法规清理工作的重视程度。

2. 将法规清理工作列为国务院向全国人大汇报工作的重点

法规清理工作在国务院工作中也有重要位置。2008年，国务院总理温家宝向全国人大作政府工作报告汇报说，五年国务院共向全国人大常委会提交39件法律议案，制定、修订137件行政法规。探索建立公众有

序参与政府立法的机制和制度,有15部法律草案和行政法规草案向社会公开征求意见。全面清理了现行行政法规和规章。可见,国务院把法规规章清理工作列为向全国人大汇报的一项重点。

法规清理作为一种法律制度经历了诞生、发展和完善的过程,受到了全国人大、国务院的高度重视和法学界的肯定。

二、新中国成立以来历次法规清理的基本情况

研究我国法规清理制度必须首先清楚历次法规清理基本情况。新中国成立以来至2021年,我国法规清理由国务院决定或者国务院办公厅通知,规模比较大的就有31次之多。法规清理的原因、目的等情况比较复杂。我看过不少有关法规清理的文章,有的说共清理11次,有的说共清理14次,总之,说法不一,可以说这些数字都不准确。为了弄清历次法规清理的基本情况,我搜集所有关于行政法规清理的国务院或国务院办公厅的决定、通知等文件,加以梳理、核对、排查,最后按时间顺序排列。从1949年到2021年,我国行政法规(包括规章、规范性文件)清理共进行31次,其中30次都是1983年以后进行的,也就是说,1983年至2021年这38年间清理法规30次,可见法规清理的力度之大。法规清理对我国改革开放、经济和社会发展起到了积极配合作用。

(一)第一次法规清理(全面清理)

1955年初,国务院法制局依照1955年1月13日国务院常务会议关于整理法规的决议,对原政务院发布和批准发布的各项法规汇集了250件(实际是251件),进行了初步整理,也就是现在意义的法规清理。1955年12月30日,国务院法制局向国务院提交了《国务院法制局关于法规整理工作的总结报告》。1956年9月25日,国务院批转了这份报告,给国务院各部门和各省、自治区、直辖市人民委员会下发《国务院批转法

制局关于法规整理工作的总结报告的通知》，要求国务院各部门和各省、自治区、直辖市人民委员会参照法制局整理法规的经验，对以往各自发布的法规，限期进行一次系统的整理和处理。

清理结果，对这250件法规分为下列五类：

（1）继续适用的法规42件。这类法规包括当时可以适用的，或者仍可适用只是个别条款有些不合适而可留待将来编纂时修正的，如《中华人民共和国劳动改造条例》《社会团体登记暂行办法》等。

（2）继续适用而须加以修改的法规64件。这类法规基本符合宪法原则，可以继续适用，但由于情况变化、工作发展或者组织变动，其中某些规定已有缺陷，须加以必要的修改，如《中华人民共和国劳动保险条例》《中华人民共和国对各国外交官及领事官优遇暂行办法》等。

（3）需要重新起草或者合并起草来代替的法规56件。这类法规，主要是由于其中有些基本原则同当前情况和政策法令不符，需要制定新的法规来代替，如《全国税政实施要则》《中华人民共和国矿业暂行条例》等。对同一问题规定不一，须合并制定一个统一的法规来代替的，如有关城市房产管理和专科以上学校章程等法规。

（4）过时的法规42件。这类法规包括，已经完成其历史任务，不需修改，也不必废止，或者已经基本过时，但在处理有关问题时仍可参照的，如《新区农村债务纠纷处理办法》《私立高等学校管理暂行办法》《全国人口调查登记办法》等。

（5）已经废止的法规47件。这类法规包括，已经明文作废的，如《铁路军运暂行条例》《印信条例》等；已经被新的法规代替而实际失效的法规，如《全国铁路职工疾病伤残补助试行办法》等；因组织机构撤销或者改变而当然作废的，如各大行政区和地方各级人民政府组织通则等。

这次行政法规清理，是新中国成立以来在国务院决策下进行的第一次法规全面清理。

（二）第二次法规清理（全面清理）

这次法规清理是新中国成立以来规模最大的一次，全国投入大量人力物力，对1949年10月1日至1984年12月底国务院（含前政务院）发布或者批准发布的3334件行政法规和法规性文件进行了全面、系统的清理，历时5年。为此国务院向全国发出了法规清理、公布清理结果的6个专门文件：

（1）1983年9月22日，《国务院办公厅转发经济法规研究中心〈关于对国务院系统过去颁发的法规、规章进行清理的建议〉的通知》（国办发〔1983〕83号），进行法规清理的具体部署，明确法规清理工作由国务院办公厅法制局和国务院经济法规研究中心负责组织办理。

（2）1985年6月24日，国务院办公厅发出《国务院办公厅转发国务院清理法规工作小组关于国务院各部门清理法规的情况和今后意见的报告的通知》（国办发〔1985〕41号）。通知指出，这次清理法规进度很不平衡，截至1985年5月底，还有5个部门刚开始动手（1983年9月开始法规清理工作），指出法规本身和清理中存在的问题，并对清理工作提出建议，可以说是对法规清理工作进行阶段性总结，起到很好的指导作用。

（3）1986年7月25日，《国务院关于废止部分财贸法规的通知》（国发〔1986〕82号）。通知宣布：国务院有关部门对1949年至1984年期间，经国务院（含政务院）发布或者批准发布的财政、金融、商业、审计、物价和工商管理方面的行政法规和法规性文件（以下简称法规），已经清理完毕，共清理出应予废止的法规104件，决定予以废止。清理出财政、金融、商业、物价和工商行政管理方面已被明令废止的23件。由于适用期已过或者调整对象消失而自行失效的359件法规。应予废止，已明令废止，自行失效，三项共486件。

（4）1986年9月15日，《国务院关于废止部分农林法规的通知》（国发〔1986〕89号）。通知宣布：根据国务院关于全面清理法规工作的要求，国务院有关部门对1949至1984年期间，经国务院（含政务院）发布或者批准发布的农（牧渔）业、林业、水利电力和气象方面的行政法规和法规性文件（以下简称法规）已经清理完毕。共清理出应予废止的法规24件，经国务院法制局逐件复查和国务院审议，决定予以废止。明令废止3件。适用期已过或者调整对象已经消失而自行失效的法规76件。三项合计共103件。

（5）1987年1月3日，《国务院关于废止部分外事外经贸、工交城建、劳动人事和教科文卫法规的通知》（国发〔1987〕2号）。通知宣布：国务院有关部门对1949至1984年期间，经国务院（含政务院）发布或者批准发布的外事外经贸、工交城建、劳动人事以及教科文卫方面的行政法规和法规性文件（以下简称法规），已经清理完毕。共清理出应予废止的法规158件，经国务院法制局逐件复查和国务院审议，决定予以废止。清理出来的外事外经贸、工交城建、劳动人事和教科文卫方面已明令废止的法规68件，适用期已过或者调整对象消失等原因而自行失效的513件法规，经国务院法制局复查，宣布自行失效。三项合计共739件。

（6）1987年6月10日，《国务院关于废止部分政法、军事、机关工作和其他法规的通知》（国发〔1987〕54号）。通知宣布：国务院有关部门对1949至1984年期间，经国务院（含政务院）发布或者批准发布的政法、军事、机关工作和其他方面的行政法规和法规性文件（以下简称法规），已经清理完毕。共清理出应予废止的法规48件，经国务院法制局逐件复查和国务院审议，决定予以废止。

这次清理分四类、四次公布清理结果。第一次公布的是财政、金融、商业、审计、物价和工商管理方面的行政法规清理结果；第二次公布的是农（牧渔）业、林业、水利电力和气象方面的行政法规清理结果；第三次公布的是外事外经贸、工交城建、劳动人事以及教科文卫方面的行政法规清理结果；第四次公布的是政法、军事、机关工作和其他方面的行政法规清理结果。

此次清理，清理出1949年10月1日至1984年12月底国务院（含政务院）发布或者批准发布的行政法规和法规性文件或者其他文件总共3334件，经过全面、系统研究、筛选，最后审定确认2893件被列为清理范围的行政法规和法规性文件。清理结果是，其中601件由国务院通知，分四批次予以废止；对需要作重大修改的243件将建议有关部门列入立法规划，进行修改或重新起草。对继续有效的757件（含1985年发布的96件），由国务院法制局分财贸、农林、外事外经贸、计划工交城建、教科文卫、劳动人事、政法、军事和机关工作等8卷汇编为《中华人民共和国现行法规汇编》，由人民出版社出版，向国内外公开发行。其他剩余的法规，由国务院有关部门分别处理。

在这里我不得不多说一句，有的学者把这次法规全面清理结果，以四次、分类形式公布，当成四次专项清理，可能对这次全面清理没有研究透彻，出现理解上的错误。

（三）第三次法规清理（涉外法规专类清理）

为了加快实施沿海地区经济发展战略，促进我国沿海地区外向型经济的发展。1988年初，国务院办公厅召开会议，向国务院各部门部署清理有关对外开放和发展外向型经济的行政法规和法规性文件（以下简称法规），要求对国务院发布和批准发布的现行涉外方面的行政法规进行清理，在一年内完成。国务院为此成立国务院清理涉外法规领导小组，国务院法制局法规监督检查司具体负责清理工作，我们监督检查司为此也成立了清理涉外法规工作小组。我记得当时刚来我司法制局工作的复旦大学研究生李江同志和北京大学毕业生王小青同志，整天在中南海"工字楼"地下室战严寒、斗酷暑，将所有的涉外法规和文件材料都集中一起，一一筛查研究，经过近十个月的努力，终于圆满完成清理任务。此次涉外法规清理，国务院分两次公布清理结果。

第一次是1988年6月18日《国务院关于废止部分涉外法规的通知》（国发〔1988〕35号）。清理出来的第一批应予废止的法规17件，经国务院清理涉外法规领导小组和国务院法制局逐件复查，国务院审议，决定予以废止。清理出来的第一批自行失效的法规11件，也经国务院清理涉外法规领导小组和国务院法制局逐件进行了复查，宣布失效。

第二次是1988年9月27日《国务院关于废止第二批涉外法规的通知》（国发〔1988〕70号）。清理出来的第二批应予废止的法规12件，经国务院清理涉外法规领导小组和国务院法制局逐件复查，国务院审议，决定予以废止。清理出来的第二批自行失效的法规16件，也经国务院清理涉外法规领导小组和国务院法制局逐件复查，宣布失效。

两次公布清理结果，均附应予废止和自行失效的涉外法规目录，以便各地区、各部门全面了解已失效的涉外法规情况，有利于工作。

（四）第四次法规清理（宏观控制微观搞活专类规范性文件清理）

1992年4月1日，国务院办公厅发出《国务院办公厅关于清理治理整顿期间所发文件的通知》（国办发〔1992〕15号），就有关宏观控制微观搞活三年治理整顿期间，对政府文件清理工作进行了总结，指出为期三年的治理整顿已告结束。在此期间，国务院和各部门以及地方各级人民政府下发的文件，总的来说，对推动治理整顿起了积极作用。根据新的情况，需要对这些文件进行清理。其中，有利于宏观控制和微观搞活，现在仍起积极作用的，要继续贯彻执行；不符合当前情况和经济发展需要的，应区别情况予以修订或宣布废止。

国务院要求：国务院各部门和地方各级人民政府要按照规定的权限负责清理各自所发的文件。国务院和国务院办公厅所发文件，国务院办公厅正在进行清理。

各地区、各部门负责清理的文件，其内容涉及国务院和国务院办公厅文件有关规定的，应当继续执行有关规定，如认为哪些需要修订或废止,可以提出建议,函告国务院办公厅。国务院办公厅将把清理结果通知各地区、各部门。

国务院要求把文件清理工作做好。国务院认为清理治理整顿期间所发文件是一项政策性很强的工作,各地区、各部门要高度重视,组织必要的力量,从本地区、本部门实际情况出发,认真分析研究,抓紧把这项工作做好。

(五)第五次法规清理(全面清理)

1994年5月16日,国务院总理李鹏签署中华人民共和国国务院第154号令发布《国务院关于废止1993年底以前发布的部分行政法规的决定》。决定指出,自1985年对新中国成立以来至1984年国务院(含政务院)发布或者批准发布的行政法规进行全面清理以来,客观情况已经发生了很大变化。为了适应改革开放和建立社会主义市场经济体制新形势的需要,根据国务院对清理法规的要求,国务院各部门对那次清理后继续有效的286件行政法规、那次清理遗漏的33件法规以及1986年至1993年国务院发布的365件行政法规共计684件再次进行了全面清理。经过对684件行政法规进行全面清理,决定予以废止的法规21件,其中:已制定新的相应法律或者由新的行政法规代替而应予废止的13件;由于调整对象消失、适用期限已过或者对某一特定问题作出的具有法律约束力的具体规定已经过时而自行失效的8件。

(六)第六次法规清理(为加入WTO而进行的法规全面清理)

2000年1月15日,国务院办公厅发出《国务院办公厅关于开展现行行政法规清理工作的通知》(国办发〔2000〕5号)。通知指出,新中国成立以来,国务院曾多次对行政法规进行过清理。1994年进行的全面清理后,随着我国改革开放和社会主义现代化建设不断发展,社会经济、政治形势又发生了很大变化,1998年国务院机构改革后也出现了许多新的情况。我国正处于加入世界贸易组织新形势阶段，如果我们不提前进行法律法规的清理，就会影响我国在2001年12月11日入世，对享受完全的WTO权利损失太大。而现行行政法规中有些已经不能适应形势发展的需要，有些已被新的法律或者行政法规所代替，有些适用期已过或者调整对象消失，等等。为了维护社会主义法制的统一和尊严，推进依法治国、依法行政，更好地为改革、发展、稳定大局，顺利加入WTO服务，经国务院领导同意，国务院决定对截至2000年底现行行政法规共756件进行一次全面清理。

纳入这次清理范围的行政法规处理原则：

（1）主要内容与新的法律或者已修改的法律、党和国家新的方针政策或者已调整的方针政策不相适应的，明令废止；

（2）已被新的法律或者行政法规代替的，明令废止；

（3）适用期已过或者调整对象已消失，实际上已经失效的，予以宣布失效；

（4）法律、行政法规已明令废止的，统一公布。

除上述四种情形外，对需要修订的行政法规，按照法定程序抓紧修改。

国务院决定，这次清理工作由国务院法制办公室具体承办。

2001年10月6日，由国务院总理朱镕基签署的国务院第319号令公布了《国务院关于废止2000年底以前发布的部分行政法规的决定》。这次清理结果：国务院对截至2000年底现行行政法规共756件进行了全面的清理。经过清理，国务院决定：

（1）对主要内容与新的法律或者已经修改的法律、党和国家新的方针政策或者已经调整的方针政策不相适应的，以及已被新的法律或者行政法规代替的71件行政法规，予以废止；

（2）对适用期已过或者调整对象已经消失，实际上已经失效的80件行政法规，宣布失效；

（3）对1994年至2000年底公布的法律、行政法规已经明令废止的70件行政法规，统一公布。

此次清理，予以废止、宣布失效、明令废止三项废止、失效的行政法规共221件。

(七) 第七次法规清理（全面清理）

为了更好地适应加快建设法治政府、全面推进依法行政的要求，2007年2月25日，国务院办公厅发出通知，即《国务院办公厅关于开展行政法规规章清理工作的通知》（国办发〔2007〕12号），通知中国务院决定，对现行行政法规、规章进行一次全面清理。行政法规和规章清理工作要在2007年10月底前完成，具体清理工作由国务院法制办负责。行政法规清理工作完成后，国务院法制办要及时将清理结果报国务院，经批准后向社会公布。

按照国务院清理法规的次数，这是第七次法规清理。这次清理还包括国务院部门和地方政府规章，作为全国范围清理规章还是第一次。这次清理范围是：现行行政法规；国务院各部门制定的现行规章；省、自治区、直辖市和较大的市的人民政府制定的现行规章。清理原则是：各省、自治区、直辖市和较大的市的人民政府，国务院各部门分别负责清理本级人民政府、本部门制定的规章。处理原则是：规章主要内容与法律、行政法规相抵触的，或者已被新的法律、行政法规、规章所代替的，要明令废止；规章适用期已过或者调整对象已消失，实际上已经失效的，要宣布失效；规章个别条款与法律、行政法规不一致的，要予以修改；在规章清理中发现部门规章与地方政府规章对同一事项的规定不一致的，要将处理建议送国务院法制办研究处理。

行政法规清理，国务院法制办要按照以下原则提出建议，报国务院作出决定：

（1）行政法规的主要内容已被新的法律、行政法规所代替的，要明令废止；

（2）行政法规适用期已过或者调整对象已消失，实际上已经失效的，要宣布失效；

（3）行政法规与法律不一致的，要予以修改。

及时清理行政法规、规章是维护法制统一和政令畅通、推进依法行政、建设法治政府的客观要求和重要措施。国务院明确要求，各地区、各部门要高度重视这次清理工作，加强领导，精心组织，周密部署。国务院法制办要加强工作指导，抓好督促检查；省、自治区、直辖市和较大的市的人民政府及国务院各部门法制工作机构要认真做好具体实施工作，确保清理工作顺利进行。

通知要求行政法规和规章清理工作要在2007年10月底前完成。行政法规清理工作完成后，国务院法制办要及时将清理结果报国务院，经批准后向社会公布。规章清理工作完成后，各省、自治区、直辖市和较大的市的人民政府及国务院各部门，要分别将清理结果和现行有效规章目录向社会公布，并于2007年11月底前将清理工作总结送国务院法制办（较大的市的人民政府将清理工作总结报省、自治区人民政府），经汇总后报国务院。

根据2007年2月25日国务院办公厅印发的《国务院办公厅关于开展行政法规规章清理工作的通知》，对截至2006年年底现行655件行政法规进行全面清理。2008年1月15日，国务院公布《国务院关于废止部分行政法规的决定》，将主要内容被新的法律或者行政法规所代替的49件行政法规予以废止；将适用期已过或者调整对象已经消失，实际上已经失效的43件行政法规，宣布失效。这是国务院为更好地适应加快建设法治政府、全面推进依法行政的要求而采取的重大举措。

这次法规清理是一次很重要的全面清理，为此，2008年1月24日国务院法制办召开了答记者问新闻发布会，国务院法制办负责人就《国务院关于废止部分行政法规的决定》（以下简称《决定》）回答了记者提出的问题。

1.国务院公布《决定》的背景

2008年1月15日,国务院公布《国务院关于废止部分行政法规的决定》(国务院令第516号),是2007年2月国务院决定对现行行政法规进行全面清理的最终成果。新中国成立以来至2006年底,我国现行行政法规共有655件。这些行政法规对国民经济的健康发展和社会的全面进步发挥了非常重要的作用,但同时,随着我国改革开放的不断深入和社会主义民主法制建设的不断发展,国家的社会经济形势也发生了深刻变化,有的行政法规已经不能适应经济社会发展形势的客观需要,有的已被新的法律、行政法规所代替,有的适用期已过或者调整对象已经消失。为了维护法制的统一和政令畅通,切实维护广大人民群众的合法权益,更好适应加快建设法治政府、全面推进依法行政的需要,国务院办公厅于2007年2月25日印发《国务院办公厅关于开展行政法规规章清理工作的通知》,决定对现行行政法规、规章进行一次全面清理。行政法规的全面清理由国务院法制办负责承办,规章的清理由各省、自治区、直辖市和较大的市的人民政府、国务院各部门负责承办。经过10个月的努力工作,行政法规的清理工作圆满完成。国务院决定废止部分行政法规,就是此次行政法规清理工作的成果。

2.《决定》废止部分行政法规的原则

《决定》废止部分行政法规的原则,就是国务院确定的行政法规清理的原则。这次行政法规清理的原则是:行政法规的主要内容已经被新的法律、行政法规代替的,要明令废止;行政法规适用期已过或者调整对象已经消失,实际上已经失效的,要宣布失效。在列入清理范围的行政法规中,有的行政法规已经适用多年,其主要内容已经被新制定的法律或者行政法规代替;还有一部分行政法规只适用于经济社会发展的特定阶段或者特定历史时期的特定对象,在此特定阶段结束或者特定对象消失后,该行政法规理应当宣布失效。因此,《决定》根据这次清理的原则,对上述行政法规明令废止或者宣布失效。

3.这次行政法规清理工作的开展

这次行政法规的全面清理事关重大，为了确保清理工作的顺利完成，保证清理工作质量，国务院法制办高度重视行政法规清理工作，采取了以下措施，确保清理工作保质按时完成：

（1）精心组织安排，全面动员部署，建立合理机制。国务院法制办将这次行政法规清理工作列为2007年的重点工作之一，确立了"讲责任、集众智、严把关"的清理原则，将"开门清理"确定为指导思想。在清理工作中，及时整理并印发了现行行政法规的目录，召开了国务院各部门法制机构负责人和各省、自治区、直辖市以及较大的市政府法制办负责人会议，进行了认真的动员和全面的部署。国务院法制办与国务院有关部门和各省、自治区、直辖市政府建立了行政法规清理工作联系机制，并在中国政府法制信息网上开辟了"行政法规规章清理"专栏，公布现行行政法规目录，公开征求各方面的意见。

（2）上下联动，内外结合，开门清理。在清理工作中，国务院法制办广泛征求了各方面的意见。一是要求国务院各部门法制机构和各省、自治区、直辖市以及较大的市政府法制办组织力量，对列入清理范围的655件行政法规进行逐件研究，提出意见和建议。各部门、各地方经过认真研究，共提出了7561条意见、建议。二是通过新华社、人民日报、法制日报等中央主要媒体对清理工作进行了广泛的宣传报道，动员社会公众积极参与清理工作，并在人民网、法制网、中国政府法制信息网等网站上发布公告、开辟专栏，公开征求社会公众的意见。社会公众共对与群众利益密切相关的182件行政法规提出了1130条意见和建议。三是充分发挥专家学者的作用，委托了24名法学专家对列入清理范围的行政法规进行了认真的研究，专家学者对这项工作高度重视，对行政法规进行了逐件研究，共对其中405件行政法规提出了应当废止、失效或者修改的建议。四是认真听取基层执法人员的意见，在14个市、县，召开了执法一线人员和管理相对人座谈会，共征集到837条意见和建议。

（3）任务到人，责任到位，严格把关。这次清理工作时间紧、任务重，国务院法制办各有关业务司都确定了清理工作的负责人和联系人，切实做到了任务到人、责任到位。做到了每个月召开一次清理工作通气会，及时交流情况，及时研究解决遇到的问题。对各方面提出的近1万条意见和建议进行了分类整理、综合分析，对涉及的行政法规逐件进行认真研究，提出清理意见。

在上述工作的基础上，国务院法制办对现行655件行政法规进行了逐件研究和分析，最终确定了清理结果。

4.《决定》废止行政法规和宣布行政法规失效的具体情况

（1）49件行政法规的内容已被新制定的法律、行政法规代替，明令废止，如《铁路留用土地办法》《旅客丢失车票和发生急病、死亡处理办法》《企业职工奖惩条例》《城镇个人建造住宅管理办法》等。

（2）43件行政法规的适用期已过或者调整对象已消失，实际上已经不再实施，宣布失效，如《国家工作人员公费医疗预防实施办法》《文物特许出口管理试行办法》《中华人民共和国筵席税暂行条例》《投机倒把行政处罚暂行条例》等。

（八）第八次法规清理（专门针对规章进行的全面清理）

2010年4月29日，国务院办公厅针对清理国务院部门规章和地方政府规章的工作部署，发出《国务院办公厅关于做好规章清理工作有关问题的通知》（国办〔2010〕28号）。这个通知是根据《全国人大常委会2010年立法工作计划》的要求和精神，经国务院同意发出的。主要包括四项内容。

1.充分认识规章清理的重要意义

2010年形成中国特色社会主义法律体系是党的十五大提出的新时期立法工作总目标。自2008年以来，全国人大常委会部署对现行法律进行了全面清理，修改了部分法律，废止了部分法律和有关法律问题的决定。2009年，全国人大常委会法制工作委员会又下发了《关于做好地方性法规清理工作的意见》，部署在全国开展地方性法规的清理工作。

按照下位法必须符合上位法的原则，根据法律修改和废止的情况，及时对规章进行清理，既是保证我国社会主义法制统一的客观要求，也是中国特色社会主义法律体系目标如期实现的必然要求。

2.规章清理的范围和工作任务

这次规章的清理范围是各省、自治区、直辖市和较大的市人民政府、国务院各部门制定的现行有效的全部规章。通过对现行规章进行一次集中清理，查找出存在的明显不适应、不一致、不协调的突出问题，根据不同情况，区别轻重缓急，分类进行处理，保证国家社会主义法制的统一和中国特色社会主义法律体系的科学统一和谐，更好地服务于我国经济社会的发展。

规章清理工作主要是围绕三类问题进行研究梳理，分别作出废止、宣布失效或者修改等处理：一是规章已经明显不适应经济社会发展要求的；二是规章与上位法的规定不一致的；三是规章之间明显不协调的。各地方、各部门在清理工作中发现规章还有其他问题的，也可以一并予以处理。

3.清理工作的基本要求和原则

开展规章清理工作应当认真贯彻执行国务院《全面推进依法行政实施纲要》关于规章清理的要求，切实解决法律规范之间的矛盾和冲突，努力做到规章的立、改、废与经济社会发展进程相适应，使规章能够适应完善社会主义市场经济体制、扩大对外开放和社会全面进步的需要。

通知要求，坚持法制统一的原则。规章的集中清理要根据《全国人民代表大会常务委员会关于废止部分法律的决定》《全国人民代表大会常务委员会关于修改部分法律的决定》，切实解决规章中存在的明显不适应、不一致、不协调的突出问题，特别是规章存在的与上位法不一致的问题。各省、自治区、直辖市和较大的市人民政府要积极配合地方人大常委会开展地方性法规清理工作，主动汇报、通报规章清理的情况和问题，使规章的清理和地方性法规的清理更好地衔接起来，以保证规章与法律、法规的一致性和协调性。

通知要求，各地方、各部门把这次规章的集中清理与全面清理涉及向企业收费、摊派的规定结合起来，从制度上、源头上切实解决企业负担过重的问题。在规章清理工作中，要注意对照行政处罚法、行政许可法等规范政府共同行为的法律、法规的规定，认真梳理、查找规章中存在的问题，与这些法律、法规相抵触或者不一致的，该修改的要修改，该废止的要废止。

各地方、各部门在开展这次规章集中清理工作的同时，应当一并开展规范性文件的清理工作。对不符合法律、法规、规章规定，或者相互抵触、依据缺失以及不适应经济社会发展要求的规范性文件，特别是对含有加重企业负担、地方保护、行业保护等方面内容的规范性文件，要予以修改或者废止。清理后，要向社会公布继续有效、废止和失效的规范性文件目录；未列入继续有效的文件目录的规范性文件，不得作为行政管理的依据。

4.加强组织领导，确保清理工作顺利完成

为保证规章清理工作的顺利进行，要求各地方各部门加强领导，精心组织，周密部署，把规章清理工作作为当年工作的重点，主要负责同志要加强领导和督促，并确定一位负责同志负总责。组织专门班子，抽调专门人员，明确任务和责任，集中力量做好规章清理工作。

规章集中清理工作原则上要在2010年12月1日前完成。对需要废止、宣布失效、修改或者作出其他处理的规章，要在此之前完成废止和修改等立法程序；其他需要修改的，可以列入立法规划或者年度立法工作计划，适时加以修改。清理工作完成后，要分别将清理结果和现行有效规章目录向社会公布，并应当按此时间要求将清理情况上报国务院

（较大的市人民政府将清理情况报省、自治区人民政府），同时抄送国务院法制办汇总。

这是我国第一次专门针对规章的全面清理，国务院没有统一公布清理结果，而是由国务院各部门和各省、自治区、直辖市分别公布清理结果。国务院法制办将上报的清理结果汇总留查。

（九）第九次法规清理（全面清理）

2011年1月8日，国务院发出第588号令，由国务院总理温家宝签署，公布《国务院关于废止和修改部分行政法规的决定》。按法规清理时间顺序，这是第9次行政法规全面清理。

这次清理是为进一步深入贯彻依法治国基本方略，维护社会主义法制统一，全面推进依法行政，根据经济社会发展和改革深化的新情况、新要求，这次清理对截至2009年底现行的行政法规共691件进行了全面清理。经过清理，国务院决定：

（1）对7件行政法规予以废止；

（2）对107件行政法规的部分条款（172个条款）予以修改。

此次清理，将部分行政法规中明显不适应社会主义市场经济和经济社会发展新情况的表述，关于征收、征用的规定等作出修改；此次清理，全部删除了行政法规中的"投机倒把"规定，以及有关"计划经济"和"指令性计划"等过时表述。

国务院决定废止的行政法规：

（1）《关于各地厂矿对于法定假日工资发放办法的决定》（1950年7月31日政务院公布）；

（2）《关于保护机场净空的规定》（1982年12月11日国务院、中央军委公布）；

（3）《金融机构代客户办理即期和远期外汇买卖管理规定》（1987年12月13日国务院批准，1988年3月5日国家外汇管理局公布）；

（4）《境外投资外汇管理办法》（1989年2月5日国务院批准　1989年3月6日国家外汇管理局公布）；

（5）《境外金融机构管理办法》（1990年3月12日国务院批准　1990年4月13日中国人民银行令第1号公布）；

（6）《中华人民共和国企业劳动争议处理条例》（1993年7月6日中华人民共和国国务院令第117号公布）；

（7）《石油天然气管道保护条例》（2001年8月2日中华人民共和国国务院令第313号公布）。

（十）第十次法规清理（相对集中清理）

为维护社会主义法制统一，全面推进依法行政，2012年11月9日，国务院总理温家宝签署中华人民共和国国务院令第628号，发布《国务院关于修改和废止部分行政法规的决定》，公布行政法规相对集中清理的结果。按照法规清理时间顺序，本次法规清理是国务院第十次法规清理。

经过清理，国务院决定：

（1）修改5件行政法规的部分条款，分别是：《企业名称登记管理规定》《殡葬管理条例》《中华人民共和国税收征收管理法实施细则》《中华人民共和国道路运输条例》《铁路交通事故应急救援和调查处理条例》。

（2）废止5件行政法规，分别是：《铁路旅客意外伤害强制保险条例》（1951年4月24日政务院财政经济委员会发布）；《中华人民共和国固定资产投资方向调节税暂行条例》（1991年4月16日中华人民共和国国务院令第82号发布）；《非贸易非经营性外汇财务管理暂行规定》（1994年3月24日国务院批准　1994年3月29日财政部令第7号发布）；《事业单位财务规则》（1996年10月5日国务院批准　1996年10月22日财政部令第8号发布）；《行政单位财务规则》（1998年1月6日国务院批准　1998年1月19日财政部令第9号发布）。

修改后的《企业名称登记管理规定》（1991年5月6日国务院批准

1991年7月22日国家工商行政管理局令第7号公布根据2012年11月9日《国务院关于修改和废止部分行政法规的决定》修订）等5部行政法规重新公布。

此次行政法规清理的数量少，规模也小，但又不是专类清理。从被清理的法规看，虽然既有财税法规又有交通运输方面的法规，但也够不上全面清理，没有其他特殊或者专一理由，所以姑且称为"相对集中清理"。

（十一）第十一次法规清理（行政审批制度改革涉及的行政法规专类清理）

2013年7月18日，国务院总理李克强签署中华人民共和国国务院令第638号，公布《国务院关于废止和修改部分行政法规的决定》，自公布之日起施行。

这次清理是一次专类清理，主要是配合行政审批制度改革和政府职能转变，依法推进这两项改革的进度，进一步激发市场、社会的创造活力，发挥好地方政府贴近基层的优势，促进和保障政府管理由事前审批更多地转为事中事后监管。因为行政法规有的已不适应行政审批制度改革和政府职能转变的需要，如《实验动物管理条例》第23条修改为："实验动物工作单位从国外进口实验动物原种，必须向该单位所在地省、自治区、直辖市人民政府科技行政管理部门指定的保种、育种和质量监控单位登记。"将原由中央审批下放到地方。所以，国务院决定对有关的行政法规进行清理。经过清理，国务院决定：

（1）废止《煤炭生产许可证管理办法》（1994年12月20日国务院公布）；

（2）对25件行政法规的部分条款予以修改。

（十二）第十二次法规清理（行政审批制度改革涉及的行政法规专类清理）

2013年12月7日，国务院总理李克强签署中华人民共和国国务院令第645号，公布《国务院关于修改部分行政法规的决定》。本次行政法规清理也是为了配合行政审批制度改革而进行的一次专类清理，是对取消和下放的125项行政审批项目所涉及的行政法规进行的清理。

国务院很重视行政审批制度的改革和政府职能转变。为了依法推进行政审批制度改革和政府职能转变，发挥好地方政府贴近基层的优势，促进和保障政府管理由事前审批更多地转为事中事后监管，进一步激发市场、社会的创造活力，根据2013年7月13日国务院公布的《国务院关于取消和下放50项行政审批项目等事项的决定》（国发〔2013〕27号），国务院决定，再取消和下放一批行政审批项目等事项，共计50项。其中，取消和下放29项、部分取消和下放13项、取消和下放评比达标项目3项；取消涉密事项1项（按规定另行通知）；有4项拟取消和下放的行政审批项目是依据有关法律设立的，国务院将依照法定程序提请全国人民代表大会常务委员会修订相关法律规定。29项+13项+3项+1项+4项，共50项。国务院要求，各地区、各部门要认真做好取消和下放管理层级行政审批项目等事项的落实和衔接工作，切实加强后续监管。要按照深化行政体制改革、加快转变政府职能的要求，继续坚定不移推进行政审批制度改革，清理行政审批事项，加大简政放权力度。

根据2013年11月8日国务院公布的《国务院关于取消和下放一批行政审批项目的决定》（国发〔2013〕44号），国务院决定，再取消和下放68项行政审批项目（其中有2项属于保密项目，按规定另行通知）。对于建议取消和下放7项依据有关法律设立的行政审批项目，国务院将依照法定程序提请全国人民代表大会常务委员会修订相关法律规定。《国务院关于取消和下放一批行政审批项目等事项的决定》（国发〔2013〕19号）中提出的涉及法律的16项行政审批项目，国务院已按照法定程序提请全国人民代表大会常务委员会修改了相关法律，一并予以公布。国务院要求，各地区、各部门要抓紧做好取消和下放管理层级行政审批项目的落实和衔接工作，加快配套改革和相关制度建设，在有序推进"放"

的同时，加强后续监管，切实做到放、管结合。要按照深化行政体制改革、加快转变政府职能的要求，继续坚定不移推进行政审批制度改革，清理行政审批项目，加大简政放权力度。要健全监督制约机制，加强对行政审批权运行的监督，依法及时公开项目核准和行政审批信息，努力营造公平竞争、打破分割、优胜劣汰的市场环境，不断提高政府管理科学化、规范化水平。

这两次取消和下放行政审批项目共计125项，国务院决定对所涉及的行政法规进行清理。经过清理，2013年12月7日国务院令第645号公布了清理结果，国务院决定，对16部行政法规的部分条款予以修改，自公布之日起施行。从这16部行政法规部分条款修改中，可以看出修改的目的。因此，修改后的法规目录附下，作为参考：

（1）将《中华人民共和国城镇土地使用税暂行条例》第七条中的"由省、自治区、直辖市税务机关审核后，报国家税务局批准"修改为"由县以上地方税务机关批准"。

（2）删去《外国商会管理暂行规定》第七条。

第九条改为第七条，修改为："成立外国商会，应当向中华人民共和国民政部（以下称登记管理机关）提出书面申请，依法办理登记。登记管理机关应当自收到本规定第八条规定的全部文件之日起60日内作出是否准予登记的决定，准予登记的，签发登记证书；不予登记的，书面说明理由。外国商会经核准登记并签发登记证书，即为成立。"

第十一条改为第十条，修改为："外国商会应当于每年1月向登记管理机关提交上一年度的活动情况报告。

"中国国际贸易促进委员会应当为外国商会设立、开展活动和联系中国有关主管机关提供咨询和服务。"

第十二条改为第十一条，修改为："外国商会需要修改其章程，更换会长、副会长以及常务干事或者改变办公地址时，应当依照本规定第七条、第八条规定的程序办理变更登记。"

第十四条改为第十三条，并删去第一款中的"并报审查机关备案"。

（3）将《中华人民共和国水生野生动物保护实施条例》第十六条修改为："外国人在中国境内进行有关水生野生动物科学考察、标本采集、拍摄电影、录像等活动的，必须经国家重点保护的水生野生动物所在地的省、自治区、直辖市人民政府渔业行政主管部门批准。"

（4）将《食盐专营办法》第五条第二款修改为："食盐定点生产企业由省、自治区、直辖市人民政府盐业主管机构审批。"

第六条中的"国务院盐业主管机构"修改为"省、自治区、直辖市人民政府盐业主管机构"。

删去第十八条第一款中的"国务院盐业主管机构或者其授权的"。

（5）将《广播电视管理条例》第十三条第一款修改为："广播电台、电视台变更台名、台标、节目设置范围或者节目套数的，应当经国务院广播电视行政部门批准。但是，县级、设区的市级人民政府广播电视行政部门设立的广播电台、电视台变更台标的，应当经所在地省、自治区、直辖市人民政府广播电视行政部门批准。"

第四十五条修改为："举办国际性广播电视节目交流、交易活动，应当经国务院广播电视行政部门批准，并由指定的单位承办。举办国内区域性广播电视节目交流、交易活动，应当经举办地的省、自治区、直辖市人民政府广播电视行政部门批准，并由指定的单位承办。"

（6）删去《饲料和饲料添加剂管理条例》第十五条第一款；第二款改为第一款，并将其中的"申请设立其他饲料生产企业"修改为"申请设立饲料、饲料添加剂生产企业"。

删去第十六条中的"国务院农业行政主管部门核发的"。

（7）将《音像制品管理条例》第二十一条第一款修改为："申请设立音像复制单位，由所在地省、自治区、直辖市人民政府出版行政主管部门审批。省、自治区、直辖市人民政府出版行政主管部门应当自受理申请之日起20日内作出批准或者不批准的决定，并通知申请人。批准的，发给《复制经营许可证》，由申请人持《复制经营许可证》到工商行政管理部门登记，依法领取营业执照；不批准的，应当说明理由。"

（8）将《中华人民共和国文物保护法实施条例》第二十七条修改为："从事考古发掘的单位提交考古发掘报告后，经省、自治区、直辖市人民政府文物行政主管部门批准，可以保留少量出土文物作为科研标本，并应当于提交发掘报告之日起6个月内将其他出土文物移交给由省、自治区、直辖市人民政府文物行政主管部门指定的国有的博物馆、图书馆或者其他国有文物收藏单位收藏。"

第三十五条修改为："为制作出版物、音像制品等拍摄馆藏三级文物的，应当报设区的市级人民政府文物行政主管部门批准；拍摄馆藏一级文物和馆藏二级文物的，应当报省、自治区、直辖市人民政府文物行政主管部门批准。"

第四十条修改为："设立文物商店，应当向省、自治区、直辖市人民政府文物行政主管部门提出申请。省、自治区、直辖市人民政府文物行政主管部门应当自收到申请之日起30个工作日内作出批准或者不批准的决定。决定批准的，发给批准文件；决定不批准的，应当书面通知当事人并说明理由。"

（9）将《中华人民共和国进出口关税条例》第三十九条中的"经海关总署批准"修改为"经海关批准"。

（10）删去《危险废物经营许可证管理办法》第七条第二款；第五款改为第四款，并删去其中的"第四款"。

（11）将《著作权集体管理条例》第十五条修改为："著作权集体管理组织修改章程，应当依法经国务院民政部门核准后，由国务院著作权管理部门予以公告。"

（12）将《麻醉药品和精神药品管理条例》第二十六条第一款中的"国务院药品监督管理部门批准"修改为"企业所在地省、自治区、直辖市人民政府药品监督管理部门批准。审批情况由负责审批的药品监督管理部门在批准后5日内通报医疗机构所在地省、自治区、直辖市人民政府药品监督管理部门"。

（13）删去《大中型水利水电工程建设征地补偿和移民安置条例》第五十一条第二款。

（14）将《中华人民共和国船员条例》第十三条中的"签发相应的批准文书"修改为"出具相应的证明文件"。

第七十条修改为："引航员的培训和任职资格依照本条例有关船员培训和任职资格的规定执行。具体办法由国务院交通主管部门制订。"

（15）删去《防治船舶污染海洋环境管理条例》第十三条第一款中的"并通过海事管理机构的专项验收"。

第二十四条第二款中的"由国家海事管理机构认定的评估机构"修改为"委托有关技术机构"。

删去第四十七条。

（16）将《危险化学品安全管理条例》第六条第五项中的"铁路主管部门负责危险化学品铁路运输的安全管理，负责危险化学品铁路运输承运人、托运人的资质审批及其运输工具的安全管理"修改为"铁路监管部门负责危险化学品铁路运输及其运输工具的安全管理"。

第五十三条第二款中的"应当经国家海事管理机构认定的机构进行评估"修改为"货物所有人或者代理人应当委托相关技术机构进行评估"。

这次公布修改的7部法律是海洋环境保护法、药品管理法、计量法、渔业法、海关法、烟草专卖法和公司法。修改的16部行政法规是城镇土地使用税暂行条例、外国商会管理暂行规定、水生野生动物保护实施条例、食盐专营办法、广播电视管理条例、饲料和饲料添加剂管理条例、音像制品管理条例、文物保护法实施条例、进出口关税条例、危险废物经营许可证管理办法、著作权集体管理条例、麻醉药品和精神药品管理条例、大中型水利水电工程建设征地补偿和移民安置条例、船员条例、防治船舶污染海洋环境管理条例、危险化学品安全管理条例。2013年，为依法推进行政审批制度改革而修改的法律共19部、行政法规42部，涉及取消和下放审批项目93项。

这次法律、行政法规主要修改了以下几个方面的内容。

1.修改资质资格认定核准、生产经营活动许可的相关规定

修改海关法、煤炭法、烟草专卖法实施条例、船员条例等43部法律、行政法规，取消65项行政审批项目，重点涉及资质资格认定和企业生产经营活动许可等。比如，删除报关员资格核准、煤炭生产许可证核发、开办烟草专卖品交易市场审批、引航员注册审批等有关规定。这些条款的修改有利于提高企业的市场应变能力和竞争力，降低就业创业门槛，激发市场的创造活力。

2.明确下放管理层级的实施主体

修改渔业法、动物防疫法、食盐专营办法、全民健身条例等21部法律、行政法规，将渔业捕捞许可证、执业兽医资格认定、食盐定点生产企业审批、经营高危险性体育项目许可等28项审批项目的实施主体由国务院行政主管部门下放到下级行政机关，有利于方便行政管理相对人，发挥地方政府贴近基层的优势。

3.增加事中事后监管措施

修改海洋环境保护法、麻醉药品和精神药品管理条例等法律、行政法规，增加了有关监管措施。例如，修改海洋环境保护法，在删除海洋石油勘探开发溢油应急计划审批有关规定的同时，增加了向监管部门备案的措施；修改麻醉药品和精神药品管理条例，增加了由审批部门将相关情况通报医疗机构所在地的监管部门的规定，强化了跨地域的部门协作。这些条款的修改有利于强化审批项目取消和下放后的事中事后监管，体现了放管并重的要求。

4.优化行政审批流程

修改海洋环境保护法，将海洋行政主管部门的海岸工程建设项目环

境影响报告书审核改为环保部门审批过程中内部征求意见,减少了前置审批环节;修改音像制品管理条例,将音像复制单位设立审批下放到省级政府出版行政主管部门的同时,将项目审批时限从60日缩短为20日,缩短了审批时限,提高了审批效率。

这些法律、行政法规的修改涉及现有法律关系的重大变动,有的职权、职责需要从法律法规上取消或者重新表述,有的监管制度需要相应地建立起来。对行政机关来讲,这次修法对其职责权限影响较大,有的已经取消,有的交由下级行政机关行使,有的监管职责得到了强化。为了保障有关改革措施落实到位,维护法制统一和政令畅通,要按照党的十八届三中全会关于全面深化改革的要求,继续依法推进行政审批制度改革,及时清理修改有关规定。国务院要求,各地区、各部门要根据修改后的法律、行政法规对本地区、本部门的规章和规范性文件及时进行清理,该修改的修改,该废止的废止,需要制定衔接和配套制度的,要及时制定。

(十三)第十三次法规清理(上位法公司法修改涉及的行政法规专类清理)

本次行政法规清理是为了配合、适应公司法的修改对所涉及的行政法规专类清理。2014年2月19日,国务院总理李克强签署中华人民共和国国务院第648号令,公布《国务院关于废止和修改部分行政法规的决定》,自2014年3月1日起施行。

推进行政审批制度改革和政府职能转变,是党的十八大、十八届二中全会作出的重大战略部署。新一届国务院把行政审批制度改革作为政府职能转变的突破口和重要抓手,加大简政放权力度,先后决定取消和下放300多项行政审批项目等事项。同时,高度重视依法推进行政审批制度改革和政府职能转变,强调改革和发展都要更多依靠法治推动,法治也要根据改革发展的要求不断完善。根据改革工作进度,对涉及的法律、行政法规分批进行了清理。同时，国务院向全国人大常委会提请审议文物保护法等12部法律修正案草案，第十二届全国人大常委会第三次会议通过了修改文物保护法等12部法律的决定。国务院公布了《国务院关于废止和修改部分行政法规的决定》，废止了1部、修改了25部行政法规。这次清理国务院又修改了16部行政法规，全国人大常委会修改了7部法律。按照法定程序修改这些法律、行政法规，是贯彻《第十二届全国人民代表大会第一次会议关于国务院机构改革和职能转变方案的决定》的重要举措，目的就是要在法律层面减少和下放行政审批项目，依靠法治的力量，充分发挥地方政府贴近基层的优势，促进和保障政府管理由事前审批更多地转为事中事后监管，进一步激发市场的创造活力。

由于上位法公司法的修改和党中央推进工商注册制度便利化的要求，国务院决定对所涉及的行政法规作相应清理。为贯彻落实党的十八届三中全会作出的《中共中央关于全面深化改革若干重大问题的决定》中推进工商注册制度便利化的要求，依据2013年12月28日十二届全国人大常委会第六次会议通过的修改公司法的决定，落实国务院批准的注册资本登记制度改革方案关于注册资本实缴登记改为认缴登记、年度检验验照制度改为年度报告公示制度，以及完善信用约束机制的内容。修改公司注册资本登记有关规定，修改公司法的12个条款，将公司注册资本实缴登记制改为认缴登记制，取消公司注册资本最低限额，放宽了市场主体准入管制，有利于优化营商环境。同时，为了改革监管制度、创新服务方式和减少对市场主体自治事项的干预，公司法修改草案还明确了公司实收资本不再作为工商登记事项，公司登记时无需提交验资报告。

国务院对涉及的行政法规进行了清理。经过清理，国务院决定：

（1）对2部行政法规予以废止；

（2）对8部行政法规的部分条款予以修改。

本决定自2014年3月1日起施行。

（十四）第十四次法规清理（行政审批制度改革涉及的行政法规专类清理）

2014年7月29日，国务院总理李克强签署了中华人民共和国国务院第653号令，公布《国务院关于修改部分行政法规的决定》，自公布之日起施行。清理结果是：修改21件行政法规，修改56个条款，涉及取消行政审批项目23项、下放行政审批项目7项。

本次行政法规清理，是为了配合依法推进行政审批制度改革和政府职能转变，更好地发挥地方政府贴近基层的优势，促进和保障政府管理由事前审批，更多地转为事中事后监管，进一步激发市场活力、动力和社会创造力。根据2014年1月28日国务院公布的《国务院关于取消和下放一批行政审批项目的决定》，对取消和下放的行政审批项目所涉及的行政法规进行清理。经过清理，国务院决定对21部行政法规的部分条款予以修改。这些行政法规是：《国务院关于通用航空管理的暂行规定》《高等教育自学考试暂行条例》《中华人民共和国船舶登记条例》《中华人民共和国植物新品种保护条例》《矿产资源勘查区块登记管理办法》《矿产资源开采登记管理办法》《探矿权采矿权转让管理办法》《中华人民共和国土地管理法实施条例》《中华人民共和国人民币管理条例》《中华人民共和国电信条例》《出版管理条例》《安全生产许可证条例》《反兴奋剂条例》《兽药管理条例》《易制毒化学品管理条例》《放射性同位素与射线装置安全和防护条例》《民用爆炸物品安全管理条例》《中华人民共和国外资银行管理条例》《中华人民共和国船员条例》《证券公司监督管理条例》《防治船舶污染海洋环境管理条例》。

以上被修改的行政法规，修改后重新公布，供社会公知，应用。

（十五）第十五次法规清理（规范性文件全面清理）

2015年12月15日，国务院发布《国务院关于宣布失效一批国务院文件的决定》（国发〔2015〕68号）。

这次国务院文件清理，拟用3年时间，清理新中国成立以来的全部约3万份文件。在决定中，国务院宣布，前一阶段清理有489件国务院文件失效。

国务院作出清理较长一段时间的国务院文件，废止和修改一批文件的决定，这是一项居于高端的管理"点位"的重大决策，一般来说比较少运用此类行政管理方式，我国只有在改革开放初期使用过。这次国务院做出这个决定，充分体现了中央政府全面深化改革的坚强决心和铁一般的手腕。决定指出，经过前一阶段清理，国务院决定，对与现行法律法规不一致、已被新规定涵盖或替代、调整对象已消失、工作任务已完成或者适用期已过的489件国务院文件宣布失效。这489件失效文件是从2001年至2013年3月期间的1518件国发、国办发文件中清理出的宣布失效的文件，时间跨越了12年零3个月。这489件失效的国务院文件，主要涉及企业发展环境、"三农"、教育、医疗卫生、食品安全、社会保障、劳动就业、环境保护等方面，涉及政策都与公民、法人或者其他组织切身利益密切相关。失效原因大多是出台时间较早，调整对象已经消失，内容与当前经济社会发展情况明显不适应等。

2016年6月15日，国务院总理李克强主持召开国务院常务会议，决定再宣布失效一批与现行法律法规不一致、不利于办事创业、不适应经济社会发展需要的政策性文件。此次全面清理与现行法律法规不一致、不利于改革发展的规范性文件，是持续推进简政放权、放管结合、优化服务改革，建设法治政府的重要举措，对更大发挥市场机制作用，营造实施创新驱动发展战略，推动大众创业、万众创新的良好环境，促进新经济、新动能成长，具有重要意义。这次宣布失效的506件，连同前期2015年12月15日宣布失效的489件共995件，将近千件的失效文件是从1518件国发、国办发文件中清理出来的。

（十六）第十六次法规清理（行政审批制度改革涉及的行政法规专类清理）

2016年2月6日，国务院总理李克强签署《国务院关于修改部分行政法规的决定》（国务院令第666号），自公布之日起施行。

为了依法推进简政放权、放管结合、优化服务改革，国务院对取消和调整行政审批项目、价格改革和实施普遍性降费措施涉及的行政法规进行了清理。经过清理，国务院决定：对66部行政法规的部分条款予以修改。

2014年7月22日《国务院关于取消和调整一批行政审批项目等事项的决定》（国发〔2014〕27号）发布，经研究论证，国务院决定，取消和下放45项行政审批项目，取消11项职业资格许可和认定事项，将31项工商登记前置审批事项改为后置审批。另，建议取消和下放7项依据有关法律设立的行政审批事项，将5项依据有关法律设立的工商登记前置审批事项改为后置审批，国务院依照法定程序提请全国人民代表大会常务委员会修订相关法律规定。《国务院关于取消和下放50项行政审批项目等事项的决定》（国发〔2013〕27号）和《国务院关于取消和下放一批行政审批项目的决定》（国发〔2013〕44号）中提出的涉及修改法律的行政审批项目，有8项国务院已按照法定程序提请全国人民代表大会常务委员会修改了相关法律。

2014年10月23日，国务院又发布《国务院关于取消和调整一批行政审批项目等事项的决定》（国发〔2014〕50号）。国务院决定取消和下放58项行政审批项目，取消67项职业资格许可和认定事项，取消19项评比达标表彰项目，将82项工商登记前置审批事项调整或明确为后置审批。另，建议取消和下放32项依据有关法律设立的行政审批和职业资格许可认定事项，将7项依据有关法律设立的工商登记前置审批事项改为后置审批，国务院将依照法定程序提请全国人民代表大会常务委员会修订相关法律规定。

2015年2月24日，国务院发布《国务院关于取消和调整一批行政审批项目等事项的决定》（国发〔2015〕11号）。国务院决定，取消和下放90项行政审批项目，取消67项职业资格许可和认定事项，取消10项评比达标表彰项目，将21项工商登记前置审批事项改为后置审批，保留34项工商登记前置审批事项。同时，建议取消和下放18项依据有关法律设立的行政审批和职业资格许可认定事项，将5项依据有关法律设立的工商登记前置审批事项改为后置审批，国务院将依照法定程序提请全国人民代表大会常务委员会修订相关法律规定。《国务院关于取消和下放一批行政审批项目的决定》（国发〔2014〕5号）中提出的涉及修改法律的行政审批事项，有4项国务院已按照法定程序提请全国人民代表大会常务委员会修改了相关法律。国务院要求，各地区、各部门继续坚定不移推进行政审批制度改革，加大简政放权力度，健全监督制约机制，加强对行政审批权运行的监督，不断提高政府管理科学化规范化水平。指出要认真落实工商登记改革成果，除法律另有规定和国务院决定保留的工商登记前置审批事项外，其他事项一律不得作为工商登记前置审批。企业设立后进行变更登记、注销登记，依法需要前置审批的，继续按有关规定执行。

2015年5月10日，国务院发布《国务院关于取消非行政许可审批事项的决定》（国发〔2015〕27号）。国务院决定，在前期大幅减少部门非行政许可审批事项的基础上，再取消49项非行政许可审批事项，将84项非行政许可审批事项调整为政府内部审批事项。今后不再保留"非行政许可审批"这一审批类别。国务院要求，各地区、各有关部门要认真做好取消事项的落实工作，加强事中事后监管，防止出现管理真空，且不得以任何形式变相审批。调整为政府内部审批的事项，不得面向公民、法人和其他社会组织实施审批；审批部门要严格规范审批行为，明确政府内部审批的权限、范围、条件、程序、时限等，严格限制自由裁量权，优化审批流程，提高审批效率。要进一步深化行政体制改革，深入推进简政放权、放管结合，加快政府职能转变，不断提高政府管理科学化、规范化、法治化水平。

2015年10月11日，国务院发布《国务院关于第一批取消62项中央指定地方实施行政审批事项的决定》（国发〔2015〕57号）。国务院决定，第一批取消62项中央指定地方实施的行政审批事项。国务院要求，各地区、各部门要抓紧做好取消事项的落实工作，并切实加强事中事后监管。要严格落实行政许可法关于设定行政许可的有关规定，对以部门规章、规范性文件等形式设定的具有行政许可性质的审批事项进行清理，原则上2015年底前全部取消。要继续大力推进行政审批制度改革，深入推进简政放权、放管结合、优化服务，加快政府职能转变，不断提高政府管理科学化、规范化、法治化水平。

国务院对行政审批制度改革向前推进的力度很大，经过两年多对行政审批项目的清理、取消、调整，所涉及的行政法规如不清理，已经对行政审批制度改革形成一种阻碍，因此，此次行政法规清理，决定对所涉及的66部行政法规进行修改。

（十七）第十七次法规清理（涉及取消行政审批项目以及不利于稳增长、惠民生的行政法规专类清理）

2017年3月1日，国务院发布《国务院关于修改和废止部分行政法规的决定》（国务院令第676号），自发布之日起施行。

本次法规清理主要涉及以下几个方面的行政法规：一是不利于依法推进简政放权、放管结合、优化服务改革的行政法规；二是不利于对取消行政审批项目、中介服务事项、职业资格许可事项的行政法规；三是不利于企业投资项目核准前置审批改革的行政法规；四是不利于稳增长、促改革、调结构、惠民生等改革事项的行政法规。

经过清理，国务院决定：

（1）对36部行政法规的部分条款予以修改；

（2）对3部行政法规予以废止。

本次法规清理国务院决定废止的行政法规分别是：

（1）《城乡集市贸易管理办法》（1983年2月5日国务院发布）；

（2）《工资基金暂行管理办法》（1985年9月24日国务院发布）；

（3）《国家体育锻炼标准施行办法》（1989年12月9日国务院批准，1990年1月6日国家体育运动委员会令第10号发布）。

（十八）第十八次法规清理（取消行政审批项目涉及的行政法规专类清理）

2017年10月7日，国务院发布《国务院关于修改部分行政法规的决定》（国务院令第687号）。为了依法推进简政放权、放管结合、优化服务改革，国务院对取消行政审批项目涉及的行政法规进行了清理。经过清理，国务院决定，对15部行政法规的部分条款予以修改。具体情况照录如下：

（1）将《植物检疫条例》第十三条修改为："农林院校和试验研究单位对植物检疫对象的研究，不得在检疫对象的非疫区进行。因教学、科研确需在非疫区进行时，应当遵守国务院农业主管部门、林业主管部门的规定。"

（2）将《中华人民共和国河道管理条例》第十四条第二款修改为："在堤防上新建前款所指建筑物及设施，应当服从河道主管机关的安全管理。"

（3）删去《中华人民共和国渔港水域交通安全管理条例》第十条中的"确需从事捕捞、养殖等生产活动的，必须经渔政渔港监督管理机关批准"。

（4）将《中华人民共和国自然保护区条例》第二十七条第一款修改为："禁止任何人进入自然保护区的核心区。因科学研究的需要，必须进入核心区从事科学研究观测、调查活动的，应当事先向自然保护区管理机构提交申请和活动计划,并经自然保护区管理机构批准;其中,进入国家级自然保护区核心区的,应当经省、自治区、直辖市人民政府有关自然保护区行政主管部门批准。"

第二十九条第一款修改为:"在自然保护区的实验区内开展参观、旅游活动的,由自然保护区管理机构编制方案,方案应当符合自然保护区管理目标。"第二款修改为:"在自然保护区组织参观、旅游活动的,应当严格按照前款规定的方案进行,并加强管理;进入自然保护区参观、旅游的单位和个人,应当服从自然保护区管理机构的管理。"

第三十一条修改为:"外国人进入自然保护区,应当事先向自然保护区管理机构提交活动计划,并经自然保护区管理机构批准;其中,进入国家级自然保护区的,应当经省、自治区、直辖市环境保护、海洋、渔业等有关自然保护区行政主管部门按照各自职责批准。

"进入自然保护区的外国人,应当遵守有关自然保护区的法律、法规和规定,未经批准,不得在自然保护区内从事采集标本等活动。"

第三十七条修改为:"自然保护区管理机构违反本条例规定,有下列行为之一的,由县级以上人民政府有关自然保护区行政主管部门责令限期改正;对直接责任人员,由其所在单位或者上级机关给予行政处分:

"(一)开展参观、旅游活动未编制方案或者编制的方案不符合自然保护区管理目标的;

"(二)开设与自然保护区保护方向不一致的参观、旅游项目的;

"(三)不按照编制的方案开展参观、旅游活动的;

"(四)违法批准人员进入自然保护区的核心区,或者违法批准外国人进入自然保护区的;

"(五)有其他滥用职权、玩忽职守、徇私舞弊行为的。"

(5)将《中华人民共和国野生植物保护条例》第十六条第一款修改为:"禁止采集国家一级保护野生植物。因科学研究、人工培育、文化交流等特殊需要,采集国家一级保护野生植物的,应当按照管理权限向国务院林业行政主管部门或者其授权的机构申请采集证；或者向采集地的省、自治区、直辖市人民政府农业行政主管部门或者其授权的机构申请采集证。"

第二十条第一款修改为："出口国家重点保护野生植物或者进出口中国参加的国际公约所限制进出口的野生植物的，应当按照管理权限经国务院林业行政主管部门批准，或者经进出口者所在地的省、自治区、直辖市人民政府农业行政主管部门审核后报国务院农业行政主管部门批准，并取得国家濒危物种进出口管理机构核发的允许进出口证明书或者标签。海关凭允许进出口证明书或者标签查验放行。国务院野生植物行政主管部门应当将有关野生植物进出口的资料抄送国务院环境保护部门。"

第二十一条第二款修改为："外国人在中国境内对农业行政主管部门管理的国家重点保护野生植物进行野外考察的，应当经农业行政主管部门管理的国家重点保护野生植物所在地的省、自治区、直辖市人民政府农业行政主管部门批准。"

第二十七条中的"或者未经批准对国家重点保护野生植物进行野外考察的"修改为"或者未经批准对农业行政主管部门管理的国家重点保护野生植物进行野外考察的"。

（6）将《导游人员管理条例》第四条修改为："在中华人民共和国境内从事导游活动，必须取得导游证。

"取得导游人员资格证书的，经与旅行社订立劳动合同或者在相关旅游行业组织注册，方可持所订立的劳动合同或者登记证明材料，向省、自治区、直辖市人民政府旅游行政部门申请领取导游证。

"导游证的样式规格，由国务院旅游行政部门规定。"

删去第八条第三款。

（7）将《建设工程质量管理条例》第十一条第一款修改为："施工图设计文件审查的具体办法，由国务院建设行政主管部门、国务院其他有关部门制定。"

（8）将《建设工程勘察设计管理条例》第三十三条第一款修改为："施工图设计文件审查机构应当对房屋建筑工程、市政基础设施工程施工图设计文件中涉及公共利益、公众安全、工程建设强制性标准的内容进行审查。县级以上人民政府交通运输等有关部门应当按照职责对施工图设计文件中涉及公共利益、公众安全、工程建设强制性标准的内容进行审查。"

（9）删去《农业转基因生物安全管理条例》第十六条第二款第二项。第二款第四项改为第三项，修改为："（三）国务院农业行政主管部门规定的试验材料、检测方法等其他材料"。第三款修改为："国务院农业行政主管部门收到申请后，应当委托具备检测条件和能力的技术检测机构进行检测，并组织农业转基因生物安全委员会进行安全评价；安全评价合格的，方可颁发农业转基因生物安全证书。"

删去第二十二条。

第三十三条改为第三十二条，修改为："境外公司向中华人民共和国出口农业转基因生物用作加工原料的，应当向国务院农业行政主管部门提出申请，提交国务院农业行政主管部门要求的试验材料、检测方法等材料；符合下列条件，经国务院农业行政主管部门委托的、具备检测条件和能力的技术检测机构检测确认对人类、动植物、微生物和生态环境不存在危险，并经安全评价合格的，由国务院农业行政主管部门颁发农业转基因生物安全证书：

"（一）输出国家或者地区已经允许作为相应用途并投放市场；

"（二）输出国家或者地区经过科学试验证明对人类、动植物、微生物和生态环境无害；

"（三）有相应的安全管理、防范措施。"

第三十五条改为第三十四条，修改为："农业转基因生物在中华人民共和国过境转移的，应当遵守中华人民共和国有关法律、行政法规的规定。"

第三十六条改为第三十五条，删去其中的"国家出入境检验检疫部门"。

删去第四十九条。

第五十一条改为第四十九条，修改为："违反本条例规定，进口、携带、邮寄农业转基因生物未向口岸出入境检验检疫机构报检的，由口岸出入境检验检疫机构比照进出境动植物检疫法的有关规定处罚。"

（10）删去《棉花质量监督管理条例》第三条第一款。

删去第二十五条中的"情节严重的，由原资格认定机关取消其棉花加工资格"。

（11）删去《中华人民共和国文物保护法实施条例》第三十二条中的"经省、自治区、直辖市人民政府文物行政主管部门审核后"。

（12）删去《中华人民共和国道路交通安全法实施条例》第十五条第二款中的"资格管理和"。

（13）将《重大动物疫情应急条例》第二十一条第一款修改为："重大动物疫病应当由动物防疫监督机构采集病料。其他单位和个人采集病料的，应当具备以下条件：

"（一）重大动物疫病病料采集目的、病原微生物的用途应当符合国务院兽医主管部门的规定；

"（二）具有与采集病料相适应的动物病原微生物实验室条件；

"（三）具有与采集病料所需要的生物安全防护水平相适应的设备，以及防止病原感染和扩散的有效措施。"

第四十七条中的"擅自采集"修改为"不符合相应条件采集"。

（14）删去《历史文化名城名镇名村保护条例》第二十五条中的"经城市、县人民政府城乡规划主管部门会同同级文物主管部门批准"。

删去第三十九条中的"第二十五条"。

删去第四十三条第一款第一项、第二项、第五项。第二款修改为："有关单位或者个人进行本条例第二十五条规定的活动，或者经批准进行本条第一款规定的活动，但是在活动过程中对传统格局、历史风貌或者历史建筑构成破坏性影响的，依照本条第一款规定予以处罚。"

（15）将《气象灾害防御条例》第二十三条修改为："各类建（构）筑物、场所和设施安装雷电防护装置应当符合国家有关防雷标准的规定。新建、改建、扩建建（构）筑物、场所和设施的雷电防护装置应当与主体工程同时设计、同时施工、同时投入使用。

"新建、改建、扩建建设工程雷电防护装置的设计、施工，可以由取得相应建设、公路、水路、铁路、民航、水利、电力、核电、通信等专业工程设计、施工资质的单位承担。

"油库、气库、弹药库、化学品仓库和烟花爆竹、石化等易燃易爆建设工程和场所，雷电易发区内的矿区、旅游景点或者投入使用的建（构）筑物、设施等需要单独安装雷电防护装置的场所，以及雷电风险高且没有防雷标准规范、需要进行特殊论证的大型项目，其雷电防护装置的设计审核和竣工验收由县级以上地方气象主管机构负责。未经设计审核或者设计审核不合格的，不得施工；未经竣工验收或者竣工验收不合格的，不得交付使用。

"房屋建筑、市政基础设施、公路、水路、铁路、民航、水利、电力、核电、通信等建设工程的主管部门，负责相应领域内建设工程的防雷管理。"

删去第二十四条第一款中的"专门"和"设计、施工"。删去第二款中的"依法取得建设工程设计、施工资质的单位，可以在核准的资质范围内从事建设工程雷电防护装置的设计、施工。"

删去第四十三条第三项中的"设计、施工"。

删去第四十五条第一项中的"设计、施工"。增加一项，作为第三项："（三）违反本条例第二十三条第三款的规定，雷电防护装置未经设计审核或者设计审核不合格施工的，未经竣工验收或者竣工验收不合格交付使用的"。

（十九）第十九次法规清理（取消行政审批项目涉及的行政法规专类清理）

2017年11月17日，国务院发布《国务院关于修改部分行政法规的决定》(国务院令第690号)。

为了依法推进简政放权、放管结合、优化服务改革,国务院对取消行政审批项目涉及的行政法规进行清理。经过清理,国务院决定:对2部行政法规的部分条款予以修改:《中华人民共和国中外合作经营企业法实施细则》《中华人民共和国母婴保健法实施办法》。

(二十)第二十次法规清理(税收行政法规专类清理)

2017年11月19日,国务院发布《国务院关于废止〈中华人民共和国营业税暂行条例〉和修改〈中华人民共和国增值税暂行条例〉的决定》(国务院令第691号)。国务院决定,废止《中华人民共和国营业税暂行条例》,同时对《中华人民共和国增值税暂行条例》(1993年12月13日中华人民共和国国务院令第134号公布,2008年11月5日国务院第34次常务会议修订通过,根据2016年2月6日《国务院关于修改部分行政法规的决定》第一次修订,根据2017年11月19日《国务院关于废止〈中华人民共和国营业税暂行条例〉和修改〈中华人民共和国增值税暂行条例〉的决定》第二次修订)作出修改。

(二十一)第二十一次法规清理(开展军民融合所涉及的法规、规范性文件专类清理)

2018年2月22日,中共中央办公厅、国务院办公厅、中央军委办公厅印发《关于开展军民融合发展法规文件清理工作的通知》,对军民融合发展法规文件清理作出全面部署。通知指出,开展法规文件清理是全面贯彻党的十九大精神,深入实施军民融合发展战略,认真落实习近平总书记"优化军民融合发展的制度环境,坚决拆壁垒、破坚冰、去门槛"重要指示的具体举措。做好法规规范性文件清理工作,有助于解决军民融合发展的突出矛盾和现实问题,有利于增强法规制度的协调性、时效性、针对性,更好发挥法规制度的规范、引导、保障作用。

通知明确需要清理的法规文件范围，包括改革开放以来，在基础设施建设、国防科技工业、武器装备采购、人才培养、军事后勤、国防动员等军民融合潜力巨大的领域，以及海洋、太空、网络空间、生物、新能源、人工智能等军民共用性强的领域，制定发布的法律、党内法规、法规、规章、规范性文件。主要包括：

（1）不适应国防和军队现代化需要方面，主要指不适应军队新的领导管理体制、联合作战指挥体制的；影响科技兴军、武器装备现代化等目标实现方面；不符合实行军队社会化保障和全面停止有偿服务要求方面。

（2）不符合军民统筹要求方面，主要指在基础设施、科技和工业、教育、应急应战等领域不利于军民统筹规划、统筹建设的；不利于科技、人才、资金、信息等军民要素资源双向流动的；制约国家投资形成的军民资源设施对社会开放共享的；与国防密切相关的经济建设项目未贯彻国防要求的。

（3）不利于公平竞争方面，主要指在市场准入、信息发布、知识产权保护等方面不利于优势民口、民营企业参与国防和军队建设的；不适当的定密、解密妨碍行政相对人知情和公平参与的；与贯彻新发展理念、建设现代化经济体系不符，不利于发挥市场配置资源决定性作用的。

（4）法规文件不衔接、不配套方面，主要指上位法规文件修改后，下位法规文件未进行相应修改的；法规文件之间明显不一致或者不衔接，造成军地衔接困难、执行不一致的；规定过于原则，缺少配套性、可操作性规范，内容难以落实的；因年代较远，针对问题、规范事项、行政主体发生重大变化的。

根据以上标准，对纳入清理范围的文件，分别提出废止、失效、修改、整合、降密解密、继续有效等处理意见。

通知要求，负责清理的单位要按照清理范围，对法规文件逐一研究确定是否纳入清理目录，全面清理不留死角，做到应清必清、务求彻底。加强清理后续跟踪检查，确保清理效果落到实处。中央军民融合办适时对清理工作开展督促检查。

这是新中国成立以来唯一一次以中央办公厅、国务院办公厅、中央军委办公厅联合发文开展的法规、规范性文件大清理，是为配合中央开展军民融合发展战略而进行的法规、规范性文件专类清理。

（二十二）第二十二次法规清理（对取消行政许可项目及制约新产业、新业态、新模式发展涉及的行政法规专类清理）

2018年3月19日，国务院总理李克强签署《国务院关于修改和废止部分行政法规的决定》（国务院第698号令），自公布之日起施行。为了依法推进简政放权、放管结合、优化服务改革，国务院对取消行政许可项目及制约新产业、新业态、新模式发展涉及的行政法规进行了清理。经过清理，国务院决定：

（1）对18部行政法规的部分条款予以修改；

（2）对5部行政法规予以废止。

决定废止的行政法规分别是：

（1）《中华人民共和国私营企业暂行条例》（1988年6月25日国务院发布）；

（2）《中华人民共和国水污染防治法实施细则》（2000年3月20日国务院发布）；

（3）《地质勘查资质管理条例》（2008年3月3日国务院公布）；

（4）《种畜禽管理条例》（1994年4月15日国务院发布，根据2011年1月8日《国务院关于废止和修改部分行政法规的决定》修订）；

（5）《劳动教养试行办法》（1982年1月21日国务院批准）。

（二十三）第二十三次法规清理（生态环境保护法规、规章、规范性文件专类清理）

2018年9月18日，国务院办公厅发出《关于开展生态环境保护法规、规章、规范性文件清理工作的通知》（国办发〔2018〕87号）。通知指出，党中央、国务院十分重视生态环境保护，为适应形势发展的需要，国务院专门进行这次环境保护专类法规清理。坚决打好污染防治攻坚战，是党的十九大作出的重大决策部署。十三届全国人大常委会第四次会议审议通过的《全国人民代表大会常务委员会关于全面加强生态环境保护依法推动打好污染防治攻坚战的决议》提出，要抓紧开展生态环境保护法规、规章、司法解释和规范性文件的全面清理工作，对不符合不衔接不适应法律规定、中央精神、时代要求的，及时进行废止或修改。为落实有关要求，国务院决定开展生态环境保护法规、规章、规范性文件清理工作。

本次行政法规、规章、规范性文件清理的范围是生态环境保护相关行政法规，省、自治区、直辖市、设区的市、自治州人民政府和国务院部门制定的规章，以及县级以上地方人民政府及其所属部门、国务院部门制定的规范性文件。清理的重点是，与习近平生态文明思想和党的十八大以来党中央、国务院有关生态环境保护文件精神，以及生态环境保护方面的法律不符合不衔接不适应的规定。

通知指出，清理工作要坚持"谁制定、谁清理"的原则。各地区、各部门要依据党中央、国务院有关生态环境保护文件精神和上位法修改、废止情况，逐项研究清理。规章、规范性文件的主要内容与党中央、国务院有关生态环境保护文件相抵触，或与现行生态环境保护相关法律、行政法规不一致的，要予以废止；部分内容与党中央、国务院有关生态环境保护文件相抵触，或与现行生态环境保护相关法律、行政法规不一致的，要予以修改。

通知强调，各地区、各部门要充分认识清理工作的重要性，加强组织领导，制定具体方案，明确责任分工和时限要求，抓紧开展清理工作。

（二十四）第二十四次法规清理（法规全面清理）

2018年9月18日，由国务院总理李克强签署国务院令第703号，发布《国务院关于修改部分行政法规的决定》。为全面落实党的十九届三中全会审议通过的《中共中央关于深化党和国家机构改革的决定》和十三届全国人大一次会议批准的《国务院机构改革方案》，确保行政机关依法履行职责，国务院对机构改革涉及的行政法规进行了清理。经过清理，国务院决定：对10部行政法规的部分条款予以修改。

（1）将《卫星地面接收设施接收外国卫星传送电视节目管理办法》第三条修改为："国务院广播电视行政管理部门负责全国卫星地面接收设施接收外国卫星传送的电视节目的管理工作。

"省、自治区、直辖市人民政府广播电视行政管理部门负责本行政区内卫星地面接收设施接收外国卫星传送的电视节目的管理工作。"

第四条第三款中的"中国广播电视部门"修改为"广播电视行政管理部门"。

第六条修改为："利用已有的或者设置专门的卫星地面接收设施接收外国卫星传送的电视节目的单位，应当向省级以上主管部门提出书面申请，经审查同意的，由申请单位报所在省、自治区、直辖市人民政府广播电视行政管理部门审批。省、自治区、直辖市人民政府广播电视行政管理部门批准的，发给《卫星地面接收设施接收外国卫星传送的电视节目许可证》（以下简称《许可证》），并由审批机关报国务院广播电视行政管理部门、公安部门、国家安全部门备案。"

第九条第二款、第十条中的"广播电视、公安和国家安全部门"修改为"广播电视行政管理部门、公安机关、国家安全机关"。

第十一条修改为："违反本办法第八条、第九条规定的单位，由省、自治区、直辖市人民政府广播电视行政管理部门会同公安机关、国家安全机关视情节轻重，给予警告、二万元以下的罚款、直至吊销《许可证》的处罚。吊销《许可证》的，可以同时没收其使用的卫星地面接收设施。对单位的直接负责的主管人员和其他直接责任人员，省、自治区、直辖市人民政府广播电视行政管理部门、公安机关、国家安全机关可以建议其主管部门给予行政处分；情节严重构成犯罪的，由司法机关依法追究刑事责任。"

第十二条中的"省、自治区、直辖市广播电视厅（局）会同公安、国家安全厅（局）"修改为"省、自治区、直辖市人民政府广播电视行政管理部门会同公安机关、国家安全机关"。

第十四条第一款修改为："军队以及公安机关、国家安全机关因国防、公安和国家安全工作需要利用已有的或者专门设置的卫星地面接收设施接收外国卫星传送的电视节目，由军队有关部门、国务院公安部门、国务院国家安全部门分别制定措施进行管理。"

第十五条修改为："本办法由国务院广播电视行政管理部门解释。"

（2）将《有线电视管理暂行办法》第三条第一款、第六条第一款、第十三条、第十九条中的"广播电影电视部"修改为"国务院广播电视行政管理部门"。

（3）将《中药品种保护条例》第四条修改为："国务院药品监督管理部门负责全国中药品种保护的监督管理工作。"

第五条第一款、第八条、第十条、第十一条、第十五条、第二十一条、第二十五条中的"国务院卫生行政部门"修改为"国务院药品监督管理部门"。

第九条修改为："申请办理中药品种保护的程序：

"（一）中药生产企业对其生产的符合本条例第五条、第六条、第七条、第八条规定的中药品种，可以向所在地省、自治区、直辖市人民政府药品监督管理部门提出申请,由省、自治区、直辖市人民政府药品监督管理部门初审签署意见后,报国务院药品监督管理部门。特殊情况下,中药生产企业也可以直接向国务院药品监督管理部门提出申请。

"(二)国务院药品监督管理部门委托国家中药品种保护审评委员会负责对申请保护的中药品种进行审评。国家中药品种保护审评委员会应当自接到申请报告书之日起六个月内作出审评结论。

"(三)根据国家中药品种保护审评委员会的审评结论,由国务院药品监督管理部门决定是否给予保护。批准保护的中药品种,由国务院药品监督管理部门发给《中药保护品种证书》。

"国务院药品监督管理部门负责组织国家中药品种保护审评委员会,委员会成员由国务院药品监督管理部门聘请中医药方面的医疗、科研、检验及经营、管理专家担任。"

第十三条第一款中的"药品生产经营主管部门、卫生行政部门"修改为"药品监督管理部门"。

第十八条修改为:"国务院药品监督管理部门批准保护的中药品种如果在批准前是由多家企业生产的,其中未申请《中药保护品种证书》的企业应当自公告发布之日起六个月内向国务院药品监督管理部门申报,并依照本条例第十条的规定提供有关资料,由国务院药品监督管理部门指定药品检验机构对该申报品种进行同品种的质量检验。国务院药品监督管理部门根据检验结果,可以采取以下措施:

"(一)对达到国家药品标准的,补发《中药保护品种证书》。

"(二)对未达到国家药品标准的,依照药品管理的法律、行政法规的规定撤销该中药品种的批准文号。"

第十九条修改为:"对临床用药紧缺的中药保护品种的仿制,须经国务院药品监督管理部门批准并发给批准文号。仿制企业应当付给持有《中药保护品种证书》并转让该中药品种的处方组成、工艺制法的企业合理的使用费,其数额由双方商定;双方不能达成协议的,由国务院药品监督管理部门裁决。"

第二十条修改为："生产中药保护品种的企业应当根据省、自治区、直辖市人民政府药品监督管理部门提出的要求，改进生产条件，提高品种质量。"

第二十三条中的"县级以上卫生行政部门"修改为"县级以上人民政府负责药品监督管理的部门"。

第二十四条中的"卫生行政部门"修改为"负责药品监督管理的部门"。

删去第二十六条。

（4）将《卫星电视广播地面接收设施管理规定》第五条第一款、第十二条中的"国务院广播电影电视行政部门"修改为"国务院广播电视行政管理部门"。

第七条中的"县、市人民政府广播电视行政部门"修改为"县、市人民政府广播电视行政管理部门"，"省、自治区、直辖市人民政府广播电视行政部门"修改为"省、自治区、直辖市人民政府广播电视行政管理部门"。

第八条第二款中的"国务院广播电影电视行政部门"修改为"国务院广播电视行政管理部门"，"县、市人民政府广播电视行政部门"修改为"县、市人民政府广播电视行政管理部门"，"省、自治区、直辖市人民政府广播电视行政部门"修改为"省、自治区、直辖市人民政府广播电视行政管理部门"。

第十条中的"工商行政管理部门"修改为"市场监督管理部门"，"广播电视行政部门"修改为"广播电视行政管理部门"。

（5）将《反兴奋剂条例》第二条中的"国务院食品药品监督管理部门"修改为"国务院药品监督管理部门"。

第四条第二款中的"县级以上人民政府食品药品监督管理、卫生、教育等有关部门"修改为"县级以上人民政府负责药品监督管理的部门和卫生、教育等有关部门"。

第九条第一款、第十二条、第十三条第一款中的"省、自治区、直辖市人民政府食品药品监督管理部门"修改为"省、自治区、直辖市人民政府药品监督管理部门"。

第十一条中的"国务院食品药品监督管理部门"修改为"国务院药品监督管理部门","省、自治区、直辖市人民政府食品药品监督管理部门"修改为"省、自治区、直辖市人民政府药品监督管理部门"。

第三十八条中的"县级以上食品药品监督管理部门按照国务院食品药品监督管理部门规定的职责分工"修改为"县级以上人民政府负责药品监督管理的部门按照国务院药品监督管理部门规定的职责分工"。

第四十五条中的"食品药品监督管理部门、卫生主管部门"修改为"负责药品监督管理的部门、食品安全监督管理部门"。

（6）将《易制毒化学品管理条例》第二条第三款、第二十七条第二款中的"国务院食品药品监督管理部门"修改为"国务院药品监督管理部门"。

第三条第一款中的"食品药品监督管理部门"修改为"药品监督管理部门","工商行政管理部门"修改为"市场监督管理部门","环境保护主管部门"修改为"生态环境主管部门"。

第八条第一款、第十条第一款、第十五条第一款中的"省、自治区、直辖市人民政府食品药品监督管理部门"修改为"省、自治区、直辖市人民政府药品监督管理部门"。

第十二条、第三十五条、第三十八条第一款、第四十条第二款中的"工商行政管理部门"修改为"市场监督管理部门"。

第三十条第四款中的"食品药品监督管理部门"修改为"药品监督管理部门"。

第三十二条第一款中的"食品药品监督管理部门"修改为"负责药品监督管理的部门","工商行政管理部门"修改为"市场监督管理部门","环境保护主管部门"修改为"生态环境主管部门"。

第三十三条第一款中的"环境保护主管部门"修改为"生态环境主管部门"。

第三十四条中的"县级人民政府食品药品监督管理部门"修改为"县级人民政府负责药品监督管理的部门"。

（7）将《国务院关于经营者集中申报标准的规定》第三条、第四条中的"国务院商务主管部门"修改为"国务院反垄断执法机构"。

（8）将《外国企业常驻代表机构登记管理条例》第五条第一款中的"省、自治区、直辖市人民政府工商行政管理部门"修改为"省、自治区、直辖市人民政府市场监督管理部门"。

第十二条第三项、第二十九条第一款、第三十三条第一款第四项中的"国家工商行政管理总局"修改为"国务院市场监督管理部门"。

（9）将《戒毒条例》第四条第一款中的"药品监督管理部门"修改为"负责药品监督管理的部门"。

（10）将《残疾预防和残疾人康复条例》第十二条修改为："卫生主管部门在开展孕前和孕产期保健、产前筛查、产前诊断以及新生儿疾病筛查，传染病、地方病、慢性病、精神疾病等防控，心理保健指导等工作时，应当做好残疾预防工作，针对遗传、疾病、药物等致残因素，采取相应措施消除或者降低致残风险，加强临床早期康复介入，减少残疾的发生。

"公安、安全生产监督管理、食品安全监督管理、药品监督管理、生态环境、防灾减灾救灾等部门在开展交通安全、生产安全、食品安全、药品安全、生态环境保护、防灾减灾救灾等工作时，应当针对事故、环境污染、灾害等致残因素，采取相应措施，减少残疾的发生。"

第十三条中的"国务院卫生和计划生育、教育、民政等有关部门"修改为"国务院卫生、教育、民政等有关部门"。

第十四条中的"卫生和计划生育主管部门"修改为"卫生主管部门"。

第十七条第一款中的"卫生和计划生育、教育、民政等部门"修改为"卫生、教育、民政等部门"。

第二十八条第二款修改为："县级以上人民政府卫生、教育等有关部门应当将残疾预防和残疾人康复知识、技能纳入卫生、教育等相关专业技术人员的继续教育。"

（二十五）第二十五次法规清理（对政府机构改革、职能转变和"放管服"改革涉及的行政法规专类清理）

2019年3月2日，国务院发布《国务院关于修改部分行政法规的决定》（国务院令第709号）。

为了全面落实党的十九届三中全会审议通过的《中共中央关于深化党和国家机构改革的决定》《深化党和国家机构改革方案》和十三届全国人大一次会议批准的《国务院机构改革方案》，确保行政机关依法履行职责；进一步推进简政放权、放管结合、优化服务改革，更大程度激发市场、社会的创新创造活力，国务院决定对机构改革、政府职能转变和"放管服"改革涉及的有关行政法规进行清理。经过清理，国务院决定：对49部行政法规的部分条款予以修改。

被修改的行政法规和部分修改内容举其10例。

（1）《中华人民共和国国境卫生检疫法实施细则》第十一条修改为："入境、出境的微生物、人体组织、生物制品、血液及其制品等特殊物品的携带人、托运人或者邮递人，必须向卫生检疫机关申报并接受卫生检疫，凭卫生检疫机关签发的特殊物品审批单办理通关手续。未经卫生检疫机关许可，不准入境、出境。"

第二十二条第二款修改为："检疫锚地由港务监督机关和卫生检疫机关会商确定，报国务院交通运输主管部门和海关总署备案。"

（2）《中华人民共和国国境口岸卫生监督办法》第十七条修改为："供应国境口岸和交通工具上的食品必须符合《中华人民共和国食品安

全法》的规定和食品安全标准。"

第二十一条中的"国境口岸卫生检疫机关在当地人民政府的领导下，对国境口岸和交通工具进行卫生监督"修改为"国境口岸卫生检疫机关对国境口岸和交通工具进行卫生监督"。

（3）《中华人民共和国外国籍船舶航行长江水域管理规定》第五条第二款中的"应当接受卫生检疫和港务监督、边防检查、海关、动植物检疫等部门的检查"修改为"应当接受港务监督、边防检查、海关等部门的检查"。

（4）《中华人民共和国船舶和海上设施检验条例》第三十条修改为："除从事国际航行的渔业辅助船舶依照本条例进行检验外，其他渔业船舶的检验，由国务院交通运输主管部门按照相关渔业船舶检验的行政法规执行。"

（5）《中华人民共和国发票管理办法》第四条修改为："国务院税务主管部门统一负责全国的发票管理工作。省、自治区、直辖市税务机关依据职责做好本行政区域内的发票管理工作。

"财政、审计、市场监督管理、公安等有关部门在各自的职责范围内，配合税务机关做好发票管理工作。"

（6）《国际航行船舶进出中华人民共和国口岸检查办法》第三条修改为："中华人民共和国港务监督机构（以下简称港务监督机构）、中华人民共和国海关（以下简称海关）、中华人民共和国出入境边防检查机关是负责对船舶进出中华人民共和国口岸实施检查的机关（以下统称检查机关）。"

（7）《中华人民共和国契税暂行条例》第十二条第一款修改为："契税征收机关为土地、房屋所在地的税务机关。"

（8）《中华人民共和国内河交通安全管理条例》第九十三条中的"渔船的检验、登记以及进出渔港签证"修改为"渔船的登记以及进出渔港报告"。增加一款，作为第二款："渔业船舶的检验及相关监督管理，由国务院交通运输主管部门按照相关渔业船舶检验的行政法规执行。"

（9）《企业国有资产监督管理暂行条例》第十三条第一款第三项修改为："（三）依照规定向所出资企业委派监事"。

删去第三十四条："国务院国有资产监督管理机构代表国务院向其所出资企业中的国有独资企业、国有独资公司派出监事会。监事会的组成、职权、行为规范等，依照《国有企业监事会暂行条例》的规定执行。

"地方人民政府国有资产监督管理机构代表本级人民政府向其所出资企业中的国有独资企业、国有独资公司派出监事会，参照《国有企业监事会暂行条例》的规定执行。"

（10）《古生物化石保护条例》第二十二条第二款中的"任何单位和个人不得擅自买卖重点保护古生物化石"修改为"除收藏单位之间转让、交换、赠与其收藏的重点保护古生物化石外，其他任何单位和个人不得买卖重点保护古生物化石"。

第二十四条修改为："收藏单位之间转让、交换、赠与其收藏的重点保护古生物化石的，应当在事后向国务院自然资源主管部门备案。具体办法由国务院自然资源主管部门制定。"

（二十六）第二十六次法规清理（对与政务服务和"一网通办"不相适应的行政法规专类清理）

2019年3月24日，国务院总理李克强签署发布《国务院关于修改部分行政法规的决定》（国务院第710号令）。本次行政法规清理是为了依法推进简政放权、放管结合、优化服务改革，深入推进"互联网+政务服务"和政务服务"一网通办"，国务院对与政务服务"一网通办"不相适应的有关行政法规进行清理。经过清理，国务院决定：对6部行政法规的部分条款予以修改。

从修改的行政法规中可以看出政府政务服务改革和推进"一网通办"改革的力度，也可以学到一些行政法规修改的方法，因此将修改的法规附后,作为参考。

(1)将《城市道路管理条例》第三十三条第一款修改为:"因工程建设需要挖掘城市道路的,应当提交城市规划部门批准签发的文件和有关设计文件,经市政工程行政主管部门和公安交通管理部门批准,方可按照规定挖掘。"

(2)将《社会保险费征缴暂行条例》第八条修改为:"企业在办理登记注册时,同步办理社会保险登记。

"前款规定以外的缴费单位应当自成立之日起30日内,向当地社会保险经办机构申请办理社会保险登记。"

(3)将《住房公积金管理条例》第十三条第二款修改为:"单位应当向住房公积金管理中心办理住房公积金缴存登记,并为本单位职工办理住房公积金账户设立手续。每个职工只能有一个住房公积金账户。"

第十四条修改为:"新设立的单位应当自设立之日起30日内向住房公积金管理中心办理住房公积金缴存登记,并自登记之日起20日内,为本单位职工办理住房公积金账户设立手续。

"单位合并、分立、撤销、解散或者破产的,应当自发生上述情况之日起30日内由原单位或者清算组织向住房公积金管理中心办理变更登记或者注销登记,并自办妥变更登记或者注销登记之日起20日内,为本单位职工办理住房公积金账户转移或者封存手续。"

第十五条修改为:"单位录用职工的,应当自录用之日起30日内向住房公积金管理中心办理缴存登记,并办理职工住房公积金账户的设立或者转移手续。

"单位与职工终止劳动关系的,单位应当自劳动关系终止之日起30日内向住房公积金管理中心办理变更登记,并办理职工住房公积金账户转移或者封存手续。"

(4)将《互联网上网服务营业场所管理条例》第十一条第二款修改为:"申请人完成筹建后,应当向同级公安机关申请信息网络安全审核。

公安机关应当自收到申请之日起20个工作日内作出决定；经实地检查并审核合格的，发给批准文件。申请人还应当依照有关消防管理法律法规的规定办理审批手续。"

第三款修改为："申请人取得信息网络安全和消防安全批准文件后，向文化行政部门申请最终审核。文化行政部门应当自收到申请之日起15个工作日内依据本条例第八条的规定作出决定；经实地检查并审核合格的，发给《网络文化经营许可证》。"

第四款修改为："对申请人的申请，有关部门经审查不符合条件的，或者经审核不合格的，应当分别向申请人书面说明理由。"

（5）将《不动产登记暂行条例》第十五条第一款修改为："当事人或者其代理人应当向不动产登记机构申请不动产登记。"

（6）将《城市房地产开发经营管理条例》第八条修改为："房地产开发企业应当自领取营业执照之日起30日内，提交下列纸质或者电子材料，向登记机关所在地的房地产开发主管部门备案：

"（一）营业执照复印件；

"（二）企业章程；

"（三）企业法定代表人的身份证明；

"（四）专业技术人员的资格证书和聘用合同。"

（二十七）第二十七次法规清理（对推进政府职能转变、激发市场活力、营造国际化的营商环境涉及的行政法规专类清理）

2019年4月23日，由国务院总理李克强签署的中华人民共和国国务院令第714号，公布《国务院关于修改部分行政法规的决定》，自公布之日起施行。

本次法规清理是为进一步推进政府职能转变和"放管服"改革，更大程度激发市场、社会的创新创造活力，营造法治化、国际化、便利化的营商环境，国务院对所涉及的行政法规进行清理。经过清理，国务院决定：对4部行政法规的部分条款予以修改。

（二十八）第二十八次法规清理（扩大金融对外开放涉及的行政法规专类清理）

2019年9月30日，国务院总理李克强签署中华人民共和国国务院令第720号，公布《国务院关于修改〈中华人民共和国外资保险公司管理条例〉和〈中华人民共和国外资银行管理条例〉的决定》，自公布之日起施行。

为适应进一步改革开放的需要，进一步扩大金融业对外开放十分必要，所以国务院决定对《中华人民共和国外资保险公司管理条例》和《中华人民共和国外资银行管理条例》部分条款予以修改。

（二十九）第二十九次法规清理（对取消行政许可项目涉及的行政法规专类清理）

2020年3月27日，国务院总理李克强签署中华人民共和国国务院令第726号，公布《国务院关于修改和废止部分行政法规的决定》，自公布之日起施行。

为了依法推进简政放权、放管结合、优化服务改革，国务院对取消和下放行政许可项目涉及的行政法规，以及实践中不再适用的行政法规进行了清理。经过清理，国务院决定：

（1）对7部行政法规的部分条款予以修改；

（2）对10部行政法规予以废止。

国务院决定废止的行政法规分别是：

（1）《防治布氏杆菌病暂行办法》（1979年12月22日国务院批准，1980年1月31日卫生部、农业部发布）；

（2）《中华人民共和国公民出境入境管理法实施细则》（1986年12月3日国务院批准，1986年12月26日公安部、外交部、交通部发布，1994年7月13日国务院批准第一次修订，1994年7月15日公安部、外交部、交通部发布，根据2011年1月8日《国务院关于废止和修改部分行政法规的决定》第二次修订）；

（3）《开发建设晋陕蒙接壤地区水土保持规定》（1988年9月1日国务院批准，1988年10月1日国家计划委员会、水利部发布，根据2011年1月8日《国务院关于废止和修改部分行政法规的决定》修订）；

（4）《药品行政保护条例》（1992年12月12日国务院批准，1992年12月19日国家医药管理局发布）；

（5）《卖淫嫖娼人员收容教育办法》（1993年9月4日中华人民共和国国务院令第127号公布，根据2011年1月8日《国务院关于废止和修改部分行政法规的决定》修订）；

（6）《外国公司船舶运输收入征税办法》（1996年9月18日国务院批准，1996年10月24日财政部、国家税务总局发布，根据2011年1月8日《国务院关于废止和修改部分行政法规的决定》修订）；

（7）《中华人民共和国中医药条例》（2003年4月7日中华人民共和国国务院令第374号公布）；

（8）《中华人民共和国行政监察法实施条例》（2004年9月17日中华人民共和国国务院令第419号公布）；

（9）《疫苗流通和预防接种管理条例》（2005年3月24日中华人民共和国国务院令第434号公布，根据2016年4月23日《国务院关于修改〈疫苗流通和预防接种管理条例〉的决定》修订）；

（10）《行政学院工作条例》（2009年12月22日中华人民共和国国务院令第568号公布）。

（三十）第三十次法规清理（上位法修改涉及的行政法规专项清理）

2020年11月29日，国务院总理李克强签署中华人民共和国国务院令第732号，公布《国务院关于修改和废止部分行政法规的决定》，自公布之日起施行。

本次行政法规清理是专门为了贯彻实施上位法《中华人民共和国外

商投资法》（以下简称外商投资法）而进行的专类清理，国务院决定，对与外商投资法不符的行政法规进行清理。经过清理，国务院决定：

（1）对22部行政法规的部分条款予以修改；

（2）废止《外国企业或者个人在中国境内设立合伙企业管理办法》（2009年11月25日中华人民共和国国务院令第567号公布）。

（三十一）第三十一次法规清理（上位法人口与计划生育法修改和计划生育政策调整涉及的行政法规专类清理）

2021年9月9日，国务院总理李克强签署中华人民共和国国务院令第747号，发布《国务院关于废止部分行政法规的决定》，自公布之日起施行。

为了适应我国人口与经济社会发展的新形势，优化生育政策，促进人口长期均衡发展，根据2021年8月20日第十三届全国人民代表大会常务委员会第三十次会议通过的关于修改人口与计划生育法的决定，国务院决定废止以下行政法规：

（1）《计划生育技术服务管理条例》（2001年6月13日中华人民共和国国务院令第309号公布，根据2004年12月10日《国务院关于修改〈计划生育技术服务管理条例〉的决定》修订）；

（2）《社会抚养费征收管理办法》（2002年8月2日中华人民共和国国务院令第357号公布）；

（3）《流动人口计划生育工作条例》（2009年5月11日中华人民共和国国务院令第555号公布）。

三、法规清理的概念

（一）法规清理概念应揭示的重点

1.法规清理的性质

法规清理属于立法范畴的一种活动，法律、法规、规章的立法活动主要由"立""改""废"三部分构成，因此，按照权限和规定程序对哪些需要修改或者废止的法规、规章，进行梳理、研究、审查、认定，就是法规清理的基本活动内容。法规清理就是做立法活动中废止、修改或者编纂工作。实际上法规清理是对现行法规作一次"诊断"或者作一次总的鉴定。

2.法规清理的机关

既然认定法规清理是综合性立法活动，那么应该是只有有权机关或者法律、法规、规章的制定机关才具有法规、规章清理权力。如全国人大常委会有权对法律进行清理；国务院有权对行政法规进行清理；国务院部门和有权的地方政府对规章进行清理。也就是说谁制定谁有权清理。一般来说，下位法的制定机关无权对上位法进行清理，上位法的制定机关原则上也不宜对下位法进行清理。目前还没有上位法制定机关清理下位法的先例，但如果发现下位法与上位法相抵触，上位法的制定机关可以向下位法的制定机关提出处理意见，依法撤销或者建议修改下位法。有人主张"委托"清理，笔者认为不妥。公众参与可以，大专院校的力量可以用于借助法规规章清理工作，但审查、审定、决定等清理工作都不能委托。

3.法规清理的目的

运用法规的修改、明令废止、宣布失效等处理形式，解决现行法规存在的不适用、不一致、不协调等问题，作出继续使用、修改、废止、失效等处理。

（二）法规清理的定义

根据以上法规清理概念揭示的重点，我们可以把法规清理定义为：

法规清理是根据国务院统一安排，有权机关对历年制定发布的一定时期和范围的法规，按照规定的程序进行系统梳理、整理、研究、认定，对存在不适应、不一致、不协调等问题作出处理，确定哪些法规可以继续适用、哪些法规需要补充修改、哪些法规需要废止和宣布失效的综合立法活动。

法规清理存在于立法工作整体之中，与法规的制定相辅相成，两个方面都很重要，不可偏废。

四、法规清理的程序

（一）以文件形式启动法规清理

清理机关下发法规、规章清理决定通知，在充分准备的基础上，以法规清理机关办公厅名义发通知启动。例如，1983年我国第二次全面清理法规规章就是以国务院办公厅发出《国务院办公厅转发经济法规研究中心〈关于对国务院系统过去颁发的法规、规章进行清理的建议〉的通知》（国办发〔1983〕83号）启动的。在通知中把清理范围、清理原则、清理工作要求或方案都规定清楚，明确国务院责成国务院法制局和经济法规研究中心进行法规清理的具体工作。

（二）对清理范围内的法规进行整理、研究、审查、认定

梳理查找清理范围的法规存在的问题，分析哪些继续现行有效、哪些应该废止、哪些需要修改，并提出理由。由国务院法制局提出初步清理草案，征求各方面意见。

（三）公布法规清理结果

国务院法制局向国务院提交清理结果报告，经国务院常务会议，作出批准决定，向社会公布清理结果报告。

法规和法律作出清理决定的程序不同。全国人大常委会和有立法权的地方人大常委会，要按照法定的议案提出、审议、表决和公布程序进行，而国务院和有规章制定权的省市人民政府，一般经本级政府常委会审议并作出清理决定，国务院部门则由部务会议或者部长办公会议审议并作出清理决定。也有部委不作清理决定，直接以部长令的形式公布清理结果。

（四）编辑出版法规汇编

将继续现行有效的法规汇编成册，以法定载体提供国家标准文本，供社会应用。

（五）法规清理问题的处理

清理法规时，我们发现主要存在三个方面问题，进行梳理研究：一是法规已不能适应改革开放经济形势发展的需要；二是法规已被新的法律或者新的法规所代替；三是法规所调整的对象已经消失或者适用期已过。对清理范围内的法规存在的这三个方面问题，分别加以处理。

1.明令废止

在法规清理中发现下面情况的法规应当进行明令废止处理。

（1）有些法规已经不能适应情况变化和快速发展的改革形势需要

例如，1994年法规全面清理以后，我国经济和政治形势又都发生很大变化，现行行政法规中有些已经不能适应形势发展需要。1979年国务院发布《关于扩大国营工业企业经营自主权的若干规定》。制定出台这个法规是为了调动国有工业企业的积极性，简政放权，给企业较大的经营自主权，但这是计划经济体制下的经营自主权，而在此以后，我国已经发展到社会主义市场经济体制，因此这个"若干规定"中有关"企业必须保证完成国家下达的各项经济计划"的规定已经完全不适应形势发展的变化。社会主义市场经济，企业生产计划是根据市场需要制订的，国家不再向企业下达生产计划。这个"若干规定"还对"企业利润留成""外汇分成"作出规定。后来国家实行了国有企业由上交利润改为交税金制度。1994年外汇体制改革，经常项目下人民币兑换已放开，"外汇分成"当然随之被取消。可见，"若干规定"的主要内容已不适应改革开放的变化和政策。在2001年法规清理中有15件法规属于这种情况，都以明令废止的处理形式被废止。

（2）有些法规已经被新的法律或者新的行政法规所代替

1993年以后，特别是第九届全国人大以后，我国的立法进程明显加快，一些法规被新的法律或者新的行政法规所代替。例如，在2001年的法规清理中，我们发现1978年国务院发布的《会计人员职权条例》已被1999年全国人大常委会修订公布的《中华人民共和国会计法》和1987年国务院发布的《关于实行专业技术职务聘任制度的规定》以及1990年国务院发布的《总会计师条例》所代替。又如，1986年国务院发布的《中华人民共和国银行管理暂行条例》已被1995年的《中华人民共和国商业银行法》以及1998年国务院发布的《非法金融机构和非法金融业务活动取缔办法》所代替。据统计，这些已被新法律、法规所代替的法规，在2001年法规清理中共有55件，我们认定已经没有存在的必要，在法规清理公布清理结果时，都被列入明令废止之内。

2.宣布失效

清理范围的法规，被宣布失效适用于两种情况。

（1）法规调整的对象已经消失

随着经济和政治改革形势的发展和日新月异的快速变化，有些法规的调整对象已经不存在。这里也分两种情况：

一是法规调整的对象本身已经失去存在的必要。例如，1955年国务院发布的《市镇粮食定量供应暂行办法》。1994年法规清理时，我们认为这是短缺经济的产物，当时，全国已经取消了粮食定量供应，我们认为这个"办法"的调整对象已经消失了，不存在了，"办法"应该列入宣布失效之内，但就在法规清理过程中，有的城市粮食供应又开始紧张，甚至有的城市想恢复粮食定量供应，这说明"办法"的调整对象还有存在必要与现实。为慎重起见，1994年法规清理没有把"办法"宣布失效。进入2000年，经济形势发生了根本性的变化，许多商品包括粮食，都供大于求，短缺经济现象不复存在，该"办法"的调整对象本身已经消失，2001年法规清理时，以国务院文件形式宣布失效。

二是国家原来实行的某项管理措施或者制度，后来不实行了。例如，1982年国家实行能源交通重点建设基金制度，为此，国务院发布了《国家能源交通重点建设基金征集办法》，后来根据经济调整和发展的需要，国家决定取消这项制度，国务院就是专为调整这项制度制定该"办法"的，既然这项制度取消了，那么，"办法"也就没必要继续存在了。2001年法规清理时，《国家能源交通重点建设基金征集办法》被宣布失效。

（2）法规适用期已过

适用期已过的法规，也适用于宣布失效这种处理形式。有些法规是有一定适用期的，如1987年国务院发布的《第三次全国人口普查办法》是对人口普查具体事项规定的法规，其法规效力只限于第三次全国人口普查，过了第三次全国人口普查，这个"办法"就不适用了。2001年的法规清理，属于适用期已过、被宣布失效的法规有59件。

3. 予以修改

法规与上位法不一致，或者法规之间不衔接、相互矛盾的，或者法规中用字、标点有明显错误的，应予以修改、校正。修改有两种情况：一是即时修改、校正，需要在法规清理报告中说明理由，经国务院批准；二是法规某些内容或者个别条款需要修改，但在法规清理阶段尚不具备修改条件的，建议列入国务院立法计划，由国务院法制局（法制办、法制部门）督促有关部门及时起草修改草案，经国务院常务会议讨论，按法规制定程序制定法规。

（六）"明令废止"与"宣布失效"的区别

在法规清理过程中，很多读者都提出"明令废止"与"宣布失效"到底有什么区别的问题。对此，很多专家学者或者法规清理工作人员也都回答过，但我认为，作答得都不清楚或者不太清楚。经过研究，我谈谈个人看法。

1."明令废止"与"宣布失效"的相同之点

（1）"明令废止"与"宣布失效"是沿用1955年法规清理时对有问题法规进行处理的形式。1955年12月30日，国务院法制局在《国务院法制局关于法规整理工作的总结报告》中，就提出"明文作废"和"实际失效"的处理形式。该报告总结说："已经废止的法规计47件，约占总数的19%。这类法规包括：已经明文作废的，如《铁路军运暂行条例》和《印信条例》等；已经被新的法规代替而实际失效的，如《全国铁路职工疾病伤残补助试行办法》等。"这里的"明文作废"和"实际失效"就是现代意义的"明令废止"和"宣布失效"。1983年国务院第二次法规清理时将"明文作废"称为"明令废止"，将"实际失效"称为"宣布失效"。

（2）"明令废止"与"宣布失效"，二者都有失去法规效力、法规不再执行之意。废止是停止、放弃、废除之意，也就是说，法规的效力被废弃掉了，被停止了，不再执行了。失效就是法规的约束力失去了，不存在了，法规执行性没有了。

（3）"明令"和"宣布"都有宣布、明示之意。"明令""宣布"都是有权机关以文件命令形式对某一事项或者问题进行处理的宣布、明示的形式。

2."明令废止"与"宣布失效"的区别

既然二者都有失去效力，不再执行之意，为什么一个表述"明令废止"，一个表述"宣布失效"，因为这里边还有微妙的区别：

（1）适应的情况不同。明令废止的法规是因为法规规定的事项已经不适应改革形势发展需要的现实而被明令废止。例如，《关于扩大国营工业企业经营自主权的若干规定》中"企业必须保证完成国家下达的各项经济计划"等规定，已经完全不适应形势发展的变化。因此，被明令废止。又如，1978年国务院发布的《会计人员职权条例》已被1999年全国人大常委会修订公布的《中华人民共和国会计法》所代替，该《会计人员职权条例》被明令废止。出现上述两种情况的法规，在法规清理时应明令废止。

宣布失效的法规也有两种适应情况：一是调整对象消失。例如，1955年国务院发布的《市镇粮食定量供应暂行办法》，进入2000年，短缺经济现象不复存在，该"办法"的调整对象已经消失，2001年法规清理时，以国务院文件形式宣布失效。二是法规适用期已过，对适用期已过的法规适用于宣布失效来处理。例如，1987年的《第三次全国人口普查办法》，其法规效力只限于第三次全国人口普查，过了第三次全国人口普查，这个"办法"就不适用了。2001年法规清理时，该法规被宣布失效。

（2）对调整对象消失、适用期已过法规的处理，不是"废止"的问题，而是"失效"的问题。随着社会和经济的快速发展，很多东西、事物、现象都消失了，不存在了，然而一时又没有新的法规及时代替调整，如果用明令废止的方式来废掉调整对象消失的法规，容易牵扯有关问题，原则上说也不准确。因为调整对象消失、适用期已过的法规，实际上已经自行失效，事实上已经处于停止执行状态，用不着再明令废止，也显得多余，不合适，因此，不是"废"而是失效，所以，用"宣布失效"处理方式，表达更确切，更符合实际。

（3）调整对象消失、适用期已过的法规。实际上有许多在法规清理前或者过程中已经失效，不执行了，但有权机关从来没有正式宣布过，究竟是否继续有效还是应该予以修改或者废止，并不清楚，经过清理后才明确，公布清理结果时只不过是履行宣布失效的处理程序。

（4）不适应改革形势发展需要和被新的法律法规所代替的法规。在法规清理前，就已经被废止，散见在现行法律法规中，如国务院根据1987年《中华人民共和国技术合同法》制定的《中华人民共和国技术合同法实施条例》和《技术合同管理暂行规定》。1999年3月15日公布《中华人民共和国合同法》，该法第428条明确规定："本法自1999年10月1日起施行，《中华人民共和国经济合同法》、《中华人民共和国涉外经济合同法》、《中华人民共和国技术合同法》同时废止。"作为母法的《中华人民共和国技术合同法》被新法明令废止，根据原技术合同法制定的实施条例应当然废止。

（5）适用期已过的法规本身往往没有规定适用期。例如，第1次至第5次人口普查法规，都没有规定法规适用期，过了适用期，有没有法律效力，有权机关也没有宣布过，公布法规清理结果时，有权机关应一并宣布失效。

（6）法规被"明令废止"必定导致法规的失效，但法规失效不必然是法规废止的后果。有的学者认为，法规被"明令废止"必定导致法规的失效，但法规被宣布失效不必然是法规废止的后果。法规失效可能是适用期已过或者调整对象消失而导致法规在现实中没有实际的调整作用了，丧失法律效力。法规失效后，如果再出现该法规曾经存在过的调整对象，那么这个失效的法规从原理上说是可以再次适用的，即复效，恢复效力。该学者举出德国法律复效的例子。德国在对其《德国民法典》的145次修订中，所采用的技术除采用增加、删除、废除、修改外，还有"重新生效"。此外，《德国民法典》还有两种修订方法：一是"宣布无效"，如1959年7月29日所作的第41次修改就是对第1628条和第1629条第1款"宣布无效"；二是宣告部分无效，这在第50次和第82次的修改中都有所体现。对于这位学者的观点我有认同之处。我想，1955年国务院发布的《市镇粮食定量供应暂行办法》，在1994年的法规清理中，不少人都认为调整对象已经消失，应该宣布失效，但过了不久，有的地方又出现粮食短缺现象，如果在这时该法规已经宣布过失效，当又出现曾经存在过的调整对象即粮食短缺现象时，那么该法规是不是也可以"复效"，重新生效。假如出现这种现象，我赞成"复效"，这应该是"明令废止"与"宣布失效"的一个重要区别。

五、法规清理的意义

法规清理工作对改革开放，促进政府职能转变，加强社会主义经济建设和政治生活净化，以及适应国际规则，解决重大国际问题都具有重大意义。

（一）法规清理对全面落实依法治国基本方略，加快建设社会主义法治国家具有重大意义

建设社会主义法治国家，需要不断完善中国特色社会主义法律体系，通过法律法规清理保证法律法规的准确有效实施，坚持改革决策和立法决策的统一、衔接，立法主动适应改革需要，通过法律法规清理积极发挥立法引导、推动、规范、保障改革的作用。法律法规清理有利于做到重大改革于法有据，改革和法治同步推进，增强改革的穿透力。2004年3月，国务院印发的《全面推进依法行政实施纲要》要求建立和完善规章、规范性文件的定期清理制度。目前，国务院各部委、直属机构和省级、较大的市人民政府已把定期清理规章作为推进依法行政的重要环节来抓。有的省市已经建立定期清理长效机制，如《福建省人民政府关于贯彻国务院〈全面推进依法行政实施纲要〉的实施意见》规定"作为行政管理依据的规范性文件颁布实施满五年，需要继续施行的，应重新公布"，进一步发挥法规清理在依法治国中的重大作用。

（二）通过法规清理消除改革开放、现代化经济发展的障碍

法规清理无论是废止或者修改都是根据经济社会新形势的实际需要，对于明显不合时宜、已无继续实行必要的法律法规，在认真分析研究、审查、认定的基础上，通过法规清理及时予以废止、修改，可以消除经济社会发展的障碍，保障社会经济快速发展和社会进步。

（三）法律法规清理可以全面提高立法质量

法律法规的清理有利于完善立法规划与计划，对改进与完善立法工作无疑是一种加强。通过法律法规的清理，对于已经不适应经济社会发展、需要修改但尚不具备在清理阶段进行修改条件的，被列入立法规划或者立法计划，督促有关部门及时起草修改草案，从而有利于完善立法规划或者计划，促进规划、计划落实。通过法律法规的清理，集中听取执法部门和各方面的意见，等于对现行法规进行了一次评估，对于摸清现行法规的总体情况，总结工作中的利弊得失，发现规律性的东西，提出相应的解决措施，从而提高立法质量，具有重要意义。法律法规清理，等于对现行法规的时效、内容、实际执行情况、立法质量进行了一次合法性检查，实现了法规清理的摸底功能。为了建成具有中国特色的社会主义法律体系，那些已经与社会主义法律体系不相协调，而自身又不适应社会主义法制建设的要求、与社会现实相脱节的法律、法规肯定会以一定的规定程序被清理掉，从而从整体上来提高和保证全国人大及其常委会和国务院的立法质量。

（四）清理法律法规是完善法律法规体系的内在要求和必由之路

法律法规的清理有利于完善立法规划、计划，加强和改进立法工作。清理法律法规就是废止过时的法律法规，删除过时条款，对不适应社会经济发展的法律法规宣布失效，内容"过时"与实际不相适应的法律法规进行废止，及时废止业已过时的条款，确保我国法律法规体系与时俱进，与改革开放进程相适应，与我国社会主义市场经济的推进相适应。清理法律法规进一步解决法律法规规定之间的衔接，确保相关条款与宪法相一致，与现行的法律法规相衔接，确保可操作性，便于执行，使其更好地贯彻实施。清理出法律法规的不一致、不衔接问题，及时作出修改，这是保证我国法制的严肃性、统一性、和谐性之必须。科学立法、提高立法质量是全国人大、国务院立法者的追求，清理法律法规有利于制定法律法规体系中起到支架作用的法律法规，便于督促有关机关尽快制定与法律法规相配套的法律法规规定，为构建社会主义和谐社会提供有力保障。法律法规的清理最直接的意义是完善法律体系，维护法律体系的统一和权威。一国的法律体系，应该是部门齐全、分工合理、体例科学、结构严谨、内部和谐统一的有机整体，这是维护法律法规的权威、实现法律法规的功能的基本前提。我国的法律体系总体上是科学的、统一的、和谐的，但随着经济社会的发展、法制建设的自身规律，法律体系也会经常出现一些不适应、不一致、不协调的问题。通过法律法规的清理，在对现行法律法规进行梳理研究的基础上，找出存在的共性问题并及时加以解决，有利于不断完善法律体系。

法的作用，可以概括为规范作用和社会作用两个方面，二者是相辅相成、不可分割的。法的规范作用包括指引、评价、教育、预测和强制等；法的社会作用包括确立掌握政权的阶级的统治地位、确认和维护国家政权赖以存在的经济基础和为社会变革提供法制保障等。法的作用的充分发挥，有赖于法律体系的科学、统一、和谐。如果法律体系中存在许多不适应、不一致、不协调和不便适用的问题，将不利于法的作用充分发挥。通过法律法规的清理，及时解决存在的这些问题，保证法律体系的科学、和谐、统一，对于充分发挥法律法规的功能十分必要。

（五）法规清理对我国加入WTO起到特殊的作用

因为法规清理对我国加入WTO的作用非常之大，所以要多说几句。20世纪90年代末，为迎接加入WTO，对法律法规规章及其政策措施，我国曾经进行了史上最大规模、全面、彻底的一次法规大清理。中国申请加入世贸组织期间和以后，法律法规规章的立、改、废工作从未间断。持续的法规清理，不仅保证了国内立法符合WTO规则，而且确立了法制统一、透明度、非歧视三项完善市场经济体制的重要原则。

提前清理奠定顺利入世基础。如果我们不提前进行法律法规的清理，就不会顺利地在2001年12月11日入世，享受完全的WTO权利。在历次中国加入WTO工作组会议上，一些WTO成员反复提到当时中国不符合WTO基本规则的一些做法，如中国限制外贸经营权、进口机电产品要进行内部审批、配额许可证发放不公开透明等。当时我们很清楚，对那些不符合WTO规则要求的法律法规进行清理、废止、修改，是摆在我们面前的紧迫任务。中国要加入WTO，就必须先解决这些问题，以体现我们对WTO规则和国际法的尊重，以及我们履行义务的诚意。基于上述考虑，1999年12月1日，在中美关于中国加入WTO双边谈判取得成功15天后，国务院专门成立了领导小组，制定了详细的立、改、废计划。2000年3月，国务院法制办出台《适应我国加入WTO进程有关法律、行政法规的制定、修订工作安排》，列出时间表，明确哪些法律法规应加快制定，哪些应加快修改，还印发《关于适应我国加入WTO进程需要清理部门规章有关事项的通知》。入世前两个月，中共中央办公厅、国务院办公厅又专门部署开展清理地方性法规、地方政府规章和其他政策措施。入世之前进行如此大规模法律法规规章清理，这在世界范围内都是绝无仅有的。法规清理工作的及时全面，为中国早日加入WTO减少了不确定因素，奠定了成功加入的可靠基础。持续的法规清理，不仅保证了国内立法符合WTO规则，而且确立了完善市场经济体制的三项重要原则：法制统一原则、透明度原则、非歧视原则。

六、法规清理的分类

从我国31次法规清理和日常法规清理的实践，可以将我国的法规清理分为四类。

（一）全面清理

全面清理的特点是：

（1）内容全面。顾名思义，全面清理的范围大，数量广，清理时间较长，是对现行全部或者一定时期制定的全部行政法规、规章、规范性文件进行的清理。例如，第一次法规清理就是对新中国成立至1956年政务院发布或者批准发布的所有250件现行行政法规进行清理。又如，1983年第二次法规清理对1949年10月1日至1984年12月底国务院（含前政务院）发布或者批准发布的3334件行政法规，2万件左右的国务院部门规章和2万多件地方性法规、规章以及规范性文件，总计近5万件，进行全面、系统的清理，其清理的数目海量。

（2）时间跨度长。例如，第二次法规清理，清理的时间范围是1949年至1984年底，时间跨度为35年。

（3）投入的人力物力空前之大，可以说举全国之力。国务院为此专门发6个文件，同一件事发6个国务院文件，不多见。

在31次法规清理中有9次是全面清理。其中，8次是法规规章全面清理，1次是规范性文件全面清理，分别是：

（1）总排序第一次，1956年9月25日国务院下发《国务院批转法制局关于法规整理工作的总结报告的通知》。

（2）总排序第二次，1983年9月22日，《国务院办公厅转发经济法规研究中心〈关于对国务院系统过去颁发的法规、规章进行清理的建议〉的通知》，进行法规清理的具体部署。

从法规清理总排序看，总排序第一次、第二次是连续两次法规全面清理。法规清理总排序第五次到第九次也是法规全面清理，具体情况如下。

（3）总排序第五次，1994年5月16日，国务院总理李鹏签署中华人民共和国国务院154号令发布《国务院关于废止1993年底以前发布的部分行政法规的决定》。此次清理是对1983年那次清理后继续有效的286件行政法规和那次清理遗漏的33件，以及1986年至1993年国务院发布的365件行政法规共计684件再次进行了全面清理。

（4）总排序第六次，为顺利加入WTO而进行的行政法规全面清理。2000年1月15日，国务院办公厅发出《国务院办公厅关于开展现行行政法规清理工作的通知》（国办发〔2000〕5号）。通知指出，如果我们不提前进行法律法规的清理，就会影响我国在2001年12月11日入世，对享受完全的WTO权利损失太大。经国务院领导同意，国务院决定对截至2000年底现行行政法规共756件进行一次全面清理。

（5）总排序第七次，国务院对行政法规、规章进行全面清理。2007年2月25日，国务院办公厅发出《国务院办公厅关于开展行政法规规章清理工作的通知》（国办发〔2007〕12号），通知中国务院决定，对现行行政法规、规章进行一次全面清理。从国务院历次对清理法规发出的通知看，这是第一次包括规章的大规模清理。国务院要求，行政法规和规章清理工作要在2007年10月底前完成。

（6）总排序第八次，2010年4月29日，国务院办公厅发出《国务院办公厅关于做好规章清理工作有关问题的通知》（国办发〔2010〕28号）。

（7）总排序第九次，为进一步深入贯彻依法治国基本方略，维护社会主义法制统一，全面推进依法行政，根据经济社会发展和改革深化的新情况、新要求，进行的行政法规全面清理。2011年1月8日，国务院发出第588号令，由国务院总理温家宝签署，公布《国务院关于废止和修改部分行政法规的决定》，本次清理对截至2009年底现行的行政法规共691件进行了全面清理。

（8）总排序第二十四次，为全面落实党的十九届三中全会审议通过的《中共中央关于深化党和国家机构改革的决定》和十三届全国人大一次会议批准的《国务院机构改革方案》，确保行政机关依法履行职责，国务院对机构改革涉及的行政法规进行了全面清理。2018年9月18日，由国务院总理李克强签署国务院令第703号，发布《国务院关于修改部分行政法规的决定》。

（9）总排序第十五次，是规范性文件全面清理。具体情况如下：2015年12月15日，经国务院总理李克强签批，国务院发布《国务院关于宣布失效一批国务院文件的决定》。这次国务院文件清理，清理新中国成立以来的全部约3万份文件。2016年6月15日，国务院总理李克强主持召开国务院常务会议，决定宣布失效一批与现行法律法规不一致、不利于办事创业、不适应经济社会发展需要的政策性文件（总第十五次）。这次宣布失效的506件，连同前期2015年12月15日宣布失效的489件共995件。这489件失效文件是从2001年至2013年3月期间的1518件国发、国办发文件中清理出的宣布失效的文件，时间跨越了12年零3个月。这489件失效的国务院文件，主要涉及企业发展环境、三农、教育、医疗卫生、食品安全、社会保障、劳动就业、环境保护等方面，涉及政策都与公民、法人或者其他组织切身利益密切相关。失效原因大多是出台时间较早，调整对象已经消失，内容与当前经济社会发展情况明显不适应等。

（二）相对集中清理

我国共开展31次法规清理，其中总排序第十次法规清理，即2012年11月9日国务院总理温家宝签署中华人民共和国国务院令第628号，发布《国务院关于修改和废止部分行政法规的决定》，这次法规清理情况和其他次不一样，比较特殊。这次清理的法规数量少，只修改5件，废止5件，规模也小。从清理法规的属性看，不是专类清理。从被清理的法规看，虽然既有财税法规又有交通运输方面的法规，但也构不上全面清理。法规清理理由只有两点：一是维护社会主义法制统一；二是全面推进依法行政，没有其他特殊或者专门理由，所以我把这次法规清理姑且称为"相对集中清理"。在31次法规清理中，相对集中清理仅此一次。

（三）专类清理

专类清理是指对某一领域的行政法规、规章、规范性文件或者行政法规、规章、规范性文件中某项问题进行的清理。例如，1996年行政处罚法颁布后，国务院要求各部门和地方人民政府对规章和其他规范性文件进行清理，对不符合行政处罚法的规定进行修改或者废止；又如，2001年为适应加入WTO的需要，国务院要求对直接与贸易有关的行政法规、规章和其他规范性文件进行专类清理等。

有的学者把"专类清理"，称为"专项清理"，甚至有的官方也称作"专项清理"，我认为不准确。从法规的属性、特征、主题分析，法规应该按类分，而不应按项分。例如，涉外法规是一类法规而不是一项法规。涉外法规分类的目的，首先是为区分内容是不是适用国外，涉不涉及对外开放，而涉外法规又是方方面面，不是一项而是一类，既有经济方面的涉外法规，又有社会方面的涉外法规，还有文化方面的涉外法规等，总之，不是涉外专项，而是涉外专类。因此，被清理的行政法规称为"专类清理"更合适。

我国法规清理中，专类法规清理的次数最多，共21次，约占31次法规清理总数的67.7%。在21次专类法规清理中，又分为政府职能转变、行政审批制度改革、行政许可制度改革、配合上位法修改、涉外法规、生态环境保护法规、税收法规、开展军民融合法规、宏观控制微观搞活专类规范性文件等9类。

1. 政府职能转变专类法规清理3次

（1）总排序第二十五次法规清理，是对政府机构改革、职能转变和"放管服"改革涉及的行政法规专类清理。2019年3月2日，国务院发布《国务院关于修改部分行政法规的决定》（国务院令第709号），为全面落实党的十九届三中全会审议通过的《中共中央关于深化党和国家机构改革的决定》《深化党和国家机构改革方案》和十三届全国人大一次会议批准的《国务院机构改革方案》，国务院决定对机构改革、政府职能转变和"放管服"改革涉及的行政法规进行专类清理。

（2）总排序第二十六次法规清理，是对与政务服务和"一网通办"不相适应的行政法规专类清理。2019年3月24日，国务院公布《国务院关于修改部分行政法规的决定》（国务院第710号令），公布这次专类法规清理的结果。

（3）总排序第二十七次法规清理，是对不适应推进政府职能转变、激发市场活力、营造国际化营商环境的行政法规专类清理。2019年4月23日，国务院公布《国务院关于修改部分行政法规的决定》（国务院令第714号）。

2.行政审批制度改革专类法规清理7次

总排序第十一次、第十二次、第十四次以及第十六次、第十七次、第十八次、第十九次是行政审批制度改革专类法规清理。国务院法规清理结果的决定分别是：

（1）2013年7月18日，由国务院总理李克强签署的国务院令第638号公布清理结果（总第十一次）。这次清理是一次专类清理，主要是配合行政审批制度改革和政府职能转变，依法推进这两项改革的进度，进一步激发市场、社会的创造活力，发挥好地方政府贴近基层的优势，促进和保障政府管理由事前审批更多地转为事中事后监管。

（2）2013年12月7日，国务院总理李克强签署中华人民共和国国务院令第645号，公布《国务院关于修改部分行政法规的决定》（总第十二次）。本次行政法规专类清理也是为了配合行政审批制度改革而进行的一次专类清理，是对取消和下放的125项行政审批项目所涉及的行政法规进行的清理。

（3）2014年7月9日，《国务院关于修改部分行政法规的决定》，已经2014年7月9日国务院第54次常务会议通过，2014年7月29日由国务院总理李克强签署，以国务院第653号令公布（总第十四次）。

（4）2016年2月6日，国务院发布《国务院关于修改部分行政法规的决定》（国务院令第666号），已经2016年1月13日国务院第119次常务会议通过，现予公布（总第十六次）。本次法规专类清理是为了依法推进简政放权、放管结合、优化服务改革，国务院对取消和调整行政审批项目、价格改革和实施普遍性降费措施涉及的行政法规进行了专类清理。

（5）2017年3月1日，国务院公布《国务院关于修改和废止部分行政法规的决定》（国务院令第676号），总第十七次。本次法规专类清理主要涉及不利于依法推进简政放权、放管结合、优化服务改革的行政法规；不利于对取消行政审批项目、中介服务事项、职业资格许可事项的行政法规；不利于企业投资项目核准前置审批改革的行政法规；不利于稳增长、促改革、调结构、惠民生等改革事项的行政法规。

（6）2017年10月7日，由国务院总理李克强签署中华人民共和国国务院令第687号，发布了《国务院关于修改部分行政法规的决定》（总第十八次）。这次法规清理的目的是依法推进简政放权、放管结合、优化服务改革，国务院对取消行政审批项目涉及的行政法规进行了清理。经过清理，国务院决定：对15部行政法规的部分条款予以修改。

（7）2017年11月17日，国务院公布《国务院关于修改部分行政法规的决定》（国务院令第690号），总第十九次。本次专类法规清理是为了依法推进简政放权、放管结合、优化服务改革，国务院对取消行政审批项目涉及的行政法规进行专类清理。

3. 行政许可制度改革专类法规清理2次

（1）2018年3月19日，国务院总理李克强签署国务院令第698号，公布《国务院关于修改和废止部分行政法规的决定》（总第二十二次）。为了依法推进简政放权、放管结合、优化服务改革，国务院对取消行政许可项目及制约新产业、新业态、新模式发展涉及的行政法规进行了清理。

（2）2020年3月27日，国务院总理李克强签署中华人民共和国国务院令第726号，公布《国务院关于修改和废止部分行政法规的决定》（总第二十九次）。为了依法推进简政放权、放管结合、优化服务改革，国务院对取消和下放行政许可项目涉及的行政法规进行了清理。

4. 配合上位法修改专类法规清理3次

（1）2014年2月19日，经国务院总理李克强签署，以《国务院关于废止和修改部分行政法规的决定》（国务院令第648号）公布清理结果（总第十三次）。本次行政法规清理是为了配合、适应公司法的修改对所涉及的行政法规专类清理。

（2）2020年11月29日，国务院总理李克强签署中华人民共和国国务院令第732号，公布《国务院关于修改和废止部分行政法规的决定》（总第三十次）。本次行政法规清理是专门为了贯彻实施上位法《中华人民共和国外商投资法》而进行的专类清理。国务院决定，对与外商投资法不符的行政法规进行清理。

（3）2021年9月9日，国务院总理李克强签署中华人民共和国国务院令第747号，公布《国务院关于废止部分行政法规的决定》（总第三十一次）。为了适应我国人口与经济社会发展的新形势，优化生育政策，促进人口长期均衡发展，根据2021年8月20日第十三届全国人民代表大会常务委员会第三十次会议通过的关于修改人口与计划生育法的决定，国务院决定废止不适应的相关行政法规。

5.涉外法规专类清理2次

（1）1988年初，国务院办公厅召开会议，向国务院各部门部署清理有关对外开放和发展外向型经济的行政法规和法规性文件（以下简称法规），要求对国务院发布和批准发布的现行涉外方面的行政法规进行清理。本次清理分两次公布清理结果：第一次是1988年6月18日《国务院关于废止部分涉外法规的通知》（国发〔1988〕36号），总第三次；第二次是1988年9月27日《国务院关于废止第二批涉外法规的通知》（国发〔1988〕70号），总第三次。

（2）2019年9月30日，国务院总理李克强签署中华人民共和国国务院令第720号（总第二十八次），公布《国务院关于修改〈中华人民共和国外资保险公司管理条例〉和〈中华人民共和国外资银行管理条例〉的决定》。为适应进一步改革开放的需要，进一步扩大金融业对外开放，国务院决定对《中华人民共和国外资保险公司管理条例》和《中华人民共和国外资银行管理条例》两件金融涉外法规部分条款予以修改。

6.生态环境保护法规专类清理1次

2018年9月18日，国务院办公厅发出《关于开展生态环境保护法规、规章、规范性文件清理工作的通知》（总第二十三次）。第十三届全国人大常委会第四次会议审议通过的《全国人民代表大会常务委员会关于全面加强生态环境保护依法推动打好污染防治攻坚战的决议》提出，要抓紧开展生态环境保护法规、规章、司法解释和规范性文件的全面清理工作，对不符合不衔接不适应法律规定、中央精神、时代要求的，及时进行废止或修改。为落实有关要求，国务院决定开展生态环境保护法规、规章、规范性文件专类清理工作。

7.税收法规专类清理1次

2017年11月19日，国务院总理李克强签署中华人民共和国国务院令第691号，公布修改和废止税收方面的法规（总第二十次）。国务院决定废止《中华人民共和国营业税暂行条例》，同时修改《中华人民共和国增值税暂行条例》。

8.中办、国办、中央军委办开展军民融合法规专类清理1次

2018年2月22日，中共中央办公厅、国务院办公厅、中央军委办公厅印发《关于开展军民融合发展法规文件清理工作的通知》，对军民融合发展法规、规范性文件作出专类清理的全面部署（总第二十一次）。

9.宏观控制微观搞活专类规范性文件清理1次

1992年4月1日，国务院办公厅发出《国务院办公厅关于清理治理整顿期间所发文件的通知》（国办发〔1992〕15号），布置、总结有关宏观控制微观搞活三年治理整顿期间政府文件清理工作（总第四次）。

（四）动态清理

动态清理是指根据改革开放、经济和社会发展形势需要，随时作出法规废、改、立的清理决定。动态清理相对于全面清理（集中清理）的

主要区别是：

（1）不受时间限制，随时可以清理不适应、不协调、不符合当前政策和政府职能转变的行政法规。

（2）法规清理的数量，一般是单项清理，每次清理都是个件法规清理。

（3）动态清理是法规清理的常态化。结合法律的制定和修改、经济发展和对外开放变化情况，建立、启动的一种长效机制。出现上位法修改，相关行政管理事务发生变动，法规实施的根本条件发生重大变化等情况，涉及的法规应及时清理。动态清理是及时性、经常性的法规清理。

我国每年动态清理都有几次或者十几次，现仅举温家宝任国务院总理时，实施动态清理法规的以下10例：

（1）2010年12月4日，国务院总理温家宝签署中华人民共和国国务院令第585号，公布《国务院关于修改〈价格违法行为行政处罚规定〉的决定》，经2010年11月29日国务院第134次常务会议通过，现予公布，自公布之日起施行。《价格违法行为处罚规定》，1999年7月10日国务院批准，1999年8月1日国家发展计划委员会发布，根据2006年2月21日《国务院关于修改〈价格违法行为行政处罚规定〉的决定》第一次修订，根据2008年1月13日《国务院关于修改〈价格违法行为行政处罚规定〉的决定》第二次修订，根据2010年12月4日《国务院关于修改〈价格违法行为行政处罚规定〉的决定》第三次修订。

（2）2010年12月20日，国务院公布《国务院关于修改〈工伤保险条例〉的决定》（国务院令第586号），经2010年12月8日国务院第136次常务会议通过，现予公布，自2011年1月1日起施行。《工伤保险条例》，2003年4月27日中华人民共和国国务院令第375号公布，根据2010年12月20日《国务院关于修改〈工伤保险条例〉的决定》修订。

（3）2010年12月20日，国务院公布《国务院关于修改〈中华人民共和国发票管理办法〉的决定》（国务院令第587号），经2010年12月8日国务院第136次常务会议通过，现予公布，自2011年2月1日起施行。

《中华人民共和国发票管理办法》，1993年12月12日国务院批准，1993年12月23日财政部令第6号发布，根据2010年12月20日《国务院关于修改〈中华人民共和国发票管理办法〉的决定》修订。

（4）2011年3月19日，国务院公布《国务院关于修改〈出版管理条例〉的决定》（国务院令第594号），经2011年3月16日国务院第147次常务会议通过，现予公布，自公布之日起施行。《出版管理条例》，2001年12月25日中华人民共和国国务院令第343号公布，根据2011年3月19日《国务院关于修改〈出版管理条例〉的决定》修订。

（5）2011年3月19日，国务院公布《国务院关于修改〈音像制品管理条例〉的决定》（国务院令595号），经2011年3月16日国务院第147次常务会议通过，现予公布，自公布之日起施行。《音像制品管理条例》，2001年12月25日中华人民共和国国务院令第341号公布，根据2011年3月19日《国务院关于修改〈音像制品管理条例〉的决定》修订。

（6）2011年7月19日，国务院总理温家宝签署中华人民共和国公布《国务院关于修改〈中华人民共和国个人所得税法实施条例〉的决定》（国务院令第600号），自2011年9月1日起施行。《中华人民共和国个人所得税法实施条例》，1994年1月28日中华人民共和国国务院令第142号发布，根据2005年12月19日《国务院关于修改〈中华人民共和国个人所得税法实施条例〉的决定》第一次修订，根据2008年2月18日《国务院关于修改〈中华人民共和国个人所得税法实施条例〉的决定》第二次修订，根据2011年7月19日《国务院关于修改〈中华人民共和国个人所得税法实施条例〉的决定》第三次修订。

（7）2011年7月29日，国务院、中央军委公布《国务院、中央军事委员会关于修改〈军人抚恤优待条例〉的决定》，自2011年8月1日起施行。《军人抚恤优待条例》，2004年8月1日中华人民共和国国务院、中华人民共和国中央军事委员会令第413号公布，根据2011年7月29日《国务院、中央军事委员会关于修改〈军人抚恤优待条例〉的决定》修订。

（8）2011年9月30日，国务院公布《国务院关于修改〈中华人民共和国资源税暂行条例〉的决定》（国务院令第605号），2011年9月21日国务院第173次常务会议通过，现予公布，自2011年11月1日起施行。《中华人民共和国资源税暂行条例》，1993年12月25日中华人民共和国国务院令第139号发布，根据2011年9月30日《国务院关于修改〈中华人民共和国资源税暂行条例〉的决定》修订。

（9）2011年9月30日，国务院公布《国务院关于修改〈中华人民共和国对外合作开采陆上石油资源条例〉的决定》（国务院令第606号），经2011年9月21日国务院第173次常务会议通过，现予公布，自2011年11月1日起施行。《中华人民共和国对外合作开采陆上石油资源条例》，1993年10月7日中华人民共和国国务院令第131号发布，根据2001年9月23日《国务院关于修改〈中华人民共和国对外合作开采陆上石油资源条例〉的决定》第一次修订，根据2007年9月18日《国务院关于修改〈中华人民共和国对外合作开采陆上石油资源条例〉的决定》第二次修订，根据2011年9月30日《国务院关于修改〈中华人民共和国对外合作开采陆上石油资源条例〉的决定》第三次修订。

（10）2011年9月30日，国务院公布《国务院关于修改〈中华人民共和国对外合作开采海洋石油资源条例〉的决定》（国务院令第607号），经2011年9月21日国务院第173次常务会议通过，现予公布，自2011年11月1日起施行。《中华人民共和国对外合作开采海洋石油资源条例》，1982年1月30日国务院发布，根据2001年9月23日《国务院关于修改〈中华人民共和国对外合作开采海洋石油资源条例〉的决定》第一次修订，根据2011年1月8日《国务院关于废止和修改部分行政法规的决定》第二次修订，根据2011年9月30日《国务院关于修改〈中华人民共和国对外合作开采海洋石油资源条例〉的决定》第三次修订。

其中，仅2011年一年就有7次动态清理。当时主要是配合进一步扩大对外开放的改革形势，激发市场活力，推动对外经济形势发展而作的适应性法规动态清理。

七、法规清理存在的主要问题

（一）法规清理周期存在不确定性

从我国31次法规清理的周期可以看出，清理周期是不确定的。新中国成立以来我国共进行了31次法规清理，第一次1955年到第二次1983年间隔28年，因为特殊年代，特殊原因造成，代表不了法规清理周期的性质。现在我们从第二次1983年法规清理到第三十一次2021年法规清理的实践，来看看我国法规清理的不确定性。

（1）第二次1983年法规清理到第三次1988年法规清理，间隔5年；

（2）第三次1988年到第四次1992年，间隔4年；

（3）第四次1992年到第五次1994年，间隔2年；

（4）第五次1994年到第六次2000年，间隔6年；

（5）第六次2000年到第七次2007年，间隔7年；

（6）第七次2007年到第八次2010年，间隔3年；

（7）第八次2010年到第九次2011年，间隔1年；

（8）第九次2011年到第十次2012年，间隔1年；

（9）第十次2012年到第十一次2013年，间隔1年；

（10）第十一次2013年到第十二次2013年，1年2次；

（11）第十二次2013年到第十三次2014年，间隔1年；

（12）第十四次2014年到第十五次2015年，间隔1年；

（13）第十五次2015年到第十六次2016年，间隔1年；

（14）第十七次至第二十次，4次都在2017年进行，一年4次；

（15）第二十一次至第二十四次，均在2018年进行，一年4次；

（16）第二十五次至第二十八次，均在2019年进行，一年4次；

（17）第二十八次2019年至第二十九次2020年，间隔1年；

（18）第二十九次至第三十次都在2020年，1年2次；

（19）第三十次在2020年清理，第三十一次在2021年清理，间隔1年。

从以上历次法规清理的间隔时间来看，有1年、2年、4年、5年、6年，最长间隔时间7年，还有一年清2次、3次，最多一年清4次。可见法规清理间隔时间的不确定性。各地方、各部门摸不清法规清理的间隔时间到底间隔多长合适，给法规规章清理的操作上出了难题，到目前也没有官方的意见。有的学者主张，法规清理间隔五年合适，理由是人大、政府都是任期五年。我认为法规清理和人大、国务院的任期没有关系，法律法规的立、改、废是永恒的，哪届人大、政府都离不开对法律法规的立、改、废。法规清理的间隔周期多长合适，应从我国法规清理的实践总结出来。从我国31次法规清理间隔周期来看，5年以上显得时间太长，间隔2年又显得短了一些，一年两三次更不可取，我认为法规清理的间隔周期每隔三年一次比较合适。超过三年不清理，现行法规积累的问题多起来，影响法规的执行。如果两年清理一次，显得频繁，容易造成法规的不稳定性，有朝令夕改之嫌，影响法规的尊严。

（二）没有形成法规清理的专业队伍

过去国务院法制办设有备案处，但没有法规清理处。地方政府也是一样，从来没设过法规规章清理处。因为没有法规清理专职机构，清理任务来了往往是由其他机构兼职或临时组建队伍，对法规清理工作全面掌控和理论研究缺乏系统性和深度。法规清理工作也没有形成专业队伍，法规清理专业人员比较少，从事法规清理专业人员工作年限一般都比较短，法规清理的经验、研究、实操等都不如其他专业队伍水平。归根结底还是领导重视不够。其实法规清理同样是一门专业，是立法不可或缺的重要环节，需要专业人才和高素质人员队伍去从事法规清理工作，去总结法规清理中的问题，了解法规之间的矛盾、冲突，研究社会需要法规调节的现象和问题。这些专业问题没有专业人才去解决是不行的。

（三）编制立法计划规划与法规清理脱节

编制立法计划本来应该与法规清理紧密结合起来，但实践中往往脱节。清理现行法规的主要目的是要解决法规废、改、立的问题，是一个破旧立新的过程，确定哪些法规继续有效是立，修改某些法规是又破又立，旧法可以说是新法的基础，新法是旧法的发展。对旧法的清理就是要了解现行法规的家底，了解哪些法规该废、该留、该改，哪些领域法规已经有了，哪些领域法规还有空白。不了解、不掌握这些情况，其立法计划是编制不出来的。实践中编制立法计划往往没有了解法规清理的这些情况，出现脱节，致使新旧法规出现重复、矛盾、互不协调等诸多问题。这是法规清理与立法计划紧密结合及制定行政法规的短板。

（四）法规清理制度欠缺法制化

法规清理已经走过近70年历程，已经过30多次清理实践，应该说实施这项法律制度已取得不少经验，现在法规清理制度本身或者法规清理理论也趋于完善，清理程序、内容、清理间隔时间、清理问题处理形式都比较明确，完全可以上升为条文化的规定，起草、制定法规清理条例的条件已经具备、成熟，但是很遗憾，至今每次法规清理还是以文件启动，就是没有实现法制化。法规汇编制度已经出台《法规汇编出版管理规定》。规章备案制度建立是20世纪80年代的事，也早已制定了《法规规章备案条例》。建议有权机关抓紧起草法规清理条例，以便使这项法律制度实现法制化。

（五）"母法"被明令废止，依据"母法"制定的实施条例是否当然废止

这是2000年那次法规清理（法规清理总第六次）遇到的一个难题，可能对现在的法规清理也有指导意义，所以把它介绍出来。

1987年，国务院根据《中华人民共和国技术合同法》制定了《中华人民共和国技术合同法实施条例》和《技术合同管理暂行规定》。1999年3月15日，中华人民共和国主席令第十五号公布了《中华人民共和国合同法》，自1999年10月1日起施行。该法第428条明确规定："本法自1999年10月1日起施行，《中华人民共和国经济合同法》、《中华人民共和国涉外经济合同法》、《中华人民共和国技术合同法》同时废止。"显然，作为"母法"的《中华人民共和国技术合同法》被新法明令废止，那么，根据原技术合同法制定的实施条例是否也应当随之废止？当时的认识不统一：一种意见认为"母法"被废止，依据"母法"制定的实施条例也应当然废止；另一种意见认为虽然新公布的合同法明令废止了原技术合同法，但《中华人民共和国技术合同法实施条例》的许多行之有效的内容，如"技术中介""技术培训"等内容并没有在合同法中得到体现，而现在的技术中介机构及其活动实际上依据的仍然是《中华人民共和国技术合同法实施条例》。为了防止出现法律真空，无法可依，应当保留《中华人民共和国技术合同法实施条例》一段时间运行和依赖于技术合同登记、技术合同认证、认定规则、税收优惠、技术交易税收规定，以及科技成果权属认定等配套制度的实施。另外，《中华人民共和国合同法》第364条规定："法律、行政法规对技术中介合同、技术培训合同另有规定的，依照其规定。"《中华人民共和国技术合同法实施条例》《技术合同管理暂行规定》对技术中介、技术培训的有关规定，应视为合同法的"另有规定的，依照其规定"。因此，依据"母法"制定的条例、规定应当保留。国务院经过认真研究认为，条例和规定所依据的"母法"原技术合同法已经被明令废止，再保留其实施条例不符合逻辑。至于条例规定的技术合同认定、登记等，如有必要可另行规定。国务院也不应该规定民事关系，行政机关对民事合同的违约行为不应负责任。最后，国务院决定废止这两个依据被废止的"母法"所制定的条例和规定。

今后在法规清理中如遇到类似情况，应该借鉴此次处理方式。

第二章
《中华人民共和国新法规汇编》第一辑编辑出版

一、《中华人民共和国新法规汇编》第一辑编辑出版的经过

我一开始在国务院法制局工作时主要负责两项工作。一项是编发《法规情况反映》，另一项是执法检查。编发《法规情况反映》是根据1986年国发45号文件《国务院关于成立国务院法制局的通知》设置的。此通知明确国务院法制局的任务其中一项是"研究法规执行情况和法制建设中存在问题，并提出建议"。因此国务院法制局决定编发《法规情况反映》，反映法规执行情况和相互矛盾、冲突问题，具体落实国务院规定的工作职责和任务。开展执法检查是根据当时社会面反映法规之间相互矛盾，国务院当任的秘书长也认为法规立了不少，每年都有几十件，甚至百来件，但执行情况不理想，相互矛盾、"打架"现象时有发生。因此，国务院法制局决定与技术监督局联合开展对计量法及相关行政法规进行执行情况检查。执法检查通知等文件，由国务院法制局、技术监督局两单位盖国徽章下发到国务院各部门和地方各省区政府法制机构、政府办公厅。我参加并带队检查河南、湖南、湖北、广东、广西、海南等中南六省、区。这是我国第一次执法检查。之后又检查了矿山安全法、食品卫生法、城市规划法、减轻农民负担条例、档案法等十几部法律、法规。后来国务院认为执法检查应该是全国人大的职能，所以，1998年国务院机构改革以后，国务院法制局就没有执法检查这个职能了。但是我国第一次执法检查的确是国务院法制局发起的，我可以说是我国执法检查的创始人之一。

编辑《中华人民共和国新法规汇编》1988年第一辑（以下简称《新法规汇编》）工作，本来不是我分管，我是在特殊情况下临阵受命的。1988年6月，我司（法规监督检查司）分管这项工作的处长和司长相继病倒，不能上班，当时我司除了这两位领导，我是最大的"官"了，所以编辑、出版《新法规汇编》责无旁贷地落到了我的头上。好在我学过分类法，对分类、编辑并不陌生。我在国图时曾经阅读过所有馆藏法律图书万余种，近10万册，并作提要，由书目文献出版社出版《民国时期总书目：1911—1949》（法律分册），所以我编辑《新法规汇编》上手很快。在整理、编辑《新法规汇编》资料过程中，我司王燕东同志负责法规整理具体工作，我负责分类设计、筛选、确定是否入编及编辑说明等事项。经过一个多月的奋战，终于完稿，由我签字报送主管我司工作的黄曙海副局长。黄局长知道此稿急等交付出版社，所以不到三天就最后签批发稿。我马上打电话给新华出版社的卢瑞华编辑来取稿。我司完成一件大事，对政府法制建设很有意义的大事。我也圆满地交了差。

这本《新法规汇编》我倾注了心血，我有责任把出版的原因、经过、背景、遇到的问题及如何解决等介绍给社会。

二、《中华人民共和国新法规汇编》编辑出版的背景

（一）国务院部门、地方各级人民政府急需法规引领改革开放和推进经济快速发展

法规从总结实践而来，又起到指导实践的作用，所以国务院各部门

和地方各级人民政府都急需新公布的法规去引领社会和经济发展。因为急需新公布的法规，国务院又不能及时提供标准文本，逼得许多部门和地方人民政府自印活页法规以供应用。同时，水利、地矿、技术监督等部门和安徽、山东、黑龙江等省法制机构纷纷致电国务院法制局，询问什么时候能编辑出版一本可供及时应用的法规汇编。在这种情况下，国务院法制局有必要而且必须编辑出版以供应用为主的新法规汇编。

（二）为什么叫《中华人民共和国新法规汇编》

在此之前，中央人民政府法制委员会曾出版《中央人民政府法令汇编》。1983年前，国务院法制局曾编辑出版一本编年体（按时间顺序编排）法规汇编《中华人民共和国法规汇编》。1983年第二次法规清理后，国务院法制局又编辑出版一本法规汇编，为了与前者区分，叫作《中华人民共和国现行法规汇编》，是一部分类法规汇编。这次国务院法制局决定编辑出版的法规汇编，为了与前两种相区别和便于应用，叫《中华人民共和国新法规汇编》，一方面强调一个"新"字，强调应用，另一方面区别过去的法规汇编。

（三）配合国务院关于改变行政法规发布形式的决定

在《新法规汇编》立项、编辑期间，1988年5月31日国务院办公厅发布了国务院关于改变行政法规发布形式的决定，即《国务院办公厅关于改进行政法规发布工作的通知》（国办发〔1988〕25号）。通知明确，改变行政法规发布形式的目的是："制定与发布行政法规，是宪法赋予国务院的一项重要职权，也是国务院推进改革开放，组织经济建设，实现国家管理职能的重要手段。为了提高行政法规的权威性，使行政法规能够及时为社会和公众知晓，便于国家机关、社会团体、企业事业单位及全体公民执行和遵守，国务院决定改变现行的用文件形式发布行政法规的办法。"为落实国务院这个决定，提高行政法规的权威性，为社会公众提供一部权威、及时、能够代表国家的正式法规汇编版本，是国务院法制局的担当职责，也是满足社会急需的一项重要任务。

（四）法规汇编领域乱象丛生，国家正式版本呼之欲出

法规汇编混乱表现：

1.法规汇编名称不一："法规大全""法规总汇""法律法规汇集""法律法规全书"等五花八门。

2.法规汇编内容不一：法规汇编里什么都收，领导讲话、报刊文章、不同级别的红头文件都混在汇编里。

3.编辑、出版法规汇编混乱：个人、机关、团体、学校、企事业单位都编辑法规汇编，社会流行的法规汇编有几百种。出版也不按出版分工规定，是个出版社就出版法规汇编。

因此，社会需要编辑出版一本能够代表国家的主要供机关和社会公众应用的标准法规汇编版本。在这种形势下，《中华人民共和国新法规汇编》应运诞生。

三、《中华人民共和国新法规汇编》落实国务院关于改变行政法规发布形式的决定

（一）法规发布制度改革的意义

1.法规发布形式由以文件发布到以国务院令发布是法规发布制度具有划时代意义的改革

新中国成立以来的行政法规都是用"通知"知照性文件形式发布。例如，1986年制定的《中华人民共和国银行管理暂行条例》以1986年1月7日国发〔1986〕1号发布；再如，1988年2月29日国务院以国发〔1988〕18号发布《国务院批转国家经委、国家计委关于立即整顿国营

煤矿井田内各种小井的意见的通知》。通知规定："国务院同意国家经委、国家计委《关于立即整顿国营煤矿井田内各种小井的意见》，现转发给你们，请遵照执行。"可见，过去国务院是靠文件发布行政法规，指导各项工作的。而现在是靠国务院令发布行政法规，如1989年1月13日由国务院总理李鹏签署中华人民共和国国务院令第25号，发布《放射性药品管理办法》。该国务院令明确："现发布《放射性药品管理办法》，自发布之日起施行。"法规发布形式的改革，当时在政府法制系统，乃至全国各级国家机关、法学界是一次轰动，是我国法律制度一次划时代意义的改进。

2. 法规发布制度改革与法律颁布制度更加协调、配套

法律以"中华人民共和国主席令"颁布，行政法规以"中华人民共和国国务院令"发布，法律法规颁布、发布制度更加配套、完善，使法律颁布、法规发布制度协调向前发展，是我国法律体系趋于完备的表现，我国法律制度进入世界先进行列。

3. 为什么法律颁布以"中华人民共和国主席令"，行政法规发布不以"中华人民共和国国务院总理令"而是以"中华人民共和国国务院令"

按我国宪法规定，全国人大颁布法律是由国家主席签署主席令的形式颁布，主席令是国家的，代表国家命令。国务院令是中华人民共和国国务院总理签署的国务院发布的命令。"主席令"是国家命令，"国务院令"是中央政府的行政命令。"国家主席"是全国人大的一个机构，负责宣布全国人大作出的决定，这个决定就叫作"主席令"。国务院总理不是国务院的一个机构，只是国务院最高职务，所以不叫"国务院总理令"而叫"国务院令"。

4. 国务院总理签署国务院令发布行政法规更具权威性

行政法规制定主体是国务院，行政法规是根据宪法和法律的授权经法定程序制定的，具有法的效力，是国务院领导和管理各项行政工作，履行行政职责的依据。

用国务院总理签署国务院令形式发布，比用文件形式发布更能增加公众对行政法规的信服、信从感和力度，让公众对行政法规更有种自愿服从和支持的力量。法规的权威在于公众的认知和执行，法规的权威是权力的合法化和国民的遵守与内心的威望。

5.行政法规发布后法定在国家顶级刊物上刊发

《国务院办公厅关于改进行政法规发布工作的通知》规定，经国务院总理签署公开发布的行政法规，由新华社发稿，《国务院公报》《人民日报》应当全文刊载。这是我国第一次法定行政法规发布后必须由新华社发稿，《国务院公报》《人民日报》全文刊载的规定，扩大了宣传面，增加了宣传力度，显示出行政法规对社会的影响和国家对行政法规的重视程度。

6.行政法规发布事项规范、明确、完备

《国务院办公厅关于改进行政法规发布工作的通知》规定，发布行政法规的令，包括发布机关、序号、法规名称、通过或者批准日期、发布日期、生效日期和签署人等内容。我国发布行政法规的发布事项，从来没有像现在这样规范、明确。规定的法规发布事项总结起来有7项：（1）发布机关；（2）发布令序号；（3）法规名称；（4）通过或者批准日期；（5）发布日期；（6）生效日期；（7）签署人。过去法规发布事项不是缺这就是少那。例如，1955年《中等学校学生会组织条例》，只注明1955年12月30日教育部、高等教育部公布，没有实施日期、通过或者批准日期、发布序号，没有签署人。又如，1966年《国境河流外国籍船舶管理办法》，只注明1966年3月15日国务院批准，1966年4月19日交通部发布施行，没有签署人和发布序号。再如，1979年《以进养出试行办法》，只注明国家计划委员会、国家经济委员会、对外贸易部拟订，1979年3月26日国务院转发，没有通过或者批准日期，没有序号，没有生效日期，没有签署人。总之，不像改革后这样规范。

7.从法规发布形式改变决定中看国务院法制局的任务

《国务院办公厅关于改进行政法规发布工作的通知》规定，国务院不另行文，国务院办公厅印发少量文本，供各省、自治区、直辖市人民政府和国务院各部委、各直属机构存档备查。这就给国务院法制局提出编辑出版法规汇编供机关和社会公众应用的任务。国务院明确新发布的行政法规只印少量文本，而且不是为了社会应用而是供各省、自治区、直辖市人民政府和国务院各部委、各直属机构存档备查。作为国务院的法制机构，国务院总理的参谋助手的国务院法制局理所当然要编辑出版《新法规汇编》以供应用。

（二）1988年《中华人民共和国新法规汇编》第一辑编辑说明第一条的三层意思

1.《新法规汇编》是根据国务院决定不再用文件形式而改用国务院令发布行政法规的形势下编辑出版的，强调《新法规汇编》是为了落实国务院这个决定，适应该决定发布后的新形势而编辑出版的。

2.《新法规汇编》是为了便于国家机关、社会团体、企事业单位和全体公民应用而编辑出版的。

3.《新法规汇编》是向社会提供准确的国家标准文本，并且可以使公众及时看到。

四、《中华人民共和国新法规汇编》的收录范围

（一）行政法规

1987年4月21日经国务院批准，1987年4月21日国务院办公厅发布的《行政法规制定程序暂行条例》明确规定："行政法规的名称为条例、规定和办法。"《新法规汇编》基本按这个规定范围收录，但实践中法规的名称不只条例、规定、办法，还有"实施细则""决定"等，《新法规汇编》就收录了1988年1月3日国务院批准修订、国家工商行政管理总局1988年1

月13日颁布实施的《中华人民共和国商标法实施细则》。《新法规汇编》共收录20件行政法规，其中3件叫"规定"，1件叫"办法"，1件叫"实施细则"，其余都叫"条例"。"条例"又有"条例""暂行条例""管理条例"。

（二）《新法规汇编》收录法规性文件

1.什么是法规性文件

当时在我们手里的法规文件资料有一二百种，二尺多厚。真正具有行政法规特征的，分章、节、款、条的法规是少数，绝大多数是"通知""意见""公告"之类的法规性文件，这也是我国法规的现状和特点。过去国务院办公厅法制局和1986年以后国务院法制局接续编辑，法律出版社出版的《中华人民共和国法规汇编》也有类似法规文件的收录。例如，1987年6月25日国务院发布的《国务院关于坚决落实粮食合同定购"三挂钩"政策的紧急通知》，1987年7月29日中国科学技术协会、农牧渔业部、水利电力部、林业部发布的《农民技术人员职称评定和晋升试行通则》，1987年9月9日国务院办公厅发布的《国务院办公厅关于夏时制的公告》等也都作为法规收录其内。编辑《新法规汇编》也效仿收录了法规性文件。

"法规性文件"，是指除有法规特征的行政法规外，国务院或者国务院办公厅还发布许多的具有普遍约束力的"通知""意见"等法规性文件。当时也曾考虑是叫"规范性文件"还是"法规性文件"。我们觉得"规范性文件"一般是指各级有立法权的机关、团体、组织制发的具有普遍约束力和规范人们行为的文件。广义的规范性文件属于法律范畴，包括宪法、法律、行政法规、地方性法规、自治条例、国务院部门规章、地方政府规章等法律性文件，也包括国家机关、团体、组织制定的具有普遍约束力的非立法性文件的总和。新中国成立以后，我国法律文件中最早出现"规范性"表述，是在1956年9月25日《国务院批转法制局关于法规整理工作的总结报告的通知》中。其中在《国务院法制局关于法规整理工作总结报告》第二部分有这样的表述："这250件法规，都是原政务院为了执行共同纲领、国家法律法令和原中央人民政府委员会的施政方针而采取的一些规范性的行政措施。"其实，"规范性行政措施"，要比规范性文件更明确。很显然，规范性文件涵盖法规性文件，但"规范性文件"字面上没有"法"字，法的属性不如"法规性文件"强或者明显，因此，最后《新法规汇编》还是采用了"法规性文件"。一直到2022年《新法规汇编》都使用这个表述，国务院公报也加以认可。可以说，"法规性文件"的表述是《新法规汇编》的一种创制。

2.本辑只收录国务院或者国务院办公厅发布的法规性文件

（1）法规性文件的名称有几十种

我曾经查阅过1979—1988年由国务院办公厅法制局、国务院法制局编辑，法律出版社出版的《中华人民共和国法规汇编》，被收录的行政法规名称除叫条例、规定、办法外，法规性文件名称也有18种之多。列举如下：

①"通知"。例如：1979年10月17日财政部发布的《关于改进国营企业提取企业基金办法的通知》。"通知"是法规性文件使用最多的名称。

②"通令"。例如：1979年10月16日国务院发布的《国务院关于保护水库安全和水产资源的通令》。

③"通告"。例如：1979年7月11日国务院批准，1980年4月13日中国人民银行发布的《中国人民银行关于发行四种金属人民币的通告》。

④"布告"。例如：1979年7月15日国务院发布的《国务院关于保护森林制止乱砍滥伐的布告》。

⑤"规则"。例如：1979年8月25日国务院批准，1979年9月18日交通部发布的《中华人民共和国对外国籍船舶管理规则》。

⑥"章程"。例如：1979年3月29日国家体育运动委员会、教育部发布的《少年儿童业余体育学校章程》。

⑦"制度"。例如：1979年3月29日国家体育运动委员会、教育部

发布的《全国学生体育运动竞赛制度》。

⑧"决定"。例如：1979年10月20日国务院发布的《国务院关于加强统计工作充实统计机构的决定》。

⑨"指令"。例如：1980年10月27日国务院发布的《国务院关于压缩各种锅炉和工业窑炉烧油的指令》。

⑩"指示"。例如：1981年1月7日国务院发布的《国务院关于加强市场管理打击投机倒把和走私活动的指示》。

⑪"方案"。例如：1981年7月14日国务院批准，中国国际单位制推行委员会公布的《中华人民共和国计量单位名称与符号方案（试行）》。

⑫"公告"。例如：1982年12月24日，国务院发布《国务院公告》：1979年9月9日国务院发布命令，授权中国银行根据1979年5月11日签订的《中华人民共和国政府和美利坚合众国政府关于解决资产要求的协议》，负责办理被美国政府冻结的各项资产的收回事宜，根据截至目前收回工作的实际执行情况，现责成中国银行对客户的相应美元资产，进行审核、清偿，为此，特公告如下。

⑬"标准"。例如：1982年7月12日国务院批准，1982年8月27日国家体育运动委员会发布的《国家体育锻炼标准》。

⑭"命令"。例如：1984年2月27日国务院公布的《国务院关于在我国统一实行法定计量单位的命令》。

⑮"通则"。例如：1987年7月29日中国科学技术协会、农牧渔业部、水利电力部、林业部发布的《农民技术人员职称评定和晋升试行通则》。

⑯"简则"。例如：1987年5月16日国务院批准的《国务院参事室组织简则》。

⑰"意见"。例如：1988年5月5日《国务院办公厅转发劳动部、人事部关于进一步落实外商投资企业用人自主权的意见》。

⑱"批复"。例如：1988年6月21日国务院同时发布两个批复：《国务院关于将对外经济贸易仲裁委员会改名为中国国际经济贸易仲裁委员

会和修订仲裁规则的批复》《国务院关于将海事仲裁委员会改名为中国海事仲裁委员会和修订仲裁规则的批复》。

从1979年到1988年这10年间，国务院办公厅法制局和国务院法制局编辑的《中华人民共和国法规汇编》收入法规性文件名称中，除"办法""请示""报告"外，比较特殊的名称有以上18种之多。1988年《新法规汇编》第一辑共收录21件法规性文件，其名称只有两种：一种是"通知"，收录19件；另一种是"意见"，收录2件。而且可以看出，只收录国务院或者国务院办公厅发布的法规性文件，国务院部门发布的法规性文件不收录。

五、《中华人民共和国新法规汇编》的分类问题

《新法规汇编》的分类是我考虑时间最长，也是最复杂的一个问题。

（一）《中华人民共和国新法规汇编》分类问题的特点

1.法规发布时间跨度短

《新法规汇编》是季刊，一季度一册，时间跨度只有三个月。《新法规汇编》强调的是一个"新"字和实用性，与国务院法制局以往编辑的法规汇编有很大不同。过去的法规汇编，最少时间跨度是一年，有的几十年，如1983年法规清理后，国务院法制局编辑的《中华人民共和国现行法规汇编》，收录的法规是1949年至1985年间现行有效的行政法规，时间跨度36年。收录行政法规3000多件，因此，必须详细分类，才便于查找、应用。

2.可收录的法规数量不多，不用细分

国务院立法计划每年制定不到50件，国务院法制局每年审查上报国务院审议的法规草案滚动式完成也就40件左右。例如，1995年国务院制定行政法规32件，2004年国务院制定行政法规34件。如果按国务院每年出台行政

法规40件计算，摊在一个季度只出台10件，因此，10件行政法规无需细分。

3.什么是行政法规分类

我国法律包括宪法、法律（指立法机关通过的除宪法以外的法律）、行政法规和国务院部门规章、地方性法规和地方政府规章、自治条例和单行条例、特别行政区制定的法律和法规、经济特区制定的法规、军事法规等8类的法律、法规、规章。其中，除宪法和全国人大制定的法律、中央军委颁布的军事法规外，大部分属于国家行政管理方面的行政法规和规章。法律分类和行政法规的分类有很大不同。法律按制定主体不同可分为国际法和国内法；按内容、法律地位和制定程序不同又可分为根本法和普通法；按适用范围不同可分为一般法和特别法；按规定内容不同还可分为实体法和程序法；按制定和表达方式也可分为成文法和习惯法。在民法系国家又有公法和私法之分，总之，法的分类方法很多。行政法规的分类不像法的分类那么复杂，主要是按行政管理门类，如公安政法、教科文卫等归纳区分类别。

4.法规分类的目的

法规分类实际上就是按法规的性质和其他特征进行划分，将同类内容的法规集中在一起的方法，目的是便于记忆、查阅和操作适用。

（二）《中华人民共和国新法规汇编》的分类是个创设

根据实际情况和《新法规汇编》特点，我们认为分法律、行政法规与法规性文件、国务院部门规章、地方性法规与地方政府规章四部分即可达到分类目的。我们考虑《新法规汇编》的分类，借鉴不了以往法规汇编的分类，也就是说，不能或者没必要按公安政法、工业交通、农林、科教文卫、外事、经贸等类目区分《新法规汇编》收录的法规文件。《新法规汇编》收录的所有法律文件包括法律、行政法规与法规性文件、国务院部门规章、地方性法规与地方政府规章。这四部分很明确，而且完全可以当作类目去划分归纳所收录的法律文件内容。最后确定,用"法律""行政法规　法规性文件""国务院部门规章""地方性法规　地方政府规章"四部分作为《新法规汇编》类目。其中,行政法规与法规性文件、地方性法规与地方政府规章之间空一格,以示区分。实际上,这是个创设,过去所有法规汇编都没有这样的分类。《新法规汇编》已经出版发行34年,一直延续这个分类。

六、《中华人民共和国新法规汇编》的编排

（一）法律、行政法规、法规性文件的编排

法律、行政法规、法规性文件三类,在类内分别按其公布或者发布的时间先后顺序编排。

（二）国务院部门规章的编排

按当届国务院机构改革后公布的国务院组成部门顺序排列。部门排在先,其发布的规章排在前。

1988年国务院进行机构改革,8月13日发布《国务院关于国务院机构设置的通知》。通知规定,根据七届人大一次会议批准的国务院机构改革方案,国务院办公厅和部委共42个:中华人民共和国国务院办公厅、中华人民共和国外交部、中华人民共和国国防部、中华人民共和国国家计划委员会、中华人民共和国经济体制改革委员会、中华人民共和国教育委员会、中华人民共和国科学技术委员会、中华人民共和国国防科学技术委员会、中华人民共和国民族事务委员会、中华人民共和国公安部、中华人民共和国国家安全部、中华人民共和国监察部、中华人民共和国民政部、中华人民共和国司法部、中华人民共和国财政部、中华人民共和国人事部、中华人民共和国劳动部、中华人民共和国地质矿产部、中华人民共和国建设部、中华人民共和国能源部、中华人民共和国机械电子工业部、中华人民共和国航空航天工业部、中华人民共和国冶

金工业部、中华人民共和国化学工业部、中华人民共和国轻工业部、中华人民共和国纺织工业部、中华人民共和国铁道部、中华人民共和国交通部、中华人民共和国邮电部、中华人民共和国水利部、中华人民共和国农业部、中华人民共和国林业部、中华人民共和国商业部、中华人民共和国对外经济贸易部、中华人民共和国物资部、中华人民共和国文化部、中华人民共和国广播电影电视部、中华人民共和国卫生部、中华人民共和国体育运动委员会、中华人民共和国计划生育委员会、中国人民银行、中华人民共和国审计署。

按立法法规定，国务院直属局和国务院办事机构有规章制定权。这次机构改革，国务院直属机构19个，国务院办事机构5个。国务院直属机构：国家统计局、国家物价局、国家技术监督局、中华人民共和国国家工商行政管理局、国家环境保护局、国家土地管理局、中华人民共和国新闻出版署（与中华人民共和国国家版权局一个机构两块牌子）、中华人民共和国海关总署、中华人民共和国国家旅游局、中国民用航空局、国家建筑材料工业局、国家医药管理局、国家海洋局、国家气象局、国家地震局、国务院宗教事务局、国家档案局、国务院参事室、国务院机关事务管理局。

国务院办事机构分别是：国务院法制局、国务院外事办公室、国务院侨务办公室、国务院港澳办公室、国务院特区办公室。

编辑《新法规汇编》时，国务院部委管理的国家局也有规章制定权，当届国务院机构改革，还设15个部委归口管理的国家局：

直属局级的部委归口管理的国家局7个：国家外国专家局（由国务院办公厅归口管理）、国家语言文字工作委员会（由国家教育委员会归口管理）、中华人民共和国专利局（由国家科学技术委员会归口管理）、国家税务局（由财政部归口管理）、国家国有资产管理局（由财政部归口管理）、国家烟草专卖局（由轻工业部归口管理）、国家中医药管理局（由卫生部归口管理）。

司局级的部委归口管理的国家局8个：国家核安全局（由国家科学技术委员会归口管理）、国家保密局（由国家安全部归口管理）、国家矿产储量管理局（由地质矿产部归口管理）、国家测绘局（由建设部归口管理）、国家黄金管理局（由冶金工业部归口管理）、中华人民共和国进出口商品检验局（由对外经济贸易部归口管理）、国家文物局（由文化部归口管理）、国家外汇管理局（由中国人民银行归口管理）。

按国务院规定，国务院直属局在先，部委管理的国家局在后。《新法规汇编》也严格按照这个规定编排。例如，1988年《新法规汇编》第一辑收录对外经济贸易部归口管理的国家商检局发布的规章《进口商品质量许可制度实施办法（试行）》，排在国务院直属局国家工商行政管理局发布的规章《广告管理条例实行细则》之后。

应当说明的是，在2000年立法法公布前，根据国发〔1998〕12号文的规定，部委管理的国家局是可以制定规章的，但需要部委批准。《国务院关于部委管理的国家局与主管部委关系问题的通知》（国发〔1998〕12号）第3项规定："国家局可以根据法律和国务院的行政法规、决定、命令，在权限内拟定部门规章、指示、命令，经主管部委审议通过后，由主管部委或主管部委授权国家局对外发布。国家局使用带国徽的印章，印章规格按国务院办公厅规定办理。"但2000年3月15日立法法颁布后，部委管理的国家局就无权制定规章了。

2000年12月21日，文化部办公厅致函国务院法制办，即《文化部办公厅关于报请解释国家文物局有无规章制定发布权的函》。函中指出，最近，国家文物局报文称，该局拟以国家文物局局长令形式发布部门规章。对于部门规章的制定的主体和权限，2000年3月15日通过的立法法规定："国务院各部、委员会、中国人民银行、审计署和具有行政管理职能的直属机构，可以根据法律和国务院的行政法规、决定、命令，在本部门的权限范围内，制定规章。"而《国务院关于部委管理的国家局与主管部委关系问题的通知》中则明确规定："国家局可以根据法律和国务院的行政法规、决定、命令，在权限内拟定部门规章、指示、命令，经主管部委审议通过后，由主管部委或主管部委授权国家局对外发布。"二者规定不一致。请你办对部委主管的国家局能否以局长令的形式发布部门规章和通知中的有关规定是否继续有效两个问题予以解释，以便我部进一步规范部门规章的发布工作。

2001年3月5日，国务院法制办在给文化部的《国务院部委管理的国家局没有规章制定发布权的复函》中作了答复。《中华人民共和国立法法》第71条规定："国务院各部、委员会、中国人民银行、审计署和具有行政管理职能的直属机构，可以根据法律和国务院的行政法规、决定、命令，在本部门的权限范围内，制定规章。部门规章规定的事项应当属于执行法律或者国务院的行政法规、决定、命令的事项。"第75条第1款规定："部门规章应当经部务会议或者委员会会议决定。"第76条第1款规定："部门规章由部门首长签署命令予以公布。"据此，国务院部委管理的国家局无权制定和公布部门规章。

（三）地方性法规、地方政府规章的编排

有选择性收录地方性法规和地方政府规章，主要考虑引导、加强、学习、借鉴作用。例如，当时需要加强人大监督作用，我们选收了《河北省人民代表大会常务委员会实施监督的规定（试行）》（1988年4月21日河北省第六届人民代表大会常务委员会第33次会议通过）、《山西省统计检查监督规定》（1988年6月3日山西省第七届人民代表大会常务委员会第3次会议通过）。又如，当时有重实体轻程序倾向，我们选择了《黑龙江省人民代表大会常务委员会批准省政府所在地的市和经国务院批准的较大的市制定的地方性法规的程序》（1988年3月11日黑龙江省第七届人民代表大会常务委员会第2次会议通过）。再如，当时强调工程质量，我们选择了《北京市建设工程勘察设计质量监督管理办法》（1988年3月17日北京市人民政府发布）等，供各地学习参考。

地方性法规、地方政府规章的编排，开始我们也无从下手，作为国家版本的《新法规汇编》收录地方性法规和地方政府规章不能随意编排，哪个省区在前，哪个省区在后，总得有个根据。经我们查阅所有的国务院公报，终于查到了国务院批转的1980年9月29日国家标准总局等六部门《关于省、市、自治区排列顺序的请示报告》，真是需要什么就得到什么，如获救命稻草。国务院批转的报告规定："从一九八一年一月一日起，新起草的各种文件资料以及档案，凡涉及省、市、自治区顺序的，均按此文件执行。"该排列顺序的制定有三个原则：其一，照顾历史习惯和分片汇总的需要，仍保留六大区的概念，但大区不作为实体；其二，大区内按直辖市在前，区内各省、区基本按现行习惯排列，以便使已经积累的经济资料调整工作量减到最少限度；其三，台湾省排在最后。

当时，海南省、重庆直辖市还没有成立，加上台湾省全国共30个省、市、自治区，其排列顺序见下表：

表2-1　1980年全国省、市、自治区顺序排列表

1	北京市	16	河南省
2	天津市	17	湖北省
3	河北省	18	湖南省
4	山西省	19	广东省
5	内蒙古自治区	20	广西壮族自治区
6	辽宁省	21	四川省
7	吉林省	22	贵州省
8	黑龙江省	23	云南省
9	上海市	24	西藏自治区
10	江苏省	25	陕西省
11	浙江省	26	甘肃省
12	安徽省	27	青海省
13	福建省	28	宁夏回族自治区
14	江西省	29	新疆维吾尔自治区
15	山东省	30	台湾省

按原来大区概念，1至5省、市属华北地区（5个省、市）；6至8省属东北地区（3个省）；9至15省、市属华东地区（7个省、市）；16至20省、区属中南地区（5个省、区）；21至24省、区属西南地区（4个省、区）；25至29省、区属西北地区（5个省、区）。台湾省属哪个大区，目前尚未确定。在编辑《新法规汇编》之前，也就是1987年底，这个规定都有效，所以我们严格按规定顺序编排。例如，《新法规汇编》1988年第一辑收录《吉林省机动车辆交易市场管理办法》（1988年1月3日吉林省人民政府发布）排在《上海市租赁业务外汇管理规定》（1988年5月15日上海市人民政府发布）之前，因为，吉林省属东北区，上海市属华东区，根据行政区顺序规定吉林省政府规章排在前，上海市政府规章排在后。

七、《中华人民共和国新法规汇编》的版本变化

（一）新华出版社出版《中华人民共和国新法规汇编》

在编辑《新法规汇编》之前，由新华社主管的新华出版社就向我们约稿。经领导同意，我们答应供稿，在1988年9月提供了《新法规汇编》完整书稿。新华出版社从1988年9月第一版第一辑到1989年底，共出版7辑：1988年第1辑至第3辑，1989年第1辑至第4辑。

（二）中国法制出版社出版《新法规汇编》

1. 承袭新华出版社版本

从1990年第一辑起《新法规汇编》改由中国法制出版社出版。因为由国务院法制局主管的中国法制出版社已经成立，具备出版法制图书的资格和条件，国务院法制局决定《新法规汇编》转由其出版。为此，国务院法制局特向国务院部门和地方政府法制机构发出《关于通报法制出版社成立及"新法规汇编"明年由该社出版的函》（国法函字〔1989〕80号）。函中指出，为适应加强政府法制建设和法制宣传教育工作的需要，

我局主办的法制出版社业经新闻出版署批准成立。该社是出版各类法规单行本和汇编本的中央级专业出版社，也是为政府法制建设服务的一个出版单位。为使该社能开展业务，希望你们给以大力协助。

发函时，中国法制出版社还叫"法制出版社"。之后不久，经中华人民共和国新闻出版署批准冠以"中国"二字，成为"中国法制出版社"。这期间，为更改社名，本人也做了努力。新闻出版署主管社名更改业务的处长是我的大学同学，我向他反映了一些情况和理由，主要是：国务院法制局是国务院直属局，其主管的出版社可以冠以"中国"二字；当时已有"法律出版社"，又出现"法制出版社"，仅一字之差，社会上容易出现混淆。我的同学把情况和理由汇报给署领导，署领导了解情况后，很快批准我们的申请，同意更名为"中国法制出版社"。这样，1990年出版《新法规汇编》第一辑时，正赶上更改社名已被批准，因此，就以"中国法制出版社"的社名出版了。从1990年《新法规汇编》第一辑一直到2022年，已经32年，都是由中国法制出版社出版。

2.《新法规汇编》改版，由按季出版改为按月出版

新华出版社出版期间为每季度出版一册，中国法制出版社接续出版后，从2001年第五辑起，由按季度出版改为按月出版。新华出版社出版的《新法规汇编》，一直是小32开本，每季出版一辑，印有少量精装本。1990年由中国法制出版社出版后，到1999年第三辑仍是小32开本。从1999年第四辑开始改印大32开本，版型没变，未印精装本。收录范围变化较大。

八、《中华人民共和国新法规汇编》编辑说明的变化

（一）《新法规汇编》编辑说明第一次修改

从1988年《新法规汇编》第一辑到1999年第四辑这10年间，编辑说明没变动，都是用我写的编辑说明，到1999年第四辑有较大改动。

删掉"是根据国务院最近决定不再用文件形式，而改用国务院令发

布行政法规以后，为便于国家机关、社会团体、企事业单位和全体公民及时、准确地看到法律和行政法规标准文本而编辑出版的"，改为"本汇编是国家出版的法律、行政法规汇编正式版本"。

为了便于对比，有必要把《中华人民共和国新法规汇编》两个"编辑说明"主要内容抄录于下：

1988年《中华人民共和国新法规汇编》第一辑"编辑说明"

一、本汇编是根据国务院决定不再用文件形式，而改用国务院令发布行政法规以后，为便于国家机关、社会团体、企事业单位和全体公民及时、准确地看到法律和行政法规标准文本而编辑出版的。

二、本汇编收集的法规包括：当年本季度内由全国人大及其常委会通过的法律和有关决议；国务院发布和国务院批准、部门发布的行政法规以及法规性文件，国务院部分部门发布的规章。此外，选收了部分省、自治区、直辖市人大及其常委会公布的地方性法规和人民政府发布的规章。

三、本汇编所收的法规按下列分类顺序编排：法律、行政法规和法规性文件，国务院部门规章，地方性法规和地方政府规章。法律、行政法规和法规性文件按公布或发布的时间顺序排列。国务院部门规章按本届国务院组成部门顺序排列。同一部门收两件以上者，按发布时间顺序排列。地方性法规和地方政府规章按1987年底国务院批准的行政区划顺序排列，同一行政区收两件以上者，按公布或发布时间顺序排列。

四、本汇编每年出版四辑，1988年一、二辑出合订本，全年出版三辑。（以下略）

从1999年第四辑开始，《中华人民共和国新法规汇编》的"编辑说明"进行修改，主要内容如下：

一、本汇编是国家出版的法律、行政法规汇编正式版本。

二、本汇编收集的法规包括：当年本季度内由全国人大或者全国人大常委会通过的法律和关于法律问题的决定；国务院发布和国务院批准、部门发布的行政法规以及法规性文件。此外，还收了国务院部分部门发布的规章，部分省、自治区、直辖市人大或者其常委会公布的地方性法规和人民政府发布的规章。

三、本汇编所收的法规，按下列分类顺序编排：法律，行政法规和法规性文件，国务院部门规章均按公布或者发布的时间顺序排列。地方性法规和地方政府规章按1987年底国务院批准的行政区划顺序排列。

四、本汇编每年出版四辑，每季度一辑。本辑为1999年第四辑，共收本年度第四季度内公布的法规32件，其中法律和关于法律问题的决定12件；行政法规3件，法规性文件13件；国务院部门规章2件；地方性法规和地方政府规章2件。补充本年度第一季度内公布的关于法律问题的决定1件；补收本年度第三季度内发布的行政法规2件，法规性文件4件，共计40件。（以下略）

可见，两个"编辑说明"变化较大。

（二）改变了国务院部门规章排列顺序

1988年版《新法规汇编》中国务院部门规章排列顺序是按"本届国务院组成部门顺序排列，同一部门收两件以上者，按发布时间顺序排列"，而从1999年《新法规汇编》第四辑开始改为"法律、行政法规、法规性文件、国务院部门规章均按公布或者发布的时间顺序排列"。

九、《中华人民共和国新法规汇编》收录范围的变化

（一）《中华人民共和国新法规汇编》不收地方性法规、地方政府规章，只收报国务院备案的地方性法规和地方政府规章目录

从《新法规汇编》2001年第五辑起，不再收录地方性法规和地方政府规章，而只收录向国务院备案的地方性法规、地方政府规章目录。

（二）《中华人民共和国新法规汇编》增收最高人民法院和最高人民检察院公布的司法解释

从《新法规汇编》2001年第五辑起，增收最高人民法院和最高人民检察院公布的司法解释。在内容和收录范围上，这是一个根本性的变化。

十、《中华人民共和国新法规汇编》出版发行有关发布会

（一）《中华人民共和国现行法规汇编》编辑出版工作汇报会

重要的法规汇编编辑出版后，国务院法制局往往要举行新闻发布会。经过1983年法规全面清理以后，国务院法制局编辑的《中华人民共和国现行法规汇编》出版后，1987年12月14日，国务院法制局和人民出版社联合举办了《中华人民共和国现行法规汇编》编辑出版工作汇报会。党和国家领导人乔石、周谷城、黄华出席会议并讲话。领导讲话很重视法规清理、法规汇编，对法规清理、汇编工作的理论、实践很有指导意义：

国务院副总理乔石讲话说，法规清理、汇编、出版是法制建设的重要组成部分，在普法、健全法制和依法治国过程中是不可缺少的。我们的法规是要经常清理的，因为实际情况是发展变化的，过时了的法规就得修改或重新制定。希望今后继续搞好立法和法规的清理、修改工作，以适应形势发展的需要。他还强调，今后，法制建设的任务是很繁重的，加强社会主义法制建设，仅靠法制局是不够的，各部门要加强对法制建设的领导，充实力量，加强法制机构。国务院各部门要密切配合，为健全社会主义法制做出更大的贡献。

全国人大常委会副委员长周谷城讲话说，新陈代谢非常重要，如同人的身体需要不断地新陈代谢一样，法律也要讲新陈代谢。法律中能够继续适用的就要大胆地、认真地适用；同时，对于需要废止和修补的，

就要及时废止和修补,使之新陈代谢,以适应形势发展的需要。法律的新陈代谢是要花很大功夫的,这就给法制部门提出了艰巨的任务。希望我国的法制建设能够做到有法可依,有法必依,执法必严,违法必究。法规清理和汇编出版工作要为此做出贡献。

全国人大常委会副委员长黄华在讲话中说,《中华人民共和国现行法规汇编》的编辑出版有着重大的现实意义,这是法制建设中的大事,它为执法、司法提供了全面、有效、准确的依据,也对普法工作有着重要的意义。现在法院审批同类案件,有的以这个法规为依据,有的以那个法规为依据,法规之间相互打架。这种情况今后还会有的。当前我们正处在新旧体制交替阶段,形势在不断发展,矛盾还会出现。希望法规的清理、汇编工作今后能继续下去,以消除这类矛盾。从实际情况来看,我们的法不是太多了,而是太少了。法规清理、汇编工作搞好了,就可以为立法打下良好的基础;通过清理,可以使我们的立法跟上形势的发展。

(二)《中华人民共和国新法规汇编》编辑出版新闻发布会

1988年10月,国务院法制局和新华出版社举行《新法规汇编》编辑出版新闻发布会,全国人大常委会副委员长阿沛·阿旺晋美参加。当天晚上,在民族饭店答谢阿沛·阿旺晋美副委员长,我参加坐陪。

十一、重要报刊刊登《中华人民共和国新法规汇编》出版消息及其他

(一)《国务院公报》刊登《中华人民共和国新法规汇编》出版消息,国务院文件介绍《中华人民共和国新法规汇编》出版内容

1988年《国务院公报》第16期刊尾,介绍了《新法规汇编》:
(1)《中华人民共和国新法规汇编》是国务院法制局编辑,新华出

版社出版，新华书店向国内外发行的法规汇编。

（2）汇编及时有效提供新法规，每季一辑。特点是：定期将每季发布的新法规收集齐全及时出版；取材一律采用法律、法规被通过时的原本，准确无误。

该汇编是由国家法定的机关编辑出版的，可作为各级国家机关、社会团体、企事业单位工作用的标准文本，是公、检、法及仲裁机关审批和办案用的标准法规文件。

《国务院公报》很少刊登书刊出版消息，此次刊登《新法规汇编》出版消息，并加以权威、准确介绍，可以说是个例外。

（3）1988年6月18日《国务院关于废止部分涉外法规的通知》（国发〔1988〕35号）和1988年9月27日《国务院关于废止第二批涉外法规的通知》（国发〔1988〕70号）分别介绍："本通知的附件一和附件二，已编入国务院法制局编辑、新华出版社出版的《中华人民共和国新法规汇编》1988年第一辑中"和"1988年第三辑中"。

（二）国务院法制局召开法规汇编编辑出版工作会议

1989年7月27日，国务院法制局在哈尔滨召开法规汇编编辑出版工作会议，各省、自治区、直辖市人民政府法制机构，新闻出版署，新华出版社等单位参加会议，主要研究法规汇编编辑出版工作问题。会议指出，自1987年以来，全国出版社中出版法规书籍的有140多家，共出书1077种，其中出版各类法规汇编和单行本的近30家，出现问题不少。主要是编排混乱，印刷质量低劣，差错很多。乱编滥印法规汇编，影响了法规的正确执行，损害了法制的统一和尊严。会议认为，法规汇编编辑出版工作，应该按照1985年国发45号文件关于编辑出版规定的要求进行改进。

第三章
我国法规汇编制度

一、我国法规汇编编辑出版管理制度的历史发展

我国历来有编辑出版法规汇编的做法，民国时期的一些法学家，如张知本、陶百川、林纪东等就编辑过许多法规汇编。不过，那时的法规汇编大多是由个人编辑出版，谈不上政府对法规汇编编辑出版的管理，更没有什么法规汇编编辑出版制度。新中国成立以后，我国制定了大量的法律、法规，特别是随着改革开放和社会主义民主与法制的健全和完善，立法进程加快猛进，已经制定几百件法律，上千件行政法规（截至2022年6月底，制定修改法律、行政法规730余件次，其中现行有效法律292件，行政法规598件），上万件国务院部门规章、地方性法规和地方政府规章，中国特色社会主义法律体系日趋科学完善。为了便于广大公民、机关、团体和企事业单位及时了解并自觉贯彻实施这些法律法规，社会上出现了各式各样的法规汇编，法规汇编编辑出版工作已经成为我国社会主义法制建设的一项重要内容。我国对法规汇编编辑出版实行了一系列管理措施，到1990年实现了法规汇编编辑出版法制化管理。

（一）1990年以前法规汇编编辑出版存在的问题

法规汇编编辑出版之多、编辑出版法规汇编的渠道过于分散，随之而来的混乱现象问题也增多：

（1）汇编的内容收录存在问题。有的把已经废止或者失效的法规收入了汇编，还有的则把非规范性文件作为法规收入汇编。

（2）汇编分类、编排、版本混乱。汇编版本分类、编排、开本、装帧混乱，印刷质量低劣，差错、问题层出不穷。

（3）个人也编辑、出版法规汇编。有关部门2003年曾对北京市出版社近两年出版法规汇编情况进行了抽查，有41家出版社出版了84种法规汇编，其中个人编辑的有32种，出版社自编的2种，署名"编委会"编辑的10种，共45种，占53.6%，个人编辑法规汇编的占比很大。一些非法印制部门，甚至公民个人还编辑这样那样的法规"大全"，有的还把这类"大全"称为"编纂""法典"。

（4）汇编编辑、出版的目的，为牟取高额利润。除为教学、科研和普法宣传外，确有一些编辑出版汇编者，是为了牟取高额经济利益，造成大量的重印和浪费。

（5）出版社不按出版分工出版。据对北京41家出版社进行调查，有7家只能出版部门规章的专业出版社违规出版13种法律、行政法规汇编和2种综合性法规汇编，还有12家专业出版社在未经新闻出版部门核准的情况下，出版20种与本专业无关的法规汇编。

凡此种种现象，都有损法律法规的尊严，也影响法律法规的正确执行，引起了群众和编辑出版管理部门的不满。对此，党中央、国务院非常重视。

（二）我国党和政府对法规汇编编辑出版的管控措施

1.《管理书刊出版业印刷业发行业暂行条例》

1952年政务院发布《管理书刊出版业印刷业发行业暂行条例》（1951年12月21日政务院第116次政务会议通过，1952年8月16日政务院发布）。条例第8条规定："各级人民政府法令文件出版权属于各级人民出版社及其授权之出版社，其他出版社不得编印或翻印。"

2.中央和国务院作出关于加强出版工作的决定

1983年6月6日，中共中央和国务院颁布《中共中央、国务院关于加强出版工作的决定》（中发〔1983〕24号）。决定指出，社会主义现代化建设的新形势，把出版工作推到我党我国历史上前所未有的重要地位。为了适应建设两个文明的需要，党中央和国务院认为，必须加强和改进出版工作，使出版事业有一个更大的发展。传播科学文化和传播一切有利于人类进步的知识的书刊，对于我国社会主义制度的不断完善和发展，对于培养有理想、有道德、有文化、守纪律的社会主义新人，将起着越来越重要的作用。

决定还指出，各类图书都要力求做到选题对路、内容充实，都要力求有尽可能高的思想性、科学性或艺术性，反对粗制滥造。各类出版社、杂志社都要遵守党纪国法，严格执行党和国家的现行政策，严防泄露党和国家的机密。所有正式发行的图书，都必须由出版社出版。杂志社不能出版图书。非出版单位一律不得出版、发行书刊，滥编滥印书刊要坚决制止或取缔。任何人不得进行非法的出版活动。严禁进口反动的、淫秽的书刊，对于走私入境的书刊要坚决取缔。要积极进行出版的立法工作。加强书刊出版的管理，取缔非法的出版活动，是为了保障人民有秩序地行使出版自由的正当权利，保障社会主义出版事业的健康发展。

决定针对出版社出版分工指出，不同性质的出版社，要按照各自的分工和特点，确定出书范围。各类专业出版社，要集中力量出好有关本专业的图书。各大学出版社，要根据各自的教学和科研任务安排出书。各出版社都不得越出确定的出书范围。出版工作要在统一领导下，发挥中央和地方出版部门的积极性。地方出版社立足本地、面向全国，要把出版具有本地特点的图书、满足本地读者特别是农村读者的需要，作为经常性的重要任务。地方科技出版社要根据当地工农业生产发展的需要，着重出好通俗适用的科技读物，尤其是农村科技读物。

3.《关于整顿、清理书报刊和音像市场，严厉打击犯罪活动的通知》

1989年9月16日，中央办公厅、国务院办公厅发布《关于整顿、清理书报刊和音像市场，严厉打击犯罪活动的通知》（中办发〔1989〕13号）。通知指出，要"严格坚持按专业分工出书"。要严厉打击社会上的不法分子同出版、印制、发行单位相互勾结非法牟取暴利的活动。特别要严厉打击那些买卖书号、刊号，违反协作出版、代印代发规定，从事出版投机活动的单位和个人。凡违犯法律的，各主管部门要及时移送司法机关，并密切配合查处。对那些影响坏、危害大的案件，要依法从重从快惩处。整顿、清理出版、印制和发行单位。对查出的问题，要顺藤摸瓜，进一步追查有关出版、印制和发行单位及其领导人的责任。要采取坚决措施，严格管好出版、印制和发行单位，堵塞污染源。

书报刊出版单位要加强选题管理，社长、总编辑（主编）要认真负起书稿把关、终审的责任，严格执行选题报批制度。出版单位的上级主管部门要负责审批选题计划，并严格坚持按专业分工出书。各出版单位的选题计划还应报当地新闻出版部门审核，接受监督。按规定应向新闻出版署报批的选题必须专题报批。出版单位违反上述规定的，或其上级主管部门把关不严、监督不力的，都要追究领导人的责任。今后，对出版本通知规定应予取缔的书报刊的出版单位，要追究有关人员的主管人员的责任，直至撤销社长、总编辑职务，或吊销其营业执照。对音像出版单位也依照上述原则严格执行。

出版物的印制单位必须严格遵守印制行业管理工作的有关规定。凡印制反动、淫秽书刊的，对承印的书刊擅自加印的，与不法分子勾结进行出版投机活动的，均应依法从重从严惩处。未经批准承印出版物的印制单位，一律不得承印出版物。对县办、乡办印刷厂，要加强管理和监督。乡办印刷厂一律不得承印出版物，县办印刷厂承印出版物按有关规定执行。对已经发给出版物印刷许可证的印刷厂，要重新审查，从严控制。凡违反上述规定的，要给予行政的、经济的处罚，直至吊销许可证和营业执照。

对发行单位也应严格管理。凡已通知停售的书报刊的音像制品，一律收缴，不得再销售。所有违反规定的出版、印制、发行单位及其领导人，由新闻出版署或当地新闻出版及其他主管部门给予行政处分和经济处罚，党员要由党组织按有关规定给予党纪处分，违犯法律的应由司法机关依法追究法律责任。主动进行清理的单位和个人，可酌情从宽处理；拖延甚至抗拒的，要从严从重处理。

4.《文化部关于专业出版社应严格按专业分工出书的通知》

1983年11月18日，文化部为了贯彻决定发出《文化部关于专业出版社应严格按专业分工出书的通知》。为了贯彻执行党中央和国务院的决定，通知强调严格按专业分工出书是加强出版管理、提高图书质量的一项重要措施。各专业出版社要集中力量出好本社分工范围内的各类图书，不要越出出版社的出书范围出版其他图书。各出版社在接到本通知后，请对各自的选题作一次清理并进行必要的调整。要求凡不属本专业的图书，自文到之日起不应继续组织出版。

5.《关于出版法律文件书籍的通知》

1985年10月9日，国家出版局发出《关于出版法律文件书籍的通知》（〔85〕出版字第320号）。1985年6月，全国法制宣传教育工作会议提出，争取用5年左右的时间在全体公民中基本普及法律常识。经与中宣部出版局、宣传局和司法部宣传司商议，特作如下规定：

各地拟出版的法律文件书籍的选题，必须报请当地党委宣传部或政府司法部门批准。已经批准的选题，属于宪法、基本法、法律、行政法规、地方性法规，限由各省、自治区、直辖市的党委宣传部或政府司法部门承担选编工作；专业法规，可由省一级的有关专业部门提出编选。

出版法律文件图书是一项很严肃的工作，各省、自治区、直辖市出版（文化）局、社，必须加强对这项工作的领导，各人民出版社要采取措施，确保图书质量。

国家出版局1985年10月9日发出通知后，1986年4月7日国家出版局针对"有的出版社没有按照该通知的规定执行"，发出《关于出版法律文件书籍的补充通知》(〔86〕出版字第320号)。通知指出，据了解，有的出版社没有按照该通知的规定执行，在编选出版法规书籍时，事先未经有关行政主管部门审阅，有的书对法规的解释与现行规定不符，有的法规尚未正式发表，不应对外公开或已经失效，也公开出版发行，从而造成混乱。各有关出版社必须明确认识，出版法律文件书籍是一件非常严肃的工作，绝不允许随意行事。

通知规定，凡汇集两个以上法规的汇编本，需分别逐一送经中央或地方有关行政主管部门审阅。

通知强调，各出版社已印或再印中的法规书籍，如未按上述规定送审的，自文到之日起立即补办送审手续；凡未经审阅批准的各类法规书一概不得发行，由各省、自治区、直辖市的出版行政管理部门监督执行，并对违反规定者负责进行处理。

国务院机构改革新闻出版署替代了国家出版局之后，也发布过贯彻中共中央和国务院决定的文件和有关出版分工的规定。

当时，这些文件对净化法规汇编编辑出版市场，起到了很大的作用，乱编滥印法规汇编现象有所收敛。国家对法规汇编编辑出版工作的管理，进一步规范化、制度化。这些管理法规汇编编辑出版文件规定，形成了对法规汇编编辑出版的有效管理和控制体系。但是，随着社会主义市场经济的扩大和发展，法规汇编编辑出版领域、市场还有或者产生、夹带新的泥沙，需要清理和管控。于是《法规汇编编辑出版管理规定》应时出台。回忆这段法规汇编编辑出版管理的历史背景，有利于了解我国法规汇编管理法制化的过程。

二、《法规汇编编辑出版管理规定》的出台

（一）制定《法规汇编编辑出版管理规定》的必要性

在社会主义法制建设中，到2000年初，我国已经制定了几百件法

律，上千件行政法规，数以万计的国务院部门规章、地方性法规和地方政府规章，基本上形成了比较完备的法律体系。为了使广大公民和机关、社会团体、企事业单位能及时了解和贯彻实施这些法律、法规，需要在系统整理的基础上将这些法律法规汇编成册，便于社会应用。新中国成立以来，有关部门按照国家出版专业分工管理的原则，编辑出版了各种形式的法规汇编，如全国人大常委会法工委编辑的《中华人民共和国法律汇编》，国务院法制局编辑的《中华人民共和国现行法规汇编》《中华人民共和国新法规汇编》《中华人民共和国涉外法规汇编》。国务院部门和各省、自治区、直辖市也及时编辑出版了本部门、本地区的法规规章汇编。这些法规汇编是国家法规规章的正式版本，受到社会各界的广泛欢迎。虽然法规汇编编辑出版工作取得很大成绩，但仍然存在一些问题。这些问题不容小视，有损法律法规的尊严，对法律法规的正确执行影响很大。国家执法部门和社会各界纷纷要求加强法规汇编编辑出版工作的管理，因此，制定《法规汇编编辑出版管理规定》十分必要。

（二）编辑出版法规汇编的意义

编辑出版法规汇编是我国法制建设的一项重要内容，是我国法制统一和尊严的一种体现。

法规汇编是我国社会必需的一种法制文化，法规汇编对社会影响很大。有人说，学生学习不能没有字典，学习英语不能没有词典，学习法律不能没有法规汇编，可见出版法规汇编的意义之大。

（三）法规汇编为全社会提供国家法定的法律、法规、规章标准文本

全国人大，国务院，国务院各部门，各省、市、自治区出版的法律法规规章汇编体现法律法规规章的标准和权威。

（四）《法规汇编编辑出版管理规定》所管理的法规汇编

《法规汇编编辑出版管理规定》管理的法规汇编是指出版社正式出

版，在社会上公开发行的出版物。从内容上看，包括法律汇编、行政法规汇编以及国务院各部门的规章汇编、地方性法规、地方政府规章汇编，还有选收部分法规的选编、类编或者大全等其他形式的法规汇编等公开出版物，都在规定的管理范围之内。

（五）《法规汇编编辑出版管理规定》的管理原则及出版专业分工的规定

规定对法规汇编编辑出版实行集中统一管理，分工负责的原则。我国依据宪法和有关组织法中关于法律、行政法规、国务院部门规章以及地方性法规、地方政府规章制定权限的规定和国家有关出版专业分工的规定，对编辑出版法规汇编的部门、出版社的职责权限作了分工。一方面规定了有权编辑出版法规汇编的各部门和出版社的分工权限以及相应的法律责任，同时，考虑到现实的状况和工作需要，规定还允许有关机关、团体、企事业单位组织自行或者委托精通法律的专业人员编印供内部使用的法规汇集。

（六）《法规汇编编辑出版管理规定（草案）》修改情况

1.征求意见

国务院法制局是负责各部门报国务院的行政法规草案和自己起草的行政法规草案协调审查机构。在法规草案正式上报国务院之前，要对国务院各部门、各地方进行协调，在取得一致意见的基础上，才能上报国务院审议。《法规汇编编辑出版管理规定（草案）》（以下简称《规定》草案）是国务院法制局自己负责起草的法规草案，同样履行征求意见、协调汇报程序。

（1）国务院法制局发出《关于征求〈法规汇编编辑出版暂行规定〉意见的函》

1989年9月4日，国务院法制局向国务院部委局、办公厅、出版社发函征求意见。发函时法规的名称还叫《法规汇编编辑出版暂行规定》。函中要求，为了加强对法规汇编编辑出版工作的管理，提高法规汇编编辑出版质量，维护社会主义法制的统一和尊严，国务院法制局和新闻出版署共同起草了《法规汇编编辑出版暂行规定》，现将《规定》草案发给你们，请研究提出意见，并请于1989年9月20日前将意见函告我局法规检查司。《规定》草案是我司具体负责起草的，所以具体事务由我司负责。

（2）法规草案征求意见座谈会

《规定》草案在正式上报国务院之前，国务院法制局曾于1989年9月、10月和1990年3月先后三次征求全国人大常委会法工委等单位的意见。在历次征求意见中，全国人大常委会法工委领导和参加法规草案座谈会的同志都完全赞同国务院制定这个规定，对《规定》草案的内容也基本同意，没有提出实质性的修改意见。参加座谈会的单位有全国人大常委会法工委、最高人民法院、最高人民检察院、军委法制局、国务院各部门及各省、市、自治区，还有在京的有关十多家出版社。在另一次座谈会上，全国人大常委会法工委对专业分工出书提出过不同意见。

（3）新闻出版署关于对《法规汇编编辑出版管理规定（草案）》的修改意见给国务院领导的报告

1990年3月18日，新闻出版署以（90）新出图字第591号文，向国务院领导提交报告，对有的单位在座谈会上提出"负责审定法规汇编书稿的单位强调要由他们选择出版法规汇编的出版社"的意见，阐述新闻出版署的意见。新闻出版署指出，这一要求违背了党中央和国务院按专业分工出书的规定。1983年《中共中央、国务院关于加强出版工作的决定》（中发〔1983〕24号）明确指出，"不同性质的出版社，要按照各自的分工和特点，确定出书范围"，"各出版社都不得越出确定的出书范围"。1989年9月16日中共中央办公厅、国务院办公厅发布的《关于整顿、清理书报刊和音像市场，严厉打击犯罪活动的通知》（中办发〔1989〕13

号）重申了这一规定。坚持按专业分工出书，对于保证出书质量，有重要意义，《法规汇编编辑出版管理规定》应该遵守按专业分工出书的出版管理规定。

（4）召开座谈会研究在编、在印的法规汇编如何处理等实施中的问题

1990年4月18日，国务院法制局和新闻出版署联合召开座谈会，研究《规定》草案一旦由国务院正式发布后，对正在编辑或者在印厂印刷的法规汇编如何处理等具体问题。会上，有的提出，应当由法制局、新闻出版署、国家工商行政管理局联合发一个贯彻规定的通知，对实施中的一些具体问题作出规定。

2.国务院法制局向国务院领导汇报

国务院法制局向国务院领导汇报《规定》草案修改情况。1990年4月27日，国务院领导对全国人大常委会法工委关于《法规汇编编辑出版管理规定（草案）》的几点意见作出批示。1990年6月1日，国务院领导对新闻出版署关于《法规汇编编辑出版管理规定（草案）》修改意见也作出批示。1990年7月7日，国务院法制局按照国务院领导这两个"批示"向国务院领导作《规定》草案修改情况的汇报。

3.国务院发布《法规汇编编辑出版管理规定》

《规定》草案几易其稿，在各方取得一致意见的基础上，于1990年4月5日，经国务院法制局签字，新闻出版署会签后，《规定》草案正式报国务院领导审批。国务院于1990年7月29日发布《法规汇编编辑出版管理规定》（国务院令第63号）。这是我国法制建设的一个特点，在世界各国法规汇编领域，以国家行政法规规范法规汇编编辑出版，尚不多见。《法规汇编编辑出版管理规定》的出台，标志着我国法规汇编编辑出版管理，在真正意义上实现法制化。

4.国务院法制局上报国务院的规定稿与国务院发布规定稿的修改

1990年6月25日，国务院法制局将国务院法制局和新闻出版署共同

起草的《法规汇编编辑出版管理规定（草案）》稿及说明，正式上报国务院审批。1990年7月29日，国务院以中华人民共和国国务院令第63号发布《法规汇编编辑出版管理规定》，自发布之日起施行。国务院发布稿对国务院法制局上报稿作如下修改：

（1）删掉一条。1990年6月25日送审稿共19条，1990年7月29日发布稿第12条"出版法规汇编所需要的纸张等物质供应，应当列入国家计划给予保证"删掉。送审稿共19条，发布稿共18条。

（2）1990年6月25日送审稿第13条"法规汇编的发行，由新华书店负责，各地新华书店应当认真做好征订工作"，作为1990年7月29日发布稿第12条；送审稿第13条第2款"有条件的出版社也可以代办部分征订工作"作为发布稿第12条第2款。

（3）送审稿第14条作为发布稿第13条；送审稿第15条作为发布稿第14条；送审稿第16条、第17条、第18条、第19条，分别作为发布稿第15条、第16条、第17条、第18条。

三、法规汇编编辑出版管理制度的十大要点

（一）法规汇编编辑出版制度实行统一管理

我国党和政府非常重视法规汇编编辑出版，认为法规汇编编辑出版是有关维护社会主义法制的统一和尊严的一项重要和严肃的工作，需要党和政府统一管理。

（二）法规汇编实行正式版本制度

依照《法规汇编编辑出版管理规定》编辑出版的法规汇编，被明确法定为国家出版的法规汇编正式版本，除此之外的法规汇编不是国家出版的正式版本。

（三）编辑法规汇编实行分工制度

全国人大常委会法工委和国务院法制局（2019年修订后是司法部）可以编辑法律、行政法规、部门规章、地方性法规和地方政府规章的综合性法规汇编；行政法规汇编由国务院法制局编辑；中央军事委员会法制局可以编辑有关军事方面的法律、法规、条令汇编；国务院各部门可以依照本部门职责范围编辑专业性的法律、行政法规和部门规章汇编；具有地方性法规和地方政府规章制定权的地方各级人大常委会和地方各级人民政府可以编辑本地区制定的地方性法规和地方政府规章汇编。

（四）对法规汇编编辑出版的限制

《法规汇编编辑出版管理规定》第5条第1款规定，根据工作、学习、教学、研究需要，有关机关、团体、企业事业组织可以自行或者委托精通法律的专业人员编印供内部使用的法规汇集；需要正式出版的，应当经出版行政管理部门核准。第2款规定，除前款规定外，个人不得编辑法规汇编。

（五）"法规汇集"如需正式出版应经管理部门核准

"法规汇集"一般是供内部使用的学习、研究的资料汇集，不是法律法规正式文本，一般不需要正式出版。确需正式出版的，应当经出版行政管理部核准、审批。

（六）出版法规汇编实行专业分工

法律汇编由全国人大常委会法工委选择中央一级出版社出版；行政法规汇编由国务院法制局选择中央一级出版社出版；军事法规汇编由中央军委法制局选择中央一级出版社出版；国务院部门规章汇编由国务院各部门选择中央一级出版社出版；地方性法规和地方政府规章汇编由有

地方性法规、地方政府规章制定权的地方人大常委会和地方政府选择中央一级出版社或者地方出版社出版；国家出版的民族文版、外文版法律汇编、行政法规汇编分别由全国人大常委会法工委、国务院法制局协助审定，由国家民族、外文出版社出版。

（七）编辑法规汇编的质量要求

1.选用的法律法规准确。收入法规汇编的法律法规必须准确无误。如果收入废止或者失效的法律法规，必须注明清楚。现行法规汇编不得收入废止或者失效的法律法规。

2.内容完整。收入法规汇编的法律法规名称、批准或者发布机关、批准或者发布日期、章节条款等内容亦应全部编入，不得随意删减或者改动。

3.编排有序、科学。法规汇编应当按照分类科学、排列顺序严谨的原则，精心编排。

4.出版法规汇编，必须保证印刷质量，质量标准要符合国家有关规定。

（八）国家出版的正式版本可以在汇编封面上加印国徽，法规汇集不得加印国徽

按照《法规汇编编辑出版管理规定》编辑的法规汇编，法定可以在汇编上加印国徽，法规汇集不得加印国徽。

（九）擅自出版法规汇编的，可以给予当事人行政处罚

违反《法规汇编编辑出版管理规定》，擅自出版法规汇编的当事人，出版行政管理部门或者工商行政管理部门可以给予：警告；停止出售；没收或者销毁；没收非法收入；罚款；停业整顿；撤销出版登记；吊销营业执照等八种行政处罚。当事人不服行政处罚的可以申请行政复议，或者向人民法院提起诉讼，逾期不申请行政复议也不提起诉讼又不履行行政处罚决定的，作出行政处罚决定的机关可以申请人民法院强制执行。

第四章
红色政权早期革命根据地四种法律法令汇编

我党和政府历来重视用法律法规法令来引导、管理社会政治、经济、文化、教育及各个方面。早在红色政权革命根据地时期就编印过多种政策法令汇编,成为依法治国最早的一种基石。我能见到的有四种,介绍给读者。

一、《中华苏维埃共和国法典》

(一)发现珍贵的"法典"

2013年5月,四川省泸州市中级人民法院退休法官王朝俊来到泸州市图书馆,向馆方出示了一部有些破损的小册子,在场人员惊讶地看到,竟然是一部《中华苏维埃共和国法典》(第二集)。王朝俊表示,这部法典是由他父亲传给他保管至今的。王朝俊的老家在四川省古蔺县丹桂镇洗马村。1935年,红军三渡赤水时途经此村,有几名红军在他家借住几天。离开时,其中一位红军干部为感谢他家的盛情款待,提出要报答,王朝俊的父亲王政坤不愿意接受红军的财物,红军干部便将随身携带的一本书赠送他作为纪念。王朝俊的父亲不识字,但通过几天的接触,觉得红军跟别的部队不一样,待人和气,很讲规矩,常把房前屋后打扫得干干净净。因此王政坤觉得这位红军干部留下的书一定是好书,便冒着危险，将这部"法典"藏于家中，流传下来。

（二）《中华苏维埃共和国法典》的装帧

这本法典的开本尺寸是18.1cm×12.2cm，按现在书刊开本尺寸标准，这部法典开本尺寸属于32开。标准铅体字，字迹清晰，印刷精致，共76页。竖排，每页13行，每行36个字。原书封面、封底破损，现泸州市图书馆已通过技术手段修复，修复后的法典一书，正文《中华苏维埃共和国中央执行委员会关于重新颁布劳动法的决议》为本书第一页。

（三）内容

这部法典汇编了7部中华苏维埃共和国法律法规，包括《中华苏维埃共和国劳动法》《中华苏维埃共和国土地法》《中华苏维埃共和国婚姻法》《中华苏维埃共和国司法程序》《中华苏维埃共和国惩治反革命条例》《中华苏维埃共和国违反劳动法令惩罚条例》《中华苏维埃共和国中央执行委员会命令第二十五号》。其中，劳动法内容涉及工作时间、工资、津贴、休假时间、妇女及未成年人的劳动，劳动保护、合同等。该法规定，所有从事各项工作的劳动者，每日工作时间不得超过8小时。对凡受雇佣的劳动者，均适用。《中华苏维埃共和国婚姻法》规定，男女婚姻自由，实行一夫一妻制。现在新中国的相关法律的规定与这些规定一脉相承，是中华苏维埃共和国基本制度的延续。

该法典所汇编的法律法令均以"中华苏维埃共和国中央执行委员会命令"公布。例如，《中华苏维埃共和国婚姻法》的颁布命令全文如下：

中华苏维埃共和国中央执行委员会命令

中字第七号

兹制定婚姻法公布之。一九三一年十二月一日颁布的中华苏维埃共和国婚姻条例自本法公布之日起作废。

主　席　毛泽东

副主席　项　英

张国焘

一九三四年四月八日

原件是竖排，命令题目原粗黑体一号字。这部法律是在中华苏维埃共和国首都江西瑞金制定公布的，当时张国焘没在江西苏区，他署上"副主席"，应该只是名义。

（四）这部法典的意义

这部法典使我们看到新中国法律制度的雏形。这部法典可以说是新中国法律制度的摇篮，是红色政权对国家政权建设的一次尝试。我们党一开始在严峻、艰苦的革命战争时期就重视依法治理国家、社会。这部法典表现的法制精神和法治理念，公平、正义、平等、自由对现实有指导意义，我们应当传承。

二、《苏维埃法令》

这部法令汇编文献，是"中华苏维埃共和国中央政府办事处"于1935年1月印发的。

（一）开本及封面

本书纸张较白，长17.3cm，宽12.3cm，按现在书刊开本标准尺寸，本书应属于32开本。封面精致、漂亮。三色套红，封面书名上方套红红五星，红五星下方竖排，套红"苏维埃法令"五个字书名，字体为美术体。"苏维埃法令"五字靠近书口，"法"字旁靠下，布镰刀斧头中国共产党党徽，为庄重、凸显，党徽图案颜色红底衬黑。

封面上方，红五星左侧，用美术体横书"苏维埃中国万岁"七字，"岁"字后冠"！"号，为"苏维埃中国万岁！"，生动的标语底下，用红粗横线装饰。

封面左下竖排"1935"，"35"旁标注粗阿拉伯数字"1"，其"1"字两旁下印有两点，形成".1."，整个图形代表"1935年1月"。

竖排年月下，用美术字粗黑体横书"中华苏维埃共和国"，"中华苏维埃共和国"与"法令"对应两侧有艺术修饰图案。封面下方，用铅字体加粗注明"中央政府办事处印发"。整个封面美观、大方，政治表现力强，与当时的国统区出版物有显著不同，具有红色政权的强劲感染力。

（二）内容介绍

《中华苏维埃共和国》在摧毁国民党旧法体系的基础上，开展法制建设。本书是中华苏维埃中央政府办事处印发的代表红色政权法制建设的苏维埃法令汇编，收录130多部法律法规。包括：1934年1月第二次全国苏维埃代表大会通过的苏维埃共和国宪法大纲、1933年中华苏维埃共和国中央执行委员会颁布的苏维埃劳动法、1931年中华工农兵苏维埃第一次全国代表大会通过的苏维埃土地法等。在《中华苏维埃共和国宪法大纲》里，明确了中华苏维埃的国体和政体、国家性质、国家最高权力机构、地方政权机构、中华苏维埃公民享受的权利义务等。中华苏维埃共和国以宪法为基础，还包括《中华苏维埃共和国中央苏维埃组织法》《中华苏维埃共和国地方苏维埃暂行组织法（草案）》等苏维埃国家组织法，以及《中华苏维埃共和国的选举细则》《中华苏维埃共和国选举委员会的工作细则》等多部选举法和法令。在国家管理和公民权利义务类中，有《中华苏维埃共和国婚姻法》《中华苏维埃共和国劳动法》等30多部法律法令，也有刑事和刑事诉讼法法律法令，初步形成了配套的苏维埃共和国法律体系，基本适应苏维埃共和国社会经济、政治、管理、文化生活对法律法令的需要，为巩固中华苏维埃政权，保障革命战争得到胜利，发挥了促进作用，也成为后来我国社会主义法制建设的根基。

三、《抗日根据地政策条例汇集》

（一）《抗日根据地政策条例汇集》第一辑陕甘宁之部（上册）

《抗日根据地政策条例汇集》第一辑陕甘宁之部（上册）由陕甘宁边区政府1942年7月18日编制。本汇集书，开本尺寸为17.5cm×12.7cm，按现在书刊32开本尺寸标准，该书应该属小32开。浅黄草纸，铅印。封面有套红三斜线装饰，书名"抗日根据地政策条例汇集"为铅字体，黑色。封面左上部印三号字"陕甘宁之部"，之下，印有"（1）"。该书分上、中、下三册，现只见到上、中两册。上册正文238页，目录6页，后附2页勘误表。中册目录6页，正文从268页开始，结尾487页。上、中、下三册共收254部法规条例。上册收72件，上册分"施政纲领""政权建设""武装动员"三大类。"政权建设"又分甲、乙两个二级类目，分别是"关于政权机构的"和"内政"，"关于政权机构的"内再分"现行的"和"已废的"两个三级类目。"武装动员"大类又分甲、乙两个二级类目，分别是"武装动员"和"群众运动"，其中甲类再分"现行的"和"已废的"两个三级类目。

上册在"施政纲领"里收录《陕甘宁边区施政纲领》（三十年十一月）、《陕甘宁边区抗战时期施政纲领》（二十八年四月）、《陕甘宁边区第一届参议会告边区同胞书》（二十八年二月）等5件。在"政权建设"类里收录《陕甘宁边区政府组织条例》（二十八年四月）、《陕甘宁边区各乡市政府组织暂行条例》（三十一年一月）、《陕甘宁边区参议会会议规程》（三十一年四月）、《选举条例的解释及其实施》（三十一年四月）、《陕甘宁边区政府系统第二次精兵简政方案》（三十一年六月）等20件。

在"武装动员及群众运动"类收录《陕甘宁边区抗日自卫军组织条例》（三十一年四月）、《陕甘宁边区抗日少年先锋队组织条例（草案）》（没标注制定时间）、《陕甘宁边区优待抗属代耕工作细则》（三十年八月）、《陕甘宁边区政府关于护送伤兵办法的规定》（三十年四月）、《陕甘宁边区政府关于动员及代雇民夫牲口的规定》（二十九年七月）、《陕甘宁边区抗战期间工会组织条例（草案）》（没标注制定时间）、《陕甘宁边区战时工厂集体合同暂行准则》（二十九年十一月）、《陕甘宁边区各界妇女联合会简章》（没标注制定时间）等29件。

通过阅读这部法规汇编文献，可以体会到红色革命根据地的政治民主和各界法治的管理与指导。在我看来这部法规汇编文献的"例言"较有特点，看完不但能了解本书的全貌，也能看到在别处很难看到的关于陕甘宁边区的情况。所以，我把本书的"例言"全文介绍给广大读者。

"例言"全文：

（一）陕甘宁边区，系国共合作后，于民国二十六年秋由陕甘宁苏维埃区改编而来的。现在行政上共有四个分区专署，二十九个县政府，一个市政府，和一个等于县治的办事处。绥德分区所属，为绥德、清涧、吴堡、米脂、葭县等五县。关中分区所属，为新正、新宁、赤水、淳耀等四县，及同宜耀办事处。陇东分区所属，为庆阳、合水、镇原、曲子、环县、华池等六县。三边分区所属，为定边、盐池、吴旗（今年新划的）等三县。边府直属的，为延安、鄜县、甘泉、固林、延长、延川、安定（现改为子长）、安塞、志丹、靖边、神府等十一县及延安市。

（二）本辑目录所列纲领、宣言、条例、办法、决定、命令、指示信等各类文件计共二百五十四件，内缺者三件，略者八件，草案二十件，但这些草案，大多都已实行，所以实际上是暂行条例的性质，和一般立法习惯上仅供讨论，未曾公布的草案，殊不相同。

（三）因为新民主主义的政权，是正在建设创造的过程中，而且处在目前战争环境下的现实是时刻变化的，因之，一切条例办法在实施中都在不断的变更与改进着。这些变更中之重要的地方，编者已简略的加以注释了。

（四）本辑编印的主要目的，是供研究参考之用，所以将有些废止了的，全部或一部失去时效的，或正在修订中的文件也收集在内了。希望阅者能历史的全面的看待这些文件。

（五）有些重要文件，因一时找不见，没有收集在内，编者认为是一大缺憾，只好期待于再版时，能够填补起来。又，本辑编印仓促，错误或欠妥的地方，一定不少，希阅者不吝批评指正，以便修订。

编者

三十一年七月十八日

（即1942年7月18日，作者注）

（二）《抗日根据地政策条例汇集》第一辑陕甘宁之部（中册）

其目录为：

四、财政经济

甲、财务行政

现行的：

（一）陕甘宁边区三十一年度财政实行统筹统支办法（三十年十二月）

（二）陕甘宁边区第二届参议会关于税收工作的决议（三十年十一月）

（三）陕甘宁边区实行预算章程（草案）

（四）陕甘宁边区暂行决算章程（草案）

（五）陕甘宁边区各级政府、部队、机关编制预算分配表章程（草案）

（六）陕甘宁边区各级政府、部队、机关、学校编制支付预算章程（草案）

（七）陕甘宁边区财政厅金库条例（三十年一月）

（八）陕甘宁边区各县市地方财政收入暂行章程（三十年一月）

（九）陕甘宁边区公产管理办法（三十年一月）

已废的：

（一）陕甘宁边区财政厅财务费支付办法

（二）陕甘宁边区政府财政厅巡视团章程

乙、税务规程

现行的：

（一）陕甘宁边区政府布告（三十年十月）

（二）陕甘宁边区货物税修正暂行条例（三十年十月）

附：货物税税率表三种

（三）陕甘宁边区营业税修正暂行条例（三十年十月）

附：边区营业税率表

（四）陕甘宁边区货物税修正暂行条例实行细则

（五）陕甘宁边区营业税修正条例实行细则

（六）陕甘宁边区税务机关发给烟酒牌照手续暨缴费办法

（七）陕甘宁边区牲畜买卖手续费征收办法

（八）陕甘宁边区货物税估价委员会组织章程

（九）陕甘宁边区货物免税减税暂行办法

（十）陕甘宁边区税务机关退税还税办法

（十一）陕甘宁边区税务总局发给缉私奖金办法

（十二）陕甘宁边区货物税贴用印花查验证暨查验办法

（十三）陕甘宁边区各级税务机关组织规程

（十四）陕甘宁边区税务总局办事细则

（十五）陕甘宁边区税务总局督察人员办事程序

（十六）陕甘宁边区各级税务机关公文暂行规则

（十七）陕甘宁边区税务人员移交规则

（十八）陕甘宁边区税务人员奖惩规则

（十九）陕甘宁边区各级税务机关税款报解规则

（二十）陕甘宁边区各级税务机关领发票照暨保管办法

（二一）陕甘宁边区各级税务局所经常费各项开支暂行准则

附：税务人员待遇及抚恤办法

附：税法用语浅释

（二二）陕甘宁边区各县市税务局三十一年度营业税征收程序

（二三）陕甘宁边区斗佣暨牲畜买卖手续费承包暂行办理法

（二四）陕甘宁边区斗佣征收暂行办法

（二五）陕甘宁边区税警人员办事程序

已废的：

（一）陕甘宁边区货物税暂行条例（二十九年五月）

（二）陕甘宁边区货物税率

（三）陕甘宁边区商业税暂行条例（三十年一月）

附：边区商业税率表

丙、经食规程

现行的：

（一）陕甘宁边区政府三十年度征收救国公粮条例

（二）陕甘宁边区政府三十年度征收公草办法

（三）陕甘宁边区禁止粮食出境修正暂行条例

（四）陕甘宁边区粮食局组织规程

（五）陕甘宁边区粮食局各级仓库组织章程

（六）陕甘宁边区平粜处章程

（七）陕甘宁边区粮食局办事细则

（八）陕甘宁边区各级机关部队编造粮食马乾支付预计算规则

（九）陕甘宁边区仓库工作人员奖惩规则

（十）陕甘宁边区粮食工作人员移交规则

（十一）陕甘宁边区粮食局运输规则

（十二）陕甘宁边区各级粮食机关会报规则

（十三）陕甘宁边区粮食局各级仓库经常费暂定开支准则

附：仓库工作人员待遇办法

（十四）陕甘宁边区粮食局各级仓库管理办法

（十五）陕甘宁边区公草管理办法

（十六）陕甘宁边区粮草料票领发使用办法

（十七）陕甘宁边区粮食局各级仓库修理标准暂行办法

（十八）陕甘宁边区粮食局统一使用斗秤暂行办法

（十九）陕甘宁边区粮食局运输人员待遇抚恤办法

附：征粮工作团工作纲要

（二十）陕甘宁边区政府关于确定三十一年度征粮草数和废除羊子税命令（三十一年四月）

四、《陕甘宁边区重要政策法令汇编》

这部重要政策法令汇编由陕甘宁边区政府秘书处编印，1949年12月出版。这部珍贵法律文献的开本尺寸为26cm×18.4cm，按现在的书刊开本标准，这本书应该属于大32开本。封面白底，书名"陕甘宁边区重要政策法令汇编"，行书套红。本书有"陕甘宁边区重要政策法令汇编目录"6页，正文238页。收录116部政策法令，分甲、乙、丙三大类，分别是：甲、抗日战争时期的重要文献；乙、解放战争时期的重要文献；丙、现行的重要政策法令。甲、乙两类没细分，丙类细分为8个二级类目，分别是：一、政制；二、民政；三、财政；四、教育；五、生产建设；六、金融；七、工矿商；八、交通。

这部法令汇编，法条精练，非法言法语，法意表达大众化，但用语意明准确，内容丰富，反映了陕甘宁边区社会生活管理各个方面，对现时立法及法律制度建设也有借鉴意义。我把这本书的目录介绍给读者，共同研读我党早期法治思想和人民政府与广大人民群众处处心连心的领导艺术。

陕甘宁边区重要政策法令汇编目录

甲、抗日战争时期的重要文献

1. 陕甘宁边区政府、八路军后方留守处联合布告（一九三八年五月十五日）

2. 陕甘宁边区施政纲领（一九四一年十一月）

3. 陕甘宁边区简政实施纲要（一九四三年三月边区政府委员会第三次会议通过）

4. 陕甘宁边区政纪总则草案（一九四三年四月二十五日颁布）

5. 陕甘宁边区政务人员公约（一九四三年五月八日）

6. 陕甘宁边区地权条例草案（一九四四年边区政府委员会第四次会议通过）

7. 陕甘宁边区土地租佃条例草案（一九四二年十二月二十九日公布）

8. 陕甘宁边区政府土地典当纠纷处理原则及旧债纠纷处理原则（一九四三年九月十四日）

9. 陕甘宁边区政府关于查租减租的指示（一九四六年）

10. 陕甘宁边区关于拥护军队的决定（一九四三年一月十五日公布）

11. 陕甘宁边区关于拥军工作的指示（一九四四年一月九日）

12. 留守兵团司令部及政治部关于拥护政府爱护人民的决定（一九四三年一月廿五日）

13. 留守兵团拥政爱民公约（一九四三年一月）

14. 陕甘宁边区政府关于今年选举工作的训令（一九四五年九月六日）

15. 陕甘宁边区参议会驻会委员会、陕甘宁边区政府联合通知（一九四五年十月十四日）

16. 陕甘宁边区政府选举委员会关于今年乡选工作致各专员、县（市）长的信（一九四五年十月廿七日）

17.陕甘宁边区一九四二年经济建设计划大纲（一九四二年一月）

18.陕甘宁边区优待移民难民垦荒条例（一九四三年三月一日）

19.陕甘宁边区一九四二年春耕运动工作办法（一九四二年二月）

20.陕甘宁边区政府为增产粮食给各专员、县（市）长信（一九四五年十二月十七日）

21.陕甘宁边区政府为征九万石公粮给各专员、县长的指示信（一九四〇年十一月）

22.西北局关于贯彻合作社联席会决议的决定（一九四四年七月九日）

23.西北局关于争取工业全部自给的决定（一九四四年五月二十九日）

24.陕甘宁边区政府委员会、参议会常驻议会联席会议关于召开劳动英雄工作者大会及生产展览会大会的决定（一九四四年七月十八日）

25.陕甘宁边区政府关于提倡研究范例及试行民办小学的指示（一九四四年四月十八日）

26.陕甘宁边区政府关于今年冬学的指示信（一九四四年六月三日）

27.陕甘宁边区为公布防奸公约的指示（一九四四年一月十七日）

28.关于改善司法工作（一九四四年一月六日林主席在边区政府委员会关于边区政府一年工作总结报告的一部分）

29.陕甘宁边区政府关于普及调解、总结判例、清理监所指示信（一九四四年六月六日）

30.边区民主政治的新阶段（一九四四年十二月林主席在边区参议会上的报告）

乙、解放战争时期的重要文献

31.边区建设的新阶段（一九四六年四月四日林主席关于政府工作报告）

32.陕甘宁边区政府第二次政府委员会决议（草案）（一九四六年十二月）

33. 陕甘宁边区政府为废除蒋美通商航海条约规定十一月四日为国耻纪念日命令（一九四七年一月十五日）

34. 陕甘宁边区政府为增加自卫力量实行补充地方部队保卫秋收及拥军节约的指示（一九四六年九月十九日）

35. 陕甘宁边区政府关于贯彻土地改革准备明年生产加强民兵整训以支持战争胜利的指示信（一九四六年十二月廿八日）

36. 陕甘宁边区政府战时教育方案（一九四六年十二月十日）

37. 陕甘宁边区政府关于治安工作的指示（一九四六年九月二十三日）

38. 陕甘宁边区政府紧急动员令（一九四七年三月二十三日）

39. 陕甘宁边区政府参军动员令（一九四七年五月二十七日）

40. 陕甘宁边区政府关于发动群众对敌斗争及注意对干部教育奖惩的电令（一九四七年四月二十八日）

41. 陕甘宁边区政府关于战勤工作的指示（一九四七年四月二十八日）

42. 陕甘宁边区政府关于粉碎敌军"清剿"的指示（一九四七年六月二十一日）

43. 陕甘宁边区政府为加强各级政府对战时邮政工作之领导以保护邮路畅通的命令（一九四七年六月二十八日）

44. 陕甘宁边区政府关于粮食问题的指示（一九四七年四月二十六日）

45. 陕甘宁边区政府关于开展春耕运动的紧急指示（一九四七年四月二十九日）

46. 陕甘宁边区政府对夏收夏耕的紧急指示（一九四七年七月一日）

47. 陕甘宁边区政府、陕甘宁晋绥联防司令部关于秋收动员令（一九四七年十月一日）

48. 陕甘宁边区政府为加强生产备荒的指示（一九四七年九月七日）

49. 陕甘宁边区关于运粮工作的信（一九四八年一月十一日）

50. 陕甘宁边区政府、中共中央西北局关于搜集早粮春菜籽种的通知（一九四八年一月十日）

51.陕甘宁边区政府关于号召各机关部队学校生产节约救灾通知（一九四八年六月七日）

52.陕甘宁边区政府关于收容蒋胡匪灾难童的通知（一九四八年三月十三日）

53.陕甘宁边区政府关于组织防疫治疗工作的指示信（一九四八年二月七日）

54.西北局、陕甘宁边区政府关于开展一九四八年春耕运动的指示

55.革命战争中一年来政府工作（林主席在一九四八年二月二十七日边区常驻议员政府委员扩大联席会议上的报告）

56.一九四八年恢复与发展边区农工商业合作社及运输业计划（一九四八年三月一日）

57.陕甘宁边区政府关于调剂土地确定地权的布告（一九四八年九月）

58.陕甘宁边区政府关于保护工商业布告（一九四八年三月三十一日）

59.陕甘宁边区政府关于恢复老区国民教育工作的指示（一九四八年七月八日）

60.陕甘宁边区政府关于老区中等教育工作的指示（一九四八年七月十三日）

61.中共中央西北局关于黄龙新区学校教育的指示（一九四八年）

62.陕甘宁边区政府关于开展黄龙分区国民教育的指示（一九四八年十一月二日）

63.陕甘宁边区政府关于黄龙分区中等学校工作的指示（一九四八年十月卅日）

64.陕甘宁边区政府关于巩固边区金融的布告（一九四八年三月）

65.陕甘宁边区政府为揭破敌"币制改革"实质彻底肃清敌币紧急指示（一九四八年八月二十七日）

66.刘代主席在联席会议上的报告（一九四九年二月）

丙、现行的重要政策法令

一、政制

67.陕甘宁边区政府暂行组织规程（一九四九年二月九日在联席会议通过）

68.陕甘宁边区政府办事细则（一九四九年四月公布）

69.陕甘宁边区政府关于厉行工作报告制度的指示（一九四八年八月十七日）

70.陕甘宁边区政府关于健全报告和请示制度的指示（一九四九年四月）

二、民政

71.陕甘宁边区政府、第一野战军政治部为统一决定战勤动员通令（一九四九年七月一日）

72.陕甘宁边区人民战时服勤暂行办法（一九四九年）

73.陕甘宁边区政府为新区城市战勤费决定随营业税征收命令（一九四九年十一月二日）

74.陕甘宁边区政府为清理战勤工作的命令（一九四九年十一月二十六日）

75.陕甘宁边区优待革命军人、烈士家属条例（一九四八年十月二十七日颁行）

76.陕甘宁边区土地房窑登记办法（一九四八年）

77.陕甘宁边区人民团体登记办法（一九四九年十月三十一日公布）

78.陕甘宁边区政府为救济新区灾难民命令（一九四九年九月二十日）

79.陕甘宁边区政府关于一九四九年防疫卫生工作的指示（一九四八年十二月二十八日）

三、财政

80.陕甘宁边区政府关于复查评产工作指示（一九四九年五月五日）

81.陕甘宁边区农业税暂行条例（一九四九年七月二十二日颁行）

82.陕甘宁边区新区征收公粮暂行办法（一九四九年六月三十日）

83. 陕甘宁边区政府关于征收一九四九年度公粮命令（一九四九年七月三十日）

84. 陕甘宁边区政府征收公粮代金布告（一九四九年七月）

85. 陕甘宁边区政府关于本年度征粮工作补充指示（一九四九年八月三十日）

86. 陕甘宁边区关于颁布货物税暂行条例布告（一九四九年十月二十三日）

87. 陕甘宁边区印花费暂行条例（一九四九年十月二十二日）

88. 陕甘宁边区政府营业税暂行条例（一九四九年七月十二日颁行）

89. 陕甘宁边区为规定煤类等税率命令（一九四九年八月三十一日）

90. 陕甘宁边区为规定边产货物出境只收一次产销税命令（一九四九年九月十三日）

91. 陕甘宁边区政府为营利事业所得税改为按季征收通令（一九四九年九月十三日）

92. 陕甘宁边区政府关于各地接收敌伪物资应由物资处理委员会统一分配处理的指示（一九四九年十二月九日）

四、教育

93. 陕甘宁边区政府关于目前新区国民教育改革的指示（一九四九年七月二十一日）

94. 陕甘宁边区政府关于新解放区中等学校改革的指示（一九四九年八月二十五日）

95. 陕甘宁边区政府关于一九四九年至一九五零年冬学工作的指示（一九四九年十一月三日）

96. 陕甘宁边区政府为收集革命文献的通令（一九四九年十二月二日）

五、生产建设

97. 中共中央西北局关于今年农业生产的指示（一九四九年）

98. 陕甘宁边区政府关于救济春荒的指示（一九四九年三月十九日）

99. 陕甘宁边区政府农业厅、西北农民银行关于目前发放农贷的指示

（一九四九年四月七日）

100.陕甘宁边区发展牧畜暂行办法（一九四九年四月）

101.陕甘宁边区政府、西北军区司令部关于保护森林布告（一九四九年十一月十一日）

102.陕甘宁边区政府关于关中种麦收棉指示（一九四九年九月五日）

103.陕甘宁边区政府为认真领导群众进行生产防止明年春荒的指示（一九四九年十二月二十七日）

104.陕甘宁边区政府为保护农场苗圃以及名胜古迹公共场所布告（一九四九年七月）

六、金融

105.陕甘宁边区贷款暂行条例（一九四九年）

106.陕甘宁边区关于管理银洋布告（一九四九年八月二十五日）

107.陕甘宁边区金银管理暂行办法（一九四九年十月二十二日公布）

七、工矿商

108.陕甘宁边区矿业开采管理暂行办法（一九四九年十一月一日）

109.陕甘宁边区工矿商业登记暂行办法（一九四九年八月八日）

110.陕甘宁边区商标注册办法（一九四九年八月）

111.陕甘宁边区煤矿煤质检查暂行办法（一九四九年十月十三日公布）

112.陕甘宁边区政府为废除煤矿生产大班制办法命令（一九四九年十月廿六日）

113.陕甘宁边区棉花检验暂行办法（一九四九年十一月九日）

114.国营公营工厂企业中建立工厂与工厂职工代表会议的组织规程（一九四九年十月二十五日）

八、交通

115.陕甘宁边区政府关于保护公路的指示（一九四九年三月四日）

116.陕甘宁边区政府为养护西兰路禁止铁轮大车通行命令（一九四九年九月二日）

（作者注：为阅读和查找方便，作者对目录加了顺序编号）

第五章

读四部法律法令汇编的几点感受

书籍是国家文化的标识和符号。《中华苏维埃共和国法典》《苏维埃法令》《抗日根据地政策条例汇集》《陕甘宁边区重要政策法令汇编》四部法律法令汇编，是江西瑞金苏维埃根据地和陕甘宁根据地民主政治、社会生活、文化、军事、生产的名片。

一、新中国的摇篮，中华苏维埃共和国

《苏维埃法令》《中华苏维埃共和国法典》两部书都是中华苏维埃共和国印发。为了更好地了解这两部书，同时，我也一直向往承载着新中国根基和元素的红色苏区，我查阅大量有关苏区的资料，愿与读者共享。

（一）红色苏区地理位置

这个早期红色苏区在福建武夷山的西面丘陵地带，置于闽、赣、粤交界的山峦之间。首都瑞金，在地图上得用放大镜才能找到的江西小县城。古代建城时，因掘地得金而得名。

（二）啊，摇篮，中华苏维埃共和国

1931年11月7日中华苏维埃共和国成立。大会颁布中华苏维埃共和

国宪法大纲等一系列法律法规，建立一套国家管理制度。在国民党政权包围之中开辟一片新天地。尽管这个新生的国还很幼稚，像一只羽毛未丰的小鸟，但是麻雀虽小肝胆俱全。各个部委设置该有的都有，我们过去握锄头把子、枪杆子，今天要握印把子。

中华苏维埃共和国中央政府下设9部（当时叫人民委员）1局：外交人民委员王稼祥、军事人民委员朱德、劳动人民委员项英、财政人民委员邓子恢、土地人民委员张鼎丞、教育人民委员瞿秋白、内务人民委员周以栗、司法人民委员张国焘、工农检察人民委员何叔衡、国家政治保卫局局长邓发。

了解中华苏维埃共和国中央政府架构，对我们体会、感悟这个红色政权有很大帮助。

（三）两个绝对不同的国家

1931年12月1日，由主席毛泽东，副主席项英、张国焘共同署名，发出《中华苏维埃共和国中央执行委员会布告（第一号）》宣布："中华苏维埃共和国临时中央政府业已宣告成立，从今日起，中华领土之内，已经有两个绝对不相同的国家：一个是所谓中华民国，他是帝国主义的工具，是军阀、官僚、地主、资产阶级用以压迫工农兵士劳动群众的国家。蒋介石、汪精卫等的国民政府，就是这个国家的反革命政权机关。一个是中华苏维埃共和国，是广大被剥削被压迫的工农兵士劳苦群众的国家。他的旗帜是打倒帝国主义，消灭地主阶级，推翻国民党军阀政府，建立苏维埃政府于全中国，为数万万被压迫被剥削的工农兵士及其他被压迫群众的利益而奋斗，为全国真正的和平统一而奋斗。"[1]

---

[1] 中共中央文献研究室、中央档案馆编：《建党以来重要文献选编》（一九二一——一九四九）第八册，中央文献出版社2011年版，第728页。

（四）中华苏维埃共和国首都瑞金的繁荣

1.苏区钞票比"国统"票值钱

瑞金苏区工农银行发行的钞票和金、银挂钩，币值稳定，交易时双方都喜欢苏区钞票，而国统区钞票不值钱。

2.民众、机关、红军生活点滴

茂密的树荫下学校、医院、合作社、俱乐部、政府机关散落其间。每一个清晨和黄昏，瑞金的天地间都会响起红军官兵的歌声：当兵就要当红军，我为工农争生存。官长士兵相亲近，没有人压迫人。这是街头表现民众真实内心的动人标语口号。

3.瑞金市场的欣欣向荣景象

苏区祥和的生活景象出乎当时所有中国人的意料。苏区鼓励商品输出输入，全国各地的商人不顾封锁，冒杀头危险，长途奔跑来这里做买卖。

在瑞金城市场，农民和商贩摆摊设点，百姓、"外国人"（国统区人）与红军采购员来回穿梭，快乐地砍价。

中华苏维埃共和国尽管在国民党政权重重包围中，成为"国中国"，但仍然生机勃勃。

（五）中华苏维埃共和国的法制

1.《中华苏维埃宪法大纲》是周恩来同志在上海起草

1931年11月7日，中华苏维埃第一次全国代表大会在瑞金城北五公里叶坪村召开。大会通过了周恩来在上海起草的《中华苏维埃宪法大纲》，规定中华苏维埃共和国是"工人和农民的民主专政的国家"，"苏维埃全政权是属于工人、农民、红军士兵及一切劳苦民众的"。[①] 从此，在中华大地，在军阀、地主、资产阶级专政包围之中，诞生了工人农民

---

① 中共中央文献研究室、中央档案馆编：《建党以来重要文献选编》（一九二一——一九四九）第八册，中央文献出版社2011年版，第650页。

民主专政的国家。从党的宗旨、工农兵理想的战略高度定位国家的国体、政体，布局法制，厉行苏维埃共和国的法制。

2.我党历来重视反腐

1933年12月15日，中华苏维埃共和国中央执行委员会发布《关于惩治贪污浪费行为》的第二十六号训令，规定凡苏维埃机关、国营企业及公共团体的工作人员利用职位贪污公款以图私利，款额在500元以上者即处死刑，500元以下者，依款额多少分别处以5年以下的监禁和半年以下的强迫劳动，同时没收本人全部或部分家产，并追回赃款。

可见，在红色政权初期，党和政府对贪污行为惩处就很严厉。

二、了解革命圣地陕甘宁

陕甘宁边区，是第二次国共合作后得名，于1937年秋，由陕甘宁苏维埃区改编而来，在此之前没有"陕甘宁边区"的概念。

当时，陕甘宁边区红色政权行政上共有四个分区专署，二十九个县政府，一个市政府，还有一个相当于县治的办事处。

1.绥德分区所属，包括绥德、清涧、吴堡、米脂、葭县等五县。

2.关中分区所属，包括新正、新宁、赤水、淳耀（即现在咸阳的淳化县）等四县，及同宜耀办事处。

3.陇东分区所属，包括庆阳、合水、镇原、曲子、环县、华池等六县。

4.三边分区所属，包括定边、盐池、吴旗等三县。

5.边区政府直属县、市，包括延安、鄜县、甘泉、固林、延长、延川、子长、安塞、志丹、靖边、神府等十一县及延安市。

三、陕甘宁边区法制是党的抗日民族统一战线政策的体现

陕甘宁边区在当时是党中央所在地，是中国共产党领导的各个抗日根

据地的指挥中心，制定一系列民主抗日政策。例如：《陕甘宁边区抗战时期施政纲领》（1939年4月）、《陕甘宁边区政府民政厅为优待抗属组织代耕工作给各县的指示信》（1941年3月）、《陕甘宁边区抗日自卫军组织条例》（1942年4月）、《西北局关于争取工业全部自给的决定》（1944年5月29日）等政策法规，体现陕甘宁边区民主抗日法制特点，成为各个敌后抗日民主根据地法制建设的表率。从中可以体会到陕甘宁边区法制建设是马克思主义与中国革命实际相结合的一个成果。从实际出发，坚持党的领导，坚持毛泽东思想，实事求是，民主抗日，团结抗日，巩固抗日民族统一战线。从中能体会到，陕甘宁边区法制建设为抗战胜利起到的重要作用。

四、求是的法制品格，高超的战略思维

立法者身居解放区，从解决、指导解放区的政治、经济、战事、社会、民生等实际问题出发，制定宪法、政权组织法、选举法、刑法、民法、行政法等一系列法律法规，以法律是治理社会、治国理政的基本方式，适应战时环境，优化战时法制水平，推动解放区社会发展。如：苏区的《中华苏维埃宪法大纲》《中华苏维埃共和国劳动法》《中华苏维埃共和国土地法》《中华苏维埃共和国婚姻法》《中华苏维埃共和国司法程序》《中华苏维埃共和国惩治反革命条例》《中华苏维埃共和国违反劳动法令惩罚条例》等。

陕甘宁边区的立法更有所发展，包括政制、民政、财政、教育、生产建设、金融、工矿商、交通等各个方面，形成一部法制史。如：《陕甘宁边区各级参议会组织条例》《陕甘宁边区各级参议会选举条例》《陕甘宁边区政务会议暂行规程》《陕甘宁边区地权条例草案》《陕甘宁边区婚姻条例》《陕甘宁边区暂行预算章程》《陕甘宁边区货物免税减税暂行办法》等。这些法律法规虽然有点"乡土气"，但表现出法制的精华，表现出领导者的高瞻远瞩和治国匠心。在那个时候，我们党虽然只是有解放区政权，但在各个方面都表现出法制的品格和治国的战略思维，体现出新中国的法制架构。

五、赈灾救难，一切以人民为中心的法律法规和执政理念

在《陕甘宁边区重要政策法令汇编》和《抗日根据地政策条例汇集》两部法规汇编中有多项有关赈灾、救灾、救荒、救难的法律法规法令的规定。

例如，在《陕甘宁边区重要政策法令汇编》中有：留守兵团司令部及政治部关于拥护政府爱护人民的决定（一九四三年一月廿五日）、陕甘宁边区优待移民难民垦荒条例（一九四三年三月一日）、陕甘宁边区政府关于号召各机关部队学校生产节约救灾通知（一九四八年六月七日）、陕甘宁边区政府关于收容蒋胡匪灾难童的通知（一九四八年三月十三日）、陕甘宁边区政府为救济新区灾难民命令（一九四九年九月二十日）、陕甘宁边区政府关于救济春荒的指示（一九四九年三月十九日）、陕甘宁边区政府为认真领导群众进行生产防止明年春荒的指示（一九四九年十二月二十七日）。

"江山就是人民，人民就是江山"，始终践行中国共产党的理念，法律法规表现出一切为了人民、关心群众疾苦与人民群众心连心的鲜明立场。在战火纷飞的年代，突出赈灾救难，了解群众之所想，急群众之所急，解群众之所困，以法律法规的立法形式，作为赈灾救灾的保障，让人民群众体会到党和人民政府的温暖。红色政权的法律法规为保护人民群众的根本、切身利益而立，这是苏区、边区立法的一大特点。

六、苏区、边区立法技术的感受

（一）法规名称以"条例""指示"居多

《陕甘宁边区重要政策法令汇编》共收录116件法律法规法令，《抗

日根据地政策条例汇集》（上册、中册）共收录109件法律法规法令。其中法规名称30多种：条例、规则、办法、办理法、规程、规定、细则、准则、总则、原则、简章、决定、决议、指示、指示信、章程、方案、程式、计划、公约、命令、通令、电令、训令、通知、信、指示信、布告、公告、报告、宣言、纲领、纲要、大纲、工作、告边区同胞书。

《抗日战争根据地政策条例汇集》收录的法规，其名称使用频率前五名，依次为：条例（使用21次）、章程（使用8次）、办法（使用6次）、规程（使用5次）、指示信（使用5次）。

《陕甘宁边区重要政策法令汇编》收录的法规名称使用频率前五名，依次为：指示（使用33次）、条例（使用10次）、命令（使用10次）、布告（使用8次）、指示信（5次）。

从这两部法规汇编来看，法规名称叫"条例""指示""命令"的较多。战争时期，情况紧急、多变，需要迅速决断，使用条例、指示、命令适应实际情况。

在《抗日根据地政策条例汇集》（中册）中，有一个法规名称比较特殊，叫《陕甘宁边区斗佣暨牲畜买卖手续费承包办理法》，"办理法"不是"办法"，也不仅仅是"办理程序"。现在的法规名称里没有"办理法"，是办理斗佣及牲畜买卖手续费承包办理的方法、程序，与"办法"不同，在这里比起"办法"更准确。

（二）法规标题有特点

标题较长、字数多，但提示性强，便于执行。

如《陕甘宁边区重要政策法令汇编》收录的《陕甘宁边区政府关于各地接收敌伪物资应由物资处理委员会统一分配处理的指示》，共有35个字，但突出规范主题，便于执行。如果换成"关于接收敌伪物资分配处理的指示",字数虽然少了,但从题目上看,不知道接收的敌伪物资应由物资处理委员会统一分配处理原则。从法规题目上就把处理原则规范、界定得很清楚,便于掌握和执行。这一点,对我们现今法规命题有参考或者借鉴作用。

(三)法规汇编分类简明实用

1.汇编分类简明

以《陕甘宁边区重要政策法令汇编》为例,该汇编分甲、乙、丙三大类,即"甲、抗日战争时期的重要文献""乙、解放战争时期的重要文献""丙、现行的重要政策法令",以时间、阶段分类,颇为简明。因收录文献不多,而且是"文献",主要是为了研究和参考作用,因此,再细分类必要性不大,所以甲乙类没细分。"丙、现行的重要政策法令",分为政制、民政、财政、教育、生产建设、金融、工矿商、交通八类,符合当时的社会和生产的实际情况。该细分的细分,该粗分的粗分,掌握有度。这对从事法规汇编工作者也有借鉴作用。

2.第一次见到的类目

在《抗日根据地政策条例汇集》第一辑陕甘宁之部(中册)里,是"财政经济"大类,下分"甲、财务行政""乙、税务规程""丙、经食规程"三类。其中"经食规程"是我第一次见到这样的类目。我阅读过民国时期万余种近十万册的法律图书,从没见过这样命名的分类,我认为其他人可能也没见过。新中国成立后的法律图书更没见过有这样的分类命名,为此,我为之赞叹!"经食规程"类,收录的是规范粮、草、料,征收、分配、仓库保管及运输方面的法规,概括性强、准确、实用,对粮食这个重点,特别是在战争艰苦年代对粮食、草、料这个重点保护的突出很必要,如此分类具有时代性,重点鲜明性,值得从事法规汇编工作的同事们学习。

七、法律来源于经济、社会，又服务于经济、社会

四部法律法规汇编所收的法律法规，都来源于革命战争时期的经济、社会及战事的实际，是艰苦革命斗争法制建设的一部分。法制建设的创设和发展，使战时社会充满活力。从这些法律法规的规定来看，苏区、边区以法制促进生产、生活、军事，使其充满动力与发展。我们能看到当时社会进步的愿望得到尊重，得到法律的支持。法律法规对社会、经济发展起到不可替代的作用。

苏区、边区的法律法规，对社会生活、生产和战事的作用主要有以下几个方面。

（一）保障作用

法律法规为人民的利益、生产生活、战事的胜利提供了有力保证。例如，在艰苦的战争环境下，民众渴望邮路畅通，卫生防疫有序。1947年6月28日边区政府及时发布《陕甘宁边区政府为加强各级政府对战时邮政工作之领导以保护邮路畅通的命令》，1948年12月28日发布《陕甘宁边区政府关于一九四九年防疫卫生工作的指示》，1948年3月31日发布《陕甘宁边区政府关于保护工商业布告》。

战争消耗大量的人力物力，为保障抗日战争的胜利，党和政府及时以立法的形式进行部署，增加财力。中共中央西北局1944年7月9日发布《西北局关于争取工业全部自给的决定》。战时立法促进抗战胜利的进程，给战争胜利以法律方面的保证。政府管理、法律作用、社会自律、民众心愿，形成有效互动，产生强大干劲与动力。

（二）规范、约束作用

战时立法，对战时的社会、生产、生活起到规范和约束作用。例如，

1947年发布《陕甘宁边区政府关于发动群众对敌斗争及注意对干部教育奖惩的电令》、1948年发布《陕甘宁边区政府关于调剂土地确定地权的布告》、1949年发布《陕甘宁边区政府印花费暂行条例》等，对群众生活、干部纪律以及金融秩序，都起到规范和约束作用。

（三）指导作用

这个时期的法律法规对战时生产、生活及社会各方面都起到了指导与引导作用。例如，1947年7月1日发布《陕甘宁边区政府对夏收夏耘的紧急指示》、1947年10月1日发布《陕甘宁边区政府、陕甘宁晋绥联防司令部关于秋收动员令》、1948年发布《中共中央西北局关于黄龙新区学校教育的指示》等，对农业、教育有很强的指导作用。

第六章
新中国国家出版的十部法律法规汇编

　　本章所说国家出版的"法律法规汇编",是指"法律法规汇编"的编辑者为:国务院法制局、国务院办公厅法制局、中央人民政府法制委员会、国务院法规编纂委员会、中华人民共和国法规汇编编辑委员会、国务院法制办、全国人大常委会法工委、最高人民法院、最高人民检察院;出版社为:人民出版社、法律出版社、中国法制出版社、中国民主法制出版社、最高人民法院出版社、新华出版社。

　　国家出版的法律法规汇编是国家法律法规的典库,承载着国家权威和人与社会行为活动的准则,是国家机关、社会团体、企事业单位管理国家、服务社会必备的工具书,也是百姓家庭文化应有的典藏。

　　新中国成立以来,我国出版多部法律法规汇编,但没有人能把其版本说清楚。这次研究法律法规汇编时,我下了大气力,走访法律出版社、人民出版社、中国法制出版社,查找国家图书馆、首都图书馆、上海图书馆、中国版本图书馆馆藏法律书目,最终,弄清了十部"法律法规汇编"的版本情况。现介绍如下。

一、新中国国家出版的第一部法律法规汇编——《中央人民政府法令汇编》

　　《中央人民政府法令汇编》是新中国第一部具有历史意义和权威性

的法律法规汇编，大16开，豆绿色，漆布精装，封面书名烫金，美观、大方，闪烁着新中国法制文化底蕴和法制尊严，到现在这部法规汇编已经出版74年。由于社会、经济的快速发展，出版情况几经变化，也很复杂，经调查研究，我加以整理，对一些问题，有了明确的认识。

（一）本书书名变化及前五辑内容

这部法律法规汇编最初书名为《中央人民政府法令汇编》，第一辑至第三辑，由人民出版社出版。第四辑、第五辑由法律出版社出版。

第一辑（1949—1950），1952年9月人民出版社北京第一版，1952年9月北京第一次印刷，660页；第二辑（1951），1953年8月人民出版社北京第一版，1953年8月北京第一次印刷，530页；第三辑（1952），1954年3月人民出版社北京第一版，1954年3月北京第一次印刷，219页；第四辑（1953），改由法律出版社出版，1955年6月第一版，1955年6月北京第一次印刷，314页；第五辑（1954年1月—9月），法律出版社出版，1955年7月第一版，1955年7月北京第一次印刷，225页。《中央人民政府法令汇编》从1955年开始，这套书改书名为《中华人民共和国法规汇编》，由法律出版社出版。改书名后的第一册，在册后标注：总编号（1），1954年9月—1955年6月。

（二）《中央人民政府法令汇编》第一辑至第五辑内容及分类编排

1.《中央人民政府法令汇编》（1949—1950）（第一辑）

《中央人民政府法令汇编》（1949—1950）（第一辑），汇集的主要是中央人民政府和中央人民政府政务院发布的法律、条例、命令、指示、决定等文件，以及中央人民政府政务院文化教育委员会、中央人民政府政务院人民监察委员会发布的重要法令。此外，中央人民政府各部、会、院、署、行和省级以上地方人民政府为了实现重大政策或执行国家中心工作而发布的法令，亦择要辑入。汇编第一辑收录的法律法规范围，从

1949年起到1950年年底止，共收录248件。

本汇编第一辑收录的法律法规，按性质分为6类。第一类没设类目名称，实际上是总类，以中国人民政治协商会议第一届全体会议通过的《中华人民共和国中央人民政府组织法》《中国人民政治协商会议组织法》《中国人民政治协商会议共同纲领》为主，并辑入不属于其他各类的重要法令；第二类政治、法律；第三类财政、经济；第四类文化、教育；第五类监察；第六类人事、编制。

每类的编排，所收录的法律法规，以会议通过、批准日期或发布日期的先后为序。凡因补充、参考的需要而辑入的法令，作为附件，各按性质分别附在某一文件或某一类目之后。

第一辑所收录的每一件法律法规，反映了共和国成立初期的生动曲线，因篇幅的关系，只部分列出：

《中华人民共和国中央人民政府组织法》（1949年9月27日中国人民政治协商会议第一届全体会议通过）、《中国人民政治协商会议组织法》（1949年9月27日中国人民政治协商会议第一届全体会议通过）、《中国人民政治协商会议全国委员会关于地方委员会的决定》、《关于中华人民共和国国都、纪年、国歌、国旗的决议》（1949年9月27日中国人民政治协商会议第一届全体会议通过）、《中国人民政治协商会议共同纲领》（1949年9月29日中国人民政治协商会议第一届全体会议通过）、《中华人民共和国中央人民政府公告》（1949年10月1日）、《关于中华人民共和国国庆日的决议》（1949年12月2日中央人民政府委员会第四次会议通过）、《全国年节及纪念日放假办法》（1949年12月23日政务院第十二次政务会议通过）、《政务院关于各级政府工作人员保守国家机密的指示》（1950年2月16日政务院第二十次政务会议通过）、《中华人民共和国婚姻法》（1950年4月13日中央人民政府委员会第七次会议通过）、《中华人民共和国工会法》（1950年6月28日中央人民政府委员会第八次会议通过）、《中华人民共和国土地改革法》（1950年6月28日中央人民政府委员会第八次会议通过)、《政务院关于处理老召开全国战斗英雄代表会议和全国工农兵劳动模范代表会议的决定》(1950年7月21日政务院第四十二次政务会议通过)、《中央人民政府公布中华人民共和国国徽的命令》(1950年9月20日)、《政务院关于解放区市郊农业土地问题的指示》(1950年1月13日政务院第十五次政务会议通过)、《农民协会组织通则》(1950年7月14日政务院第四十一次政务会议通过)、《人民法庭组织通则》(1950年7月14日政务院第四十一次政务会议通过)、《中南军区委员会土地改革委员会关于训练土地改革工作队的指示》(1950年11月2日)、《省人民政府组织通则》(1950年1月6日政务院第十四次政务会议通过)、《市人民政府组织通则》(1950年1月6日政务院第十四次政务会议通过)、《县人民政府组织通则》(1950年1月6日政务院第十四次政务会议通过)、《政务院关于严禁鸦片烟毒的通令》(1950年2月24日政务院第二十一次政务会议通过)、《政务院、最高人民法院关于镇压反革命活动的指示》(1950年7月21日政务院第四十二次政务会议通过)、《人民革命军事委员会关于一九五零年军队参加生产建设工作的指示》(1949年12月5日)、《政务院关于统一国家财政经济工作的决定》(1950年3月3日政务院第二十二次政务会议通过)。

从这些法律法规中,可以看出共和国的辉煌和国家管理基本制度、领导艺术,以及共和国的发展历程。

2.《中央人民政府法令汇编》(1951)(第二辑)

《中央人民政府法令汇编》(1951)(第二辑),辑入1951年全年的法律法规,共135件。包括中央人民政府和中央人民政府政务院、中央人民政府最高人民法院、中央人民政府最高人民检察署发布的法律、条例、命令、指示、决定等文件,以及中央人民政府政务院政治法律委员会、中央人民政府政务院财政经济委员会、中央人民政府政务院文化教育委员会、中央人民政府政务院人民监察委员会发布的重要法令。此外,中央人民政府各部、会、院、署、行和省级以上地方人民政府为了实现重大政策或执行国家中心工作而发布的法令和中国人民政治协商会议全国委员会发布的法令性文件，亦择要辑入。

所收法律法规按性质分为6类，即总类、政治法律、财政经济、文化教育、监察、人事编制。每类的排列，以法律法规批准或发布日期先后为序。因补充、参考的需要，而辑入的法令，作为附件各按性质分别附在某一文件或某类目之后。

3.《中央人民政府法令汇编》(1952)(第三辑)

《中央人民政府法令汇编》(1952)(第三辑)，收录1952年全年公布的法律法规，共72件。包括中央人民政府和中央人民政府政务院发布的法律、条例、命令、指示、决定等文件，以及中央人民政府政务院政治法律委员会、中央人民政府政务院财政经济委员会、中央人民政府政务院文化教育委员会、中央人民政府政务院人民监察委员会发布的重要法令。此外，中央人民政府各部、会、院、署、行和省级以上地方人民政府为了实现重大政策或执行国家中心工作而发布的法令和中国人民政治协商会议全国委员会发布的法令性文件，亦择要辑入。所收录的法律法规按性质分为总类、政治法律、财政经济、文化教育、监察五类，类内按法律法规批准或发布的时间为序。

4.《中央人民政府法令汇编》(1953)(第四辑)

《中央人民政府法令汇编》(1953)(第四辑)，收录1953年的法律法规，共75件。其中有《毛泽东主席在中国人民政治协商会议第一届全国委员会第四次会议上的指示》(1953年2月7日)、《中央人民政府委员会关于召开全国人民代表大会及地方各级人民代表大会的决议》(1953年1月13日中央人民政府委员会第二十次会议通过，1953年1月14日中央人民政府公布)、《中华人民共和国全国人民代表大会及地方各级人民代表大会选举法》(1953年2月11日中央人民政府委员会第二十二次会议通过，1953年3月1日中央人民政府公布)、《最高人民检察署关于在全国及地方各级人民代表大会选举工作中检察工作的指示》(1953年9

月15日)、《政务院关于贯彻婚姻法的指示》(1953年2月1日)、《政务院关于解放前银钱业未清偿存款给付办法》(1953年1月9日政务院第一百六十六次政务会议通过,1953年2月20日公布)、《政务院关于加强增产粮食和救灾工作的指示》(1953年5月16日)、《政务院关于加强高等学校与中等技术学校学生生产实习工作的决定》(1953年5月29日政务院第一百八十次政务会议通过,1953年7月31日公布)。

所收录的法律法规按性质分为5类,即总类、政治法律、财政经济、文化教育、监察。每类法律法规的编排,以法律法规批准或发布日期的先后为序。因补充、参考的需要,而辑入的法令,作为附件,按性质分别附在某一文件之后。

本辑汇编由法律出版社出版,没有出版说明,从编排体例上看与人民出版社出版的版本相接续。

5.《中央人民政府法令汇编》(1954年1月至9月)(第五辑)

《中央人民政府法令汇编》(1954年1月至9月)(第五辑),汇集1954年1月至9月的法律法规,共63件。其中有《中央人民政府关于撤销大区一级行政机构和合并若干省、市建制的决定》(1954年6月19日中央人民政府委员会第三十二次会议通过,同日中央人民政府公布)、《中央人民政府关于批准将绥远省划归内蒙古自治区并撤销绥远省建制的决定》(1954年6月19日中央人民政府委员会第三十二次会议通过,同日中央人民政府公布)、《外国侨民居留登记及居留证签发暂行办法》(政务院批准,1954年8月10日公安部公布)、《政务院关于改进和发展中学教育的指示》(1954年4月8日政务院第二百一十二次政务会议通过,1954年6月5日公布)、《体育运动委员会关于公布"准备劳动与卫国"制度暂行条例、暂行项目标准、预备级暂行条例的通告》(1954年5月4日发布)等。

本辑汇编,分总类、政治法律、财政经济、文化教育、监察五类,类内所收法律法规按批准或发布的时间先后为序,由法律出版社于

1955年7月出版。

（三）关于本书编者

1. 书名为《中央人民政府法令汇编》阶段，本书编者署名"中央人民政府法制委员会"。"中央人民政府法制委员会"是当时中央人民政府政务院的一个部门。新中国成立初期，我国政权设计是"议行合一"，"中央人民政府"在遵守共同纲领下行使国家最高权力，是国家最高权力机关，政务院是最高执行机关。因此，"中央人民政府法制委员会"（可以代表"中央人民政府"，行使相当于后来的全国人大及其常务委员会权力）和政务院编辑的这部法规汇编是新中国第一部法规汇编。"中央人民政府法制委员会"与"政务院政治法律委员会"不是一个单位。"中央人民政府法制委员会"是中华人民共和国中央人民政府政务院下属的一个部门，根据1949年9月27日中国人民政治协商会议第一届全体会议通过的《中华人民共和国中央人民政府组织法》第18条的规定，于1949年9月成立。"政务院政治法律委员会"是政务院组成委员会之一。"中央人民政府法制委员会"是指"政务院法制委员会"，根据《中央人民政府法制委员会试行组织条例》第2条的规定成立，其职责是："秉承中央人民政府委员会的意旨，受政务院的领导及政务院政治法律委员会的指导，研究、草拟与审议各种法规草案并解答现行各种法规。""政务院政治法律委员会"与"中央人民政府法制委员会"是指导关系，不是下属关系或者领导关系。

2. 书名为《中华人民共和国法规汇编》阶段，由法律出版社接续人民出版社出版后，编者由中央人民政府法制委员会变更为国务院法制局、中华人民共和国法规汇编编辑委员会。

1954年9月，第一届全国人民代表大会第一次会议召开，根据《中华人民共和国国务院组织法》成立国务院，1954年10月，经第一届全国人大常委会第二次会议批准，国务院在《关于设立、调整中央和地方国家行政机关及有关事项的通知》中设立国务院法制局，中央人民政府法制委员会随即撤销。之后，国务院法制局一直是这部具有新中国代表性和历史意义的法规汇编的编辑者。在这期间，因机构变动，国务院法制局虽然几易其名，有国务院办公厅法制局、国务院法制办公室，现在又被整合到司法部，但这套法规汇编逐年出版都是由国务院法制局或其改名机构编辑的。

（四）本书三易出版社

1949年到1952年由人民出版社出版，1953年到1988年由法律出版社出版，1989年以后，由中国法制出版社出版。

（五）本汇编1955年以后各编内容和编排

《中央人民政府法令汇编》共出版5辑。从1955年开始，这套书改由法律出版社接续出版，并改书名为《中华人民共和国法规汇编》（以下简称《法规汇编》）。本书改书名后，在1956年8月第一版第一册，总编号（1）的"例言"里，法律出版社开宗明义就告知读者"本汇编的编辑出版是《中央人民政府法令汇编》的继续"。还介绍了这部《法规汇编》的内容和编排事项。该汇编所收法律法规的排列是"按照法规的性质分类，各类中法规的排列，除有些密切相关的排在一起外，一般依其通过和发布的时间先后为序"。为了便于读者查考本汇编在编辑期间，发现法规中个别条文已经明文修改的，或者有的规定已被后来发布的法规所变更的，都尽可能将修改、变更的内容加以简要的注明；发现法规中个别名词用语和标点符号有显著漏误的，商得原制定机关同意后，加以适当更正。这部法规汇编汇辑了中央人民政府和中央人民政府政务院发布的法律、条例、命令、指示、决定等法律、法令并兼收中央人民政府各部、会、院、署等指示、命令等。本书汇编是由法律出版社接续人民出版社出版的第一册，正值中华人民共和国第一届全国人民代表大会第一次会议时期，"共同纲领"时期转为"宪法"，所收法律法规对了解当时的国情很有帮助，现将目录列出：

中华人民共和国第一届全国人民代表大会第一次会议开幕词　毛泽东
中华人民共和国宪法
关于中华人民共和国宪法草案的报告　刘少奇
中华人民共和国第一届全国人民代表大会第一次会议关于政府工作报告的决议
政府工作报告　周恩来
中华人民共和国第一届全国人民代表大会第一次会议关于中华人民共和国现行法律、法令继续有效的决议

国家机构

中华人民共和国全国人民代表大会组织法
中华人民共和国国务院组织法
中华人民共和国法院组织法
中华人民共和国检察院组织法
中华人民共和国地方各级人民代表大会和地方各级人民委员会组织法
国务院关于设立、调整中央和地方行政机关及其有关事项的通知
国务院关于各省人民委员会设置工作部门和办公机构的决定
国务院关于国家机关印章的规定
全国人民代表大会常务委员会关于设立全国人民代表大会代表办事处的决定
全国人民代表大会常务委员会关于第一届地方各级人民代表大会任期问题的决定
全国人民代表大会常务委员会关于省县乡改变建制后本届人民代表大会代表名额问题的决定
全国人民代表大会常务委员会关于解释法律问题的决议

内　务

复员建设军人安置暂行办法
城市街道办事处组织条例
城市居民委员会组织条例
内务部关于发布1955年几项优抚标准的通知
内务部关于"1955年几项优抚标准"的补充说明
优抚、社会救济事业费管理使用暂行办法
国务院关于农村土地的移转及契税工作的通知
国务院关于安置复员建设军人工作的决议
婚姻登记办法
国务院关于建立经常户口登记制度的指示
内务部关于有重点地发放优抚实物补助费和对烈属、军属进行登记排队工作的指示

外　事

全国人民代表大会常务委员会关于同外国缔结条约的批准手续的决定
中华人民共和国主席关于结束中华人民共和国同德国之间的战争状态的命令

军　事

国防部关于宽待放下武器的蒋军官兵的命令
国防部关于奖励投诚起义的蒋军官兵的通告
中国人民解放军军官服役条例
全国人民代表大会常务委员会关于规定勋章奖章授予中国人民解放军在中国人民革命战争时期有功人员的决议

中华人民共和国授予中国人民解放军在中国人民革命战争时期有功人员的勋章奖章条例

全国人民代表大会常务委员会关于规定勋章奖章授予中国人民解放军在保卫祖国和进行国防现代化建设中有功人员的决议

全国人民代表大会常务委员会关于授予中国人民志愿军抗美援朝保家卫国有功人员勋章奖章的决议

公安、司法、监察

中华人民共和国逮捕拘留条例

公安派出所组织条例

最高人民法院、内务部、司法部、中国人民解放军总政治部关于处理革命军人两年以上与家庭无通讯关系的离婚问题的通知

监察部关于调整地方各级监察机构及其有关事项的指示

监察部关于监督检查发行新的人民币和收回现行的人民币工作的指示

监察部关于加强对粮食的保管、供应工作和浪费情况的监督检查的指示

财政、金融

解放前保险业未清偿的人寿保险契约给付办法

1955年国家经济建设公债条例

国务院关于发行1955年国家经济建设公债的指示

国务院关于军队转业干部1955年经费预算管理问题的指示

国务院关于发行新的人民币和收回现行的人民币的命令

中国人民银行关于新人民币颜色、图景的通告

国务院批转"中国人民银行关于取消国营工业间以及国营工业和其他国营企业间的商业信用代以银行结算的报告"的通知

残缺人民币兑换办法

国家公债债券残破污损兑付处理办法

商业部、中国人民银行关于取消国营商业系统内部以及与各部门之间所存在的商业信用的规定

粮 食

粮食部关于1954年秋粮统购业务工作的指示

粮食部关于新粮保管工作的指示

粮食部关于加强国家粮食市场工作的指示

粮食部关于在粮食系统各个业务环节中贯彻节约粮食、反对浪费的指示

交通部关于运输过程中贯彻节约粮食的指示

国务院、中国共产党中央委员会关于加紧整顿粮食统销工作的指示

贸 易

商业部关于迅速调运工业品供应农民需要的指示

商业部、中华全国供销合作总社关于配合收购工作积极推销工业品的指示

商业部、粮食部、中华全国供销合作总社关于农村春节物资供应工作的指示

商业部、农业部关于1955年棉粮比价的指示

工业、交通

轻工业部、地方工业部、商业部、粮食部、中华全国供销合作总社关于植物油料加工办法的协议

建筑工程部关于国营建筑企业推行经济活动分析工作的指示

重工业部关于加强生产企业与科学研究部门及高等学校协作的通知

粮食水陆联运试行办法

交通部关于水上运输防止货损货差的指示

农业、林业、水利

国务院关于建设"国营友谊农场"的决定

农业部、中国新民主主义青年团中央委员会关于培养、训练农业生产合作社会计、技术人员的联合指示

第一机械工业部、农业部、中华全国供销合作总社关于1955年推广供应双轮双铧犁、双轮一铧犁协议书

国务院关于春耕生产的决议

农业部关于农业技术推广站工作的指示

农业部关于开展农作物病虫防治和检疫工作的通知

农业部、水利部关于大力开展农田水利进一步加强防旱抗旱工作的指示

粮食部、商业部、农业部、中华全国供销合作总社关于加强粮食、棉花、油料作物优良品种繁育推广工作的指示

农业部、对外贸易部、中华全国供销合作总社关于大力发展茶叶生产的指示

农业部关于加强新式畜力农具推广工作的指示

国务院关于进一步加强木材市场管理工作的指示

林业部关于改进种苗工作充分满足造林需要的指示

林业部关于抓紧季节大力领导组织垦复、抚育油茶林的通知

水利部关于开展今冬明春农田水利工作的指示

中央防汛总指挥部关于1955年防汛工作的指示

劳　动

建筑工程部、劳动部、卫生部、中国建筑工会筹备委员会关于做好冬季施工中安全卫生工作的通知

卫生部、劳动部、中华全国总工会关于加强厂矿冬季安全卫生工作的联合通知

国务院关于提取企业奖励基金的工资总额范围的规定

国务院对执行"有关生产的发明、技术改进及合理化建议的奖励暂行条例"若干问题的解释

重工业部、中国重工业工会全国委员会关于加强劳动竞赛的指示

重工业部、中国重工业工会全国委员会关于生产厂矿签订集体合同的指示

国务院关于国家机关女工作人员生产假期的规定

劳动部、卫生部、中华全国总工会关于加强夏秋季安全卫生工作的通知

第一机械工业部关于纠正对高等中等技术学校毕业生某些使用不合理现象的指示

重工业部关于当前劳动工资工作几个问题的指示

第一机械工业部关于预防夏季高温的指示

国务院关于国家机关工作人员自今年7月份起全部实行工资制待遇的通知

燃料工业部关于对大学、专科、中等技术学校毕业生分配、使用与培养工作的指示

文化、科学

国务院关于在农业、畜牧、渔业生产合作社重点建立收音站的指示

国务院关于在边远省份和少数民族地区建立收音站的指示

文化部关于征集图书、杂志样本办法

文化部出版事业管理局关于征集图书、杂志样本办法的补充说明

国务院关于苏联建议帮助中国研究和平利用原子能问题的决议

教 育

教育部、中国新民主主义青年团中央委员会关于1954年冬学工作的指示

教育部关于坚持灾区教育工作的指示

高等教育部关于研究和解决高等工业学校学生学习负担过重问题的指示

高等教育部关于中等专业学校的设置、停办的规定

国务院关于加强农民业余文化教育的指示

高等教育部关于1955年中等专业学校招生工作的通知

教育部关于中学和师范学校招生工作的规定

高等教育部关于高等学校1955年度基本建设工作中厉行节约的指示

卫生、体育

工业卫生工作委员会组织办法

体育运动委员会关于短期体育干部训练工作的指示

体育运动委员会关于颁发"准备劳动与卫国"体育制度一级证章、证书的通告

民族事务

国务院关于成立西藏自治区筹备委员会的决定

国务院关于帮助西藏地方进行建设事项的决定

国务院关于有关西藏交通运输问题的决定

华侨事务

国务院关于贯彻保护侨汇政策的命令

工作制度和其他

国务院和国务院所属各部门行文关系的暂行规定

国务院批转"法制局关于法律室任务职责和组织办法的报告"的通知

国务院关于所属各部门工作报告制度的规定

国务院关于各省、自治区、直辖市人民委员会工作报告制度的规定

附　载

中国人民政治协商会议章程

国家统计局关于全国人口调查登记结果的公报

这册书的目录和收录的法律法规我翻阅了三遍，一点儿也不觉得枯燥，越看越觉得我们的新中国治国有方、有略、有法，施政贴近基层、民众，一派欣欣向荣，感受颇多。

1.生机勃勃的共和国催发崭新的政权理念、方式、法律的确立

新中国成立短短五年，象征国家政权建设国家机构的法律基本完备。1954年第一届全国人民代表大会召开后，以宪法为代表的一系列国家法应运而生，各部重要国家机构组织法先后出台，如中华人民共和国全国人民代表大会组织法、国务院组织法、人民法院组织法、人民检察院组织法以及地方各级人民代表大会和地方各级人民委员会组织法。在政权初期，就制定出这样完备的法律，古今中外都没有。

2.新中国在前进

这册法规汇编烙刻着新中国成立初期的多重印记。每个法律法规都反映着所调整领域的发展面貌。20世纪50年代初期，人民生活和谐，吃穿有保障，社会兴旺，天天有变化，年年有进步。这册法规汇编收录的法规有四件我看了后，勾起了我当年的幸福回忆。

第一件法规是《第一机械工业部、农业部、中华全国供销合作总社关于1955年度推广供应双轮双铧犁、双轮一铧犁协议书》。1953年冬，我家要由辽宁省昌北县曲家店搬到吉林省白城市，嫂子让我起户口，得去乡政府。乡政府离我家不算远，走了半个小时就到了。乡政府院子很大，摆满了各式各样的农具，都是铁制农具。我是乡巴佬进城，看啥都新鲜。其中一件过去我从来没见过，两个大铁轮，中间夹着两个铁犁头。乡政府工作人员向我介绍，这叫"双轮双铧犁"，犁地效率高，一次就

能犁两垅。过去我家祖祖辈辈见过的都是木犁，只有一个犁头，这次我算开了眼界，见到了铁制的"双轮双铧犁"，当时我就觉得新社会进步真快。这次看到有关"双轮双铧犁"的法规，非常的亲切。

第二件法规是1955年1月31日国务院全体会议第四次会议通过的《国务院关于苏联建议帮助中国研究和平利用原子能问题的决议》。我觉得中国国家领导人英明，在政权刚刚建立时就意识到发展原子能的重要性。这个伟大的决议镌刻着时代的进步和高瞻远瞩的智慧。

第三件法规是1954年11月1日国家统计局公布的《国家统计局关于全国人口调查登记结果的公报》。到1953年6月30日24时，全国人口已达到六亿零一百九十三万八千零三十五人。人口数量第一位的是四川省，六千二百三十万三千九百九十九人；第二位是山东省，四千八百八十七万六千五百四十八人；第三位是河南省，四千四百二十一万四千五百九十四人。这个人口调查结果公报，说明百姓安居乐业，生活幸福，国家成立短短五年，人口由四亿发展到六亿，国家在发展，社会在前进。

第四件法规是1955年6月18日国务院发布的《国务院关于国家机关工作人员自今年7月份起全部实行工资制待遇的通知》。当时我哥哥被定为每月工资157元，是铁路科级最高的，我们全家高兴。由供给制转到工资制，是新中国的一大进步，也是一个重要的阶段性的变化。

3.人民政府的政策、法令深入基层、贴近民众

从法规的名称就可以看出这个特点。我对法律出版社出版的《法规汇编》第一册（1954年9月—1955年6月）收录的法规名称进行了统计：这册法规汇编共收录123件法律法规，除宪法类11件法律外，法规名称排在第一位的是"指示"，43件。第二位是"通知"，14件。第三位至第五位是"决定"，9件；"办法"，9件；"决议"，8件。大部分的法规都是指导基层和人民群众生产生活的"指示""通知"。例如，1955年3月3日国务院全体会议第六次会议通过的《国务院关于春耕生产的决议》、

农业部1955年4月1日发布的《农业部关于农业技术推广站工作的指示》、1955年5月14日农业部、水利部联合发布的《农业部、水利部关于大力开展农田水利进一步加强防旱抗旱工作的指示》、1954年11月22日水利部发布的《水利部关于开展今冬明春水利工作的指示》等。再如，1954年11月16日卫生部、劳动部、全国总工会联合发布的《卫生部、劳动部、中华全国总工会关于加强厂矿冬季安全卫生工作的联合通知》、1955年4月26日国务院发布《国务院关于国家机关女工作人员生产假期的规定》、第一机械工业部发布的《第一机械工业部关于预防夏季高温的指示》等。这部《法规汇编》是逐年出版，收录当年公布、发布的法律法规。

（六）关于本书重印的问题

这部《法规汇编》，从1949年一直出版到1964年，1964年到1979年因"文革"停印。1980年12月，法律出版社决定重印这部法规汇编，于1984年重印完成，从1984年起恢复正常逐年出版。

1."文革"后，百废待兴，1979年11月29日全国人大常委会作出《关于中华人民共和国建国以来制定的法律、法令效力问题的决议》，对新中国成立以来法律法令效力问题加以法律上的明确，很大程度上增加了对法律法规的需求。

1979年第五届全国人大常委会第十二次会议通过《关于中华人民共和国建国以来制定的法律、法令效力问题的决议》："为了加强和健全社会主义法制，保障社会主义现代化建设的顺利进行，根据一九五四年第一届全国人民代表大会第一次会议关于中华人民共和国现行法律、法令继续有效的决议的精神，现决定：从一九四九年十月一日中华人民共和国建立以来，前中央人民政府制定、批准的法律、法令；从一九五四年九月二十日第一届全国人民代表大会第一次会议制定中华人民共和国宪法以来，全国人民代表大会和全国人民代表大会常务委员会制定、批准的法律、法令，除了同第五届全国人民代表大会制定的宪法、法律和第五届全国人民代表大会常务委员会制定、批准的法令相抵触的以外,继续有效。"

2.社会各方呼吁重印这部法规汇编。在刊在重印《中华人民共和国法规汇编》第一册(1954年9月—1955年6月)上的《重印说明》中,法律出版社明确说明了这个问题。

1980年12月法律出版社编辑部《重印说明》:全国人民代表大会常务委员会通过《关于中华人民共和国建国以来制定的法律、法令效力问题的决议》以后,许多机关提出要求我们重印"文化大革命"以前先后由人民出版社、法律出版社出版的《中央人民政府法令汇编》和《中华人民共和国法规汇编》。为满足各方面的需要,我社决定从一九八一年起陆续重印上述两部法规(共十八册)。重印时将《中央人民政府法令汇编》由十六开竖排本改为大三十二开横排本。特此说明。法律出版社编辑部,一九八〇年十二月。

3.国务院办公厅法制局决定先行补印1979—1983年《中华人民共和国法规汇编》。为加强法制工作的需要,国务院办公厅法制局决定对1979—1983年的法规按年先行补印。并在刊在1980年1—12月《中华人民共和国法规汇编》上的"说明"中,国务院办公厅法制局对此进行了详细说明:"《中华人民共和国法规汇编》自一九五四年起逐年编辑出版,至一九六四年中断。党的十一届三中全会以来,随着社会主义现代化建设事业的发展和加强法制工作的需要,各方面希望恢复出版。为此,决定先将一九七九年至一九八三年的法规按年补行汇编,陆续出版。收入的法规,均照登原文,凡已作修改或已有新规定的,应按新的规定执行。国务院办公厅法制局,一九八五年六月。"

紧接着,1985年12月,国务院办公厅法制局又在补印的1984年1—12月《中华人民共和国法规汇编》上刊载"说明",宣布"补印"完成,自1984年起恢复正常逐年汇编出版:"《中华人民共和国法规汇编》自一九五四年起逐年编辑出版,自一九六四年中断。党的十一届三中全会以来，随着社会主义现代化建设事业的发展和加强法制工作的需要，各方面希望恢复出版，为此，我们已将一九七九年至一九八三年的法规按年补行汇编。自一九八四年起《中华人民共和国法规汇编》将继续逐年汇编出版。国务院办公厅法制局，一九八五年十二月。"

1979—1983年的《中华人民共和国法规汇编》是补行汇编，而不是重印。

（七）关于"总编号"问题

1954年至1964年法律出版社出版的《中华人民共和国法规汇编》，每册上都印有"总编号"，我检索国图、首图、上图等图书馆的法律书目时，收藏的都不全，有的隔三差五，有的"总编号"到"（5）""（9）"，有的到"（13）"，不知道哪个对，代表什么。而重印本、补印本和1984年以后的版本又没有冠"总编号"，看起来让人一头雾水。经过百般核对，我彻底弄明白了。"总编号"，表示法律出版社开始出版这套《法规汇编》的册序号。截至1964年该法规汇编共有1—13个册序号，具体情况是：

1.编者为国务院法制局、中华人民共和国法规汇编编辑委员会阶段

《中华人民共和国法规汇编》总编号（1）（1954年9月—1955年6月）

《中华人民共和国法规汇编》总编号（2）（1955年7月—12月）

《中华人民共和国法规汇编》总编号（3）（1956年1月—6月）

《中华人民共和国法规汇编》总编号（4）（1956年7月—12月）

《中华人民共和国法规汇编》总编号（5）（1957年1月—6月）

《中华人民共和国法规汇编》总编号（6）（1957年7月—12月）

《中华人民共和国法规汇编》总编号（7）（1958年1月—6月）

《中华人民共和国法规汇编》总编号（8）（1958年7月—12月）

《中华人民共和国法规汇编》总编号（9）（1959年1月—6月）

2.编者变为国务院法制局、国务院法规编纂委员会阶段

《中华人民共和国法规汇编》总编号（10）（1959年7月—12月）

《中华人民共和国法规汇编》总编号（11）（1960年1月—6月）

《中华人民共和国法规汇编》总编号（12）（1960年7月—1961年12月）

《中华人民共和国法规汇编》总编号（13）（1962年1月—1963年12月）

从1964年至1979年，本书停印。总编号（13）是停印前最后一版印，也就是说，法律出版社1954年到1964年出版的《法规汇编》共13册。

（八）关于重印18册问题

读者一般都知道这部书有过重印，但"重印18册"到底指哪18册，还是有疑惑的。法律出版社在1980年12月的《重印说明》中指出："许多机关提出要求我们重印'文化大革命'以前先后由人民出版社、法律出版社出版的《中央人民政府法令汇编》和《中华人民共和国法规汇编》。为满足各方面的需要，我社决定从一九八一年起陆续重印上述两部法规（共十八册）。"

重印的18册包括：《中央人民政府法令汇编》共出版5辑，分别是：第一辑（1949—1950）、第二辑（1951）、第三辑（1952），前三册为人民出版社出版；第四辑（1953）、第五辑（1954年1月至9月），为法律出版社出版。《中华人民共和国法规汇编》1954年9月到1964年总编号（1）—（13）共13册。《中央人民政府法令汇编》5辑，加上《中华人民共和国法规汇编》总编号（1）—（13），合计重印18册。

有人把这"18册"称为"18部"，我认为不妥。这是一部书其中的18册重印。《中华人民共和国法规汇编》是逐年出版的连续出版物，就《中华人民共和国法规汇编》而言，是一部书多册，而不是"18部"。一部书多册的"册"，不能称为"部"。"部"，图书分类有三层意思：一部书有上册、中册、下册，或多册，连续出版。第二，部头大，虽然只一册，但很厚，上千页，甚至更多。第三，重要，影响大，虽然页数不多，也只有一册或两册，但名气大，珍贵，也可称为"部"。例如，《苏维埃共和国法典》一书，只有几十页，也应称为"部"。

（九）司法部接续出版《中华人民共和国法规汇编》（1949—2018）（共33卷）

2018年国务院机构改革后，国务院法制办与司法部重新组建新司法部。2018年8月，为了给新中国成立70周年献礼，司法部出版了《中华人民共和国法规汇编》，大规模地修订、增补、审校这部代表国务院的《中华人民共和国法规汇编》，历时2年。

这部法规汇编全33卷，是负责贯彻落实党中央关于全面依法治国的方针政策的司法部权威编纂，权威、客观地反映了新中国成立以来顶层立法面貌，为各级政府和政府部门依法行政提供的重要法律工具书，是研究新中国法治进程的宝贵资料。这部汇编收录了全国人民代表大会及其常委会通过的法律和有关法律问题的决定，国务院公布的行政法规和法规性文件，选收部分国务院部门公布的规章和具有重要历史价值的立法背景文件。

本汇编分卷分类编排。根据各历史阶段的立法特点，分成几种情况：一是按总类、政治法律、财政经济和文化教育等分类，每大类下再按内容设二级类目；二是按内容分类，如军事、司法、公安、财政、金融、审计、商业、外贸、农业、林业、水利等；三是按效力层级分类，如一级类目分为法律和行政法规及法规性文件两类，在行政法规及法规性文件类中再按内容设二级类目；四是根据中国特色社会主义法律体系，分成宪法相关法、民法商法、行政法、经济法、社会法、刑法、诉讼与非诉讼程序法，每大类下再按内容设二级类目。

二、《中华人民共和国现行法规汇编》

（一）法规清理的重要成果

《中华人民共和国现行法规汇编》是经过国务院大规模法规清理后

的一部重要的法规汇编。1983年至1987年，国务院进行了空前的大规模的法规清理，历时5年，成果多多，其中的重要成果就是从1949年10月1日至1985年底国务院（含政务院）发布或批准发布的3334件行政法规和法规性文件中，清理出757件继续有效的法规和法规性文件，国务院法制局把这757件作为现行有效的法规编辑、汇编成财贸卷、农林卷、外事外经贸卷、工交城建卷、劳动人事卷、教科文卫卷、政法卷、军事及其他卷等8卷，由人民出版社于1987年4月出版《中华人民共和国现行法规汇编》，共8卷7册。

（二）本汇编的分类、编排

为了使用方便，本汇编所收清理出来的法规，按业务性质分为"财贸""农林""外事外经贸""工交城建""劳动人事""教科文卫""政法""军事及其他"等八大类卷。大类之下又分若干门类。各类法规的排列，以发布的时间先后为序。

（三）本汇编所收法规的内容，一般维持法规原来状况，但也有处理

个别法规按有关规定作了技术处理，删去了无规范内容又无现实参考价值的段落和错误的政治术语；校正了明显错误的名词、用字和标点；改动了个别不合规范的标题；对于法规中个别不再应用的条款尽可能作了必要的注释。

（四）本汇编的重要声明

本汇编是经过清理后，并经国务院确定为现行有效的行政法规汇编，但随着经济社会的发展和体制改革的深入进行，随着时间的推移，有的法规的有效性将会发生变化，如果有新的法规产生代替本汇编法规的情况发生，将会有执行哪一个的问题。因此，本汇编编者特作声明："凡有新的规定代替本汇编中有关规定的，应按新的规定执行。"

（五）法规清理后，确定自行失效、明令废止的法规目录，分别附列各卷之后

为了研究和便于了解各类法规的全面情况，本汇编把经清理确定为自行失效和明令废止的法规目录，按业务性质分别附列在各卷之后，供参考。

（六）各卷册介绍

1. 财贸卷（1949—1985）

财贸卷，是这套现行法规汇编的第一册，人民出版社于1987年4月第一版，第一次印刷。根据1986年7月25日《国务院关于废止部分财贸法规的通知》（国发〔1986〕82号），将现行有效的财贸方面的法规汇编成册。

2. 农林卷（1949—1985）

农林卷，是这套现行法规汇编的第二册，人民出版社于1987年1月第一版，第一次印刷。根据1986年9月15日《国务院关于废止部分农林法规的通知》（国发〔1986〕89号），将现行有效的农牧渔业、林业、水利电力、气象等农林方面的法规汇编成册。

3. 外事外经贸卷（1949—1985）

外事外经贸卷是这套现行法规汇编的第三册，人民出版社于1987年2月第一版，第一次印刷。根据1987年1月3日《国务院关于废止部分外事外经贸、工交城建、劳动人事和教科文卫法规的通知》（国发〔1987〕2号），将外事外经贸方面的法规汇编成册。

4. 工交城建卷（1949—1985）

工交城建卷是这套现行法规汇编的第四册，人民出版社于1987年7月第一版，第一次印刷。根据1987年1月3日国发〔1987〕2号文件编辑，汇编工交城建方面的法规。

5. 劳动人事卷（1949—1985）

劳动人事卷是这套现行法规汇编的第五册，人民出版社于1987年6月第一版，第一次印刷。根据1987年1月3日国发〔1987〕2号文件，汇编劳动人事方面的法规。

6. 教科文卫卷（1949—1985）

教科文卫卷是这套现行法规汇编第六册，人民出版社于1987年10月第一版，第一次印刷，1988年北京第二次印刷。根据1987年1月3日国发〔1987〕2号文件编辑，汇编教育、科学技术、地震、文化出版、语言文字等教科文卫方面的法规。

7. 政法卷、军事及其他卷（1949—1985）

政法卷、军事及其他卷是这套现行法规汇编的最后一册，册序为第七册，政法卷、军事及其他卷，两卷合为一册，人民出版社于1987年10月第一版，第一次印刷，1988年3月北京第二次印刷。根据1987年6月10日《国务院关于废止部分政法、军事、机关工作和其他法规的通知》（国发〔1987〕54号）编辑，汇编政法、军事、机关工作和其他方面的法规。

（七）出版法规汇编的出版社

我国的法规汇编都是由人民出版社、法律出版社、中国法制出版社、新华出版社、人民法院出版社出版。

关于人民出版社。1921年9月1日，中国共产党中央局在上海创办"人民出版社"，由中央局李达同志负责，组织马克思、列宁著作的出版。这是我们党创办的第一个出版机构。新中国成立后，人民出版社于1950年12月在北京重建，由毛主席亲笔题写社名，继续承担马克思主义经典著作的出版和传播职责与任务。人民出版社是新中国最重要的政治理论、哲学社会科学的综合出版社。国务院法制局、全国人大常委会法工委编辑的法律法规汇编多数都是由人民出版社出版。

三、《中华人民共和国涉外法规汇编》（1949—1990）

（一）本汇编的版本情况

1. 编者：中华人民共和国国务院法制局。
2. 出版者：中国法制出版社。
3. 版印：1991年7月北京第一版，1991年7月香港第一次印刷。
4. 版本：787mm×1092mm，16开，中、英文，中文繁体字。
5. 卷册：上册、中册、下册。

（二）本汇编的出版目的

为适应我国对外开放和国内外各界人士全面、准确了解我国涉外方面的法律、行政法规的需要，国务院法制局在对涉外法规全面清理后，决定出版《中华人民共和国涉外法规汇编》。

（三）本汇编特别注明

本汇编是由中国法制出版社出版的"国家正式版本"。

（四）本汇编的内容

本汇编汇集1949年新中国成立至1990年底，经全国人民代表大会及其常务委员会、国务院（含政务院）制定公布或者发布的现行有效的涉外方面的法律、行政法规和法规性文件（以下简称法规）共226件。这些法规都已分别根据全国人民代表大会常务委员会和国务院的部署，进行过清理、鉴别和审查，英文译本也经过国务院法制局审定。

（五）关于译文与中文产生歧义执行问题的规定

本汇编规定，英文译本与中文本如有歧义，以中文本为准。

（六）本汇编的分类、编排

本汇编所收法规分为29类，分别是：总类、外交事务、公安、司法行政和民政、对外经济与技术合作、经济特区与沿海经济开放区、对外贸易、财政税收、金融、农林、海关、进出口商品检验、物价、工商行政管理、技术监督、统计、交通运输、民航、口岸管理、邮电、劳动人事、土地管理、环境保护、旅游、科学技术、文化体育、卫生医药、涉外仲裁、其他，共29类。此外，还汇集了有关华侨事务和港、澳、台事务方面的法规，单独作为一类附后。每类编排原则上先法律后行政法规，但为了便于查阅，法律和行政法规的实施细则排列在该法律或者行政法规之后。在同一层次的法律或行政法规中，按公布或发布的时间顺序排列。

（七）本汇编对个别法规的技术处理

本汇编原则上是按原文编辑编排，但个别法规按有关规定校正了明显不当的字、词和标点，对于不再适用的个别条款或者补充修正的条款，作了必要的注释。

为了便于了解、掌握涉外法规的全面情况，本汇编特将全国人民代表大会常务委员会和国务院明令废止、宣布失效的涉外法规目录，附录在汇编之后。

随着我国体制改革和对外开放的深入发展以及实际情况的变化，有的法规的有效性将会发生变化，新的法规也会制定发布。编者将在清理的基础上，及时予以修订，以保持本汇编的完整性、适用性。

四、《中华人民共和国新法规汇编》

这是国务院法制局编辑出版的另一部重要的法规汇编。因本书有专门章节记述，在此只介绍其主要特点。

本汇编1988年1—3辑，1989年1—4辑，由新华出版社出版，1990年以后到现在各辑由中国法制出版社出版，已经出版37年。本汇编是综合性、实用性的法律法规汇编，也是发行量最多的法律法规汇编，曾经达到年发行量30多万册，是我国法律法规汇编发行量之首。

这部法规汇编第一册"编辑说明"明确指出，本汇编是"为便于国家机关、社会团体、企事业单位和全体公民及时、准确地看到法律和行政法规标准文本而编辑出版"。这是第一次国务院首肯的法规汇编"标准文本"。国务院公报在刊登这部法规汇编出版消息时这样称："该汇编是由国家规定的机关编辑出版的，可作为各级国家机关、社会团体、企事业单位工作用的标准文本；是公、检、法及仲裁机关审批和办案用的标准法规文件。"国务院公报很少刊登图书出版消息，可见，国务院公报很重视本书的出版并进一步明确，本汇编为"标准文本"。

五、《中华人民共和国法律汇编》

《中华人民共和国法律汇编》（以下简称《法律汇编》）是全国人民代表大会常务委员会法制工作委员会代表全国人大常委会编辑的，是我国改革开放以来全国人大常委会第一部重要法律汇编，在我国立法、法制建设中具有划时代意义。

（一）《法律汇编》的编辑出版背景

1979年到20世纪80年代中期，在党的十一届三中全会关于发展社会主义民主，健全社会主义法制的方针指引下，立法速度突飞猛进，法制建设蒸蒸日上，全国人大和全国人大常委会制定了一系列的法律。在这可喜的改革开放法制形势下，全国人大常委会法制工作委员会为适应各级党政机关、司法机关、人民团体、企业事业的组织和广大干部、群众的需要，编辑出版了这套《法律汇编》，从1985年起，一直出版到今天。

(二)《法律汇编》的版本情况

《中华人民共和国法律汇编(1979—1984)》为该汇编第一册。1985年3月人民出版社第一版,第一次印刷。乳黄色,平装,套封,635mm×927mm,16开。

(三)《法律汇编》的内容

《法律汇编》第一册汇集了1979年至1984年期间全国人大及其常委会通过的法律。关于修改、补充法律的决定,以及有关法律问题的决定,全国人大常委会法工委在1984年11月的《出版说明》中告知读者:"今后全国人大和全国人大常委会制定的法律将陆续出版。"在1986年1月《出版说明》中又告知读者:"全国人大和全国人大常委会制定的法律将每年汇编一本出版。"在1989年12月的《出版说明》中告知读者:"已经编辑出版了《中华人民共和国法律汇编(1979—1984)》、《中华人民共和国法律汇编(1985)》、《中华人民共和国法律汇编(1986)》、《中华人民共和国法律汇编(1987)、《中华人民共和国法律汇编(1988)》,现编辑出版《中华人民共和国法律汇编(1989)》。这部汇编包括全国人大、全国人大常委会在1989年内通过的法律和有关法律的决定。"在1999年2月的《出版说明》中告知读者:"已经出版了《中华人民共和国法律汇编(1979—1984)》、《中华人民共和国法律汇编(1985—1989)》、《中华人民共和国法律汇编(1990—1994)》、《中华人民共和国法律汇编(1995)》、《中华人民共和国法律汇编(1996)》、《中华人民共和国法律汇编(1997)》。现编辑出版《中华人民共和国法律汇编(1998)》。这本汇编包括全国人大、全国人大常委会在1998年内通过的法律和有关法律的决定。"

这部《法律汇编》是连续出版物。在2006年1月的《出版说明》中告知读者："1979年以来，全国人民代表大会和全国人民代表大会常务委员会制定了一系列法律。为了适应各级党政机关、司法机关、人民团体、企业事业单位和广大干部、群众的需要，已经编辑出版了《中华人民共和国法律汇编（1979—1984）》、《中华人民共和国法律汇编（1985—1989）、《中华人民共和国法律汇编（1995—1999）》、《中华人民共和国法律汇编（2000）》、《中华人民共和国法律汇编（2001）》、《中华人民共和国法律汇编（2004）》。现编辑出版《中华人民共和国法律汇编（2005）》。本汇编收录全国人民代表大会、全国人民代表大会常务委员会通过的法律、法律解释和有关法律问题的决定。"在2017年1月的《出版说明》中向读者介绍：1979年以来，全国人民代表大会及其常务委员会制定了一系列的法律。已经出版了《中华人民共和国法律汇编》（1979—1984），（1985—1989），（1990—1994），（1995—1999），（2000—2004），（2005—2009）共6辑五年辑本。从2010年至2016年，逐年编辑出版《中华人民共和国法律汇编》。2016年辑汇编收录了2016年全国人民代表大会及其常务委员会通过的法律、法律解释和有关法律问题的决定。

这部法律汇编第一册因为包括1982年宪法，所收法律对当时的改革开放有引导和深远影响，因此，有必要把其目录介绍给大家，供学习、参考，了解改革开放初期的法律。

《中华人民共和国宪法》

1982年宪法颁布实行后，进行过四次修改，共通过31条宪法修正案。

一九七九年

1.《中华人民共和国森林法（试行）》

2.《中华人民共和国逮捕拘留条例》

3.《中华人民共和国地方各级人民代表大会和各级人民政府组织法》

4.《中华人民共和国全国人民代表大会和地方各级人民代表大会选举法》

5.《中华人民共和国人民法院组织法》

6.《中华人民共和国人民检察院组织法》

7.《中华人民共和国刑法》

8.《中华人民共和国刑事诉讼法》

9.《中华人民共和国中外合资企业法》

10.《第五届全国人民代表大会第二次会议关于修正〈中华人民共和国宪法〉若干规定的决议》

11.《全国人民代表大会常务委员会关于修改〈中华人民共和国人民检察院组织法〉的决定》

附：《中华人民共和国人民检察院组织法》（根据修改决定修订本）

12.《全国人民代表大会常务委员会关于修改〈中华人民共和国中外合资经营企业所得税法〉的决定》

附：《中华人民共和国中外合资企业所得税法》（根据修改决定修订本）

13.《全国人民代表大会常务委员会关于国家安全机关的侦查、拘留、预审和执行逮捕的职权的决定》

14.《全国人民代表大会常务委员会关于县、乡两级人民代表大会选举时间的决定》

15.《全国人民代表大会常务委员会关于授权国务院对职工退休退职办法进行部分修改和补充的决定》

一九八四年

16.《中华人民共和国专利法》

17.《中华人民共和国水污染防治法》

18.《中华人民共和国民族区域自治法》

19.《中华人民共和国兵役法》

20.《中华人民共和国森林法》

21.《中华人民共和国药品管理法》

一个年代有一个年代的奇而深的记忆。1979年以后，我感觉到改革开放的春风拂面，经济、社会、生活发生了空前的变化，一切既有开放的活力，又有法制的规范。从以上1979年至1984年全国人大及其常委会制定的法律来看，基本上覆盖了社会的方方面面，改变了新中国成立以来法制滞后的面貌。春风滋养新时期的法制建设，社会主义的法制维护、保障了改革开放的春风劲吹。

（四）《法律汇编》各册出版时间

1.《中华人民共和国法律汇编（1979—1984）》，1985年3月第一版
2.《中华人民共和国法律汇编（1985）》，1986年3月第一版
3.《中华人民共和国法律汇编（1986）》，1987年3月第一版
4.《中华人民共和国法律汇编（1987）》，1988年3月第一版
5.《中华人民共和国法律汇编（1988）》，1989年3月第一版
6.《中华人民共和国法律汇编（1989）》，1990年3月第一版
7.《中华人民共和国法律汇编（1990）》，1991年3月第一版
8.《中华人民共和国法律汇编（1991）》，1992年3月第一版
9.《中华人民共和国法律汇编（1992）》，1993年2月第一版
10.《中华人民共和国法律汇编（1993）》，1994年2月第一版
11.《中华人民共和国法律汇编（1994）》，1995年2月第一版
12.《中华人民共和国法律汇编（1995）》，1996年2月第一版
13.《中华人民共和国法律汇编（1996）》，1997年2月第一版
14.《中华人民共和国法律汇编（1997）》，1998年2月第一版
15.《中华人民共和国法律汇编（1998）》，1999年2月第一版
16.《中华人民共和国法律汇编（1999）》，2000年2月第一版
17.《中华人民共和国法律汇编（2000）》，2001年2月第一版
18.《中华人民共和国法律汇编（2001）》，2002年2月第一版
19.《中华人民共和国法律汇编（2002）》，2003年2月第一版
20.《中华人民共和国法律汇编（2003）》，2004年2月第一版
21.《中华人民共和国法律汇编（2004）》，2005年3月第一版

22.《中华人民共和国法律汇编（2005）》，2006年1月第一版

23.《中华人民共和国法律汇编（2006）》，2007年2月第一版

24.《中华人民共和国法律汇编（2007）》，2008年2月第一版

25.《中华人民共和国法律汇编（2008）》，2009年2月第一版

26.《中华人民共和国法律汇编（2009）》，2010年1月第一版

27.《中华人民共和国法律汇编（2010）》，2011年2月第一版

28.《中华人民共和国法律汇编（2011）》，2012年2月第一版

29.《中华人民共和国法律汇编（2012）》，2013年3月第一版

30.《中华人民共和国法律汇编（2013）》，2014年2月第一版

31.《中华人民共和国法律汇编（2014）》，2015年3月第一版

32.《中华人民共和国法律汇编（2015）》，2016年3月第一版

33.《中华人民共和国法律汇编（2016）》，2017年2月第一版

34.《中华人民共和国法律汇编（2017）》，2018年2月第一版，上、下册

35.《中华人民共和国法律汇编（2018）》，2019年2月第一版，上、中、下册

36.《中华人民共和国法律汇编（2019）》，2020年5月第一版

37.《中华人民共和国法律汇编（2020）》，2021年3月第一版，上、下册

38.《中华人民共和国法律汇编（2021）》，2022年4月第一版，上、下册

39.《中华人民共和国法律汇编（2022）》，2023年5月第一版

40.《中华人民共和国法律汇编（2023）》，2024年5月第一版

（五）关于本汇编编者

本书编者是全国人民代表大会常务委员会法制工作委员会（简称全国人大常委会法工委）。全国人大常委会法工委是1979年2月根据五届全国人大常委会的决定成立。成立时叫"全国人大常委会法制委员会"，彭真、习仲勋曾任过主任。1983年9月，根据全国人大常委会决定，"全国人大常委会法制委员会"改为"全国人大常委会法制工作委员会"，

为全国人大和全国人大常委会、法律委员会审议法律草案、对提请审议的法律草案进行研究、征求意见，提出修改意见，答复法律问题的询问，负责法律汇编译审法律文献等。其中，编译法律汇编是该法制工作委员会的一项法定职责。全国人大常委会法工委和国务院法制局都是我国国家法律法规汇编的权威和法定的编辑机构。

六、《中华人民共和国法律汇编》（英文版）

为了让世界了解中国，了解中国法律，了解中国改革开放，全国人大常委会法工委编译这部代表中华人民共和国对外发行的英文版的法律汇编。本汇编第一册《中华人民共和国法律汇编（1979—1982）》（英文版），第二册《中华人民共和国法律汇编（1983—1986）》（英文版），是外文出版社于1987年第一版，第一次印刷；第三册《中华人民共和国法律汇编（1987—1989）》（英文版），第四册《中华人民共和国法律汇编（1990—1992）》（英文版），是科学出版社分别于1990年和1993年出版。从1996年开始，本汇编由法律出版社出版。《中华人民共和国法律汇编（1996）》（英文版），是法律出版社于1997年11月接续外文出版社、科学出版社出版的第一册。之后，每年出版一册，连续出版至今。

（一）版本

封面，国徽套红，蓝色，书名烫金。787mm×1092mm，16开本，精装。

（二）内容

收录当年全国人大及全国人大常委会通过的法律及关于法律问题的决定、决议。

（三）书名变化

本汇编除版权页为中文外，其他全部英文。封面英文书名：THE LAWS OF THE PEOPLE'S REPUBLIC OF CHINA。

本汇编1997年至2003年法律出版社出版各册中文书名叫"中华人民共和国法律汇编"。

从2004年10月开始，到2021年1月，本汇编中文书名改为"中华人民共和国法律"，去掉"汇编"二字。

2022年2月、4月、5月，本汇编中文书名又改为"中华人民共和国法律汇编"。

但是，本汇编英文书名始终未变。

（四）本汇编各册简介

1.外文出版社出版

（1）《中华人民共和国法律汇编（1979—1982）》（英文版），1987年第一版，431页。

（2）《中华人民共和国法律汇编（1983—1986）》（英文版），1987年第一版，360页。

2.科学出版社出版

（1）《中华人民共和国法律汇编（1987—1989）》（英文版），1990年第一版，360页。

（2）《中华人民共和国法律汇编（1990—1992）》（英文版），1993年第一版，533页。

3.法律出版社出版

（1）《中华人民共和国法律汇编（1996）》（英文版），1997年11月第一版，367页。

（2）《中华人民共和国法律汇编（1997）》（英文版），1998年8月第一版，367页。

（3）《中华人民共和国法律汇编（1998）》（英文版），1999年9月第一版，231页。

（4）《中华人民共和国法律汇编（1999）》（英文版），2000年9月第一版，379页。

（5）《中华人民共和国法律汇编（2000）》（英文版），2001年9月第一版，294页。

（6）《中华人民共和国法律汇编（2001）》（英文版），2002年1月第一版，391页。

（7）《中华人民共和国法律（2002）》（英文版），2003年9月第一版，367页。

（8）《中华人民共和国法律（2003）》（英文版），2004年10月第一版，233页。

（9）《中华人民共和国法律（2004）》（英文版），2005年9月第一版，525页。

（10）《中华人民共和国法律（2005）》（英文版），2006年11月第一版，293页。

（11）《中华人民共和国法律（2006）》（英文版），2007年1月第一版，226页。

（12）《中华人民共和国法律（2007）》（英文版），2008年12月第一版，495页。

（13）《中华人民共和国法律（2008）》（英文版），2009年12月第一版，180页。

（14）《中华人民共和国法律（2009）》（英文版），2010年12月第一版，245页。

（15）《中华人民共和国法律（2010）》（英文版），2012年2月第一版，273页。

（16）《中华人民共和国法律（2011）》（英文版），2013年4月第一版，250页。

（17）《中华人民共和国法律（2012）》（英文版），2014年7月第一版，651页。

（18）《中华人民共和国法律（2013）》（英文版），2015年10月第一版，610页。

（19）《中华人民共和国法律（2014）》（英文版），2017年3月第一版，411页。

（20）《中华人民共和国法律（2015）》（英文版），2020年5月第一版，1007页。

（21）《中华人民共和国法律（2016）》（英文版），2021年1月第一版。

（22）《中华人民共和国法律汇编（2017）》（英文版），2022年2月第一版，786页。

（23）《中华人民共和国法律汇编（2018）》（英文版），2022年4月第一版，1199页。

（24）《中华人民共和国法律汇编（2019）》（英文版），2022年5月第一版，503页。

（25）《中华人民共和国法律汇编（2020）》（英文版），2023年9月第一版，660页。

（26）《中华人民共和国法律汇编（2021）》（英文版），2024年1月第一版。

七、《中华人民共和国法律汇编》（中英对照版）

为适应我国对外开放和国内外各界人士了解我国有关法律的需要，全国人大常委会法工委办公室编辑出版这部中英文对照的法律汇编，是单行分类卷出版，包括行政法［经济类］卷、民法·商法卷。

（一）版本

封面蓝色，国徽套红，书名烫金。16开本，787mm×1092mm。1998年1月第一版，第1版印刷。共两册。行政法［经济类］卷为一册，1140页；民法·商法卷为另一册，903页。

（二）编排

每卷分为相关的类，类下以法律颁布的时间先后顺序排列。

（三）汇编文本翻译

本汇编的法律英译文本，是经有关法律和英文翻译专家审改，由全国人大常委会法制委员会主持审定。参加本汇编的编译人员有（按姓氏笔画排序）：李春丽、周惠民、赵振江、姜桂华、高云翔、夏继红、扈继华、敬云川。全书英文译文由高云翔最终统审。

（四）关于本汇编法律英文译文与中文发生歧义的处理

本汇编的法律英译文文如与中文发生歧义，以中文法律文本为准。

（五）内容

本汇编收集了1979年以来至1996年10月底之前，全国人大及其常委会通过的有关经济方面的法律共69件。

目录：

中华人民共和国法律汇编（民法·商法卷）

总类

中华人民共和国民法通则

中华人民共和国反不正当竞争法

中华人民共和国消费者权益保护法

婚姻家庭

中华人民共和国婚姻法

中华人民共和国继承法

中华人民共和国收养法

知识产权

全国人民代表大会常务委员会关于修改《中华人民共和国商标法》的决定

附：

中华人民共和国商标法

全国人民代表大会常务委员会关于修改《中华人民共和国专利法》的决定

附：

中华人民共和国专利法

债权

全国人民代表大会常务委员会关于修改《中华人民共和国经济合同法》的决定

附：

中华人民共和国经济合同法

中华人民共和国涉外经济合同法

中华人民共和国技术合同法

中华人民共和国担保法

诉讼及非诉讼程序

中华人民共和国民事诉讼法

中华人民共和国仲裁法

公司、企业

全国人民代表大会关于修改《中华人民共和国中外合资经营企业法》的决定

附：

中华人民共和国中外合资经营企业法

中华人民共和国外资企业法

中华人民共和国中外合作经营企业法

中华人民共和国全民所有制工业企业法

中华人民共和国公司法

中华人民共和国商业银行法

中华人民共和国破产法（试行）

海商、票据、保险

中华人民共和国海商法

中华人民共和国票据法

中华人民共和国保险法

《中华人民共和国法律汇编（行政法［经济类］卷）》分财政、金融，统计、审计，税务，标准、计量、质量、工商，外贸、进出口，资源、能源，交通、邮政，城建、环保等，其具体目录不再介绍。

八、《中华人民共和国法律》（1979—1999）

这部法律汇编是全国人大常委会法工委编辑的单行分类法律汇编，但是书名没有"汇编"二字。这部汇编与全国人大常委会法工委编辑、人民出版社出版的《中华人民共和国法律汇编》不同。后者是收录当年全国人民代表大会及其常委会通过的法律、法律解释和有关法律问题的决定、决议，逐年连续出版；前者是分类单行出版，收辑了1979年至1999年8月期间全国人大及其常委会通过的全部现行有效的法律。

（一）版本

本汇编由全国人大常委会法工委于1999年9月编辑完成，法律出版社2002年12月第一版，2003年2月第二版，第一次印刷。

（二）内容与编排

本汇编包括1979年至1999年8月间，全国人大及其常委会通过的全部现行有效的法律。分宪法国家法、民商法、行政法、经济法、社会法、刑法、诉讼法七大类，每一类下按法律公布的时间顺序先后排列。对于修改过的法律，本汇编只收最新修改后的法律文本，未收修改决定，还甄选了部分有关法律问题的决定，列在相关法律的后面。

（三）再版

全国人大常委会法工委为满足读者需要，于2002年12月完成对本汇编的修订，法律出版社于2003年2月第二次出版。修订版是在第一版的基础上进行了补充和修订，增补了1999年10月至2002年12月期间全国人民代表大会及其常委会通过的法律及法律解释，并相应地删去了一些被修正或修订的法律。

九、《中华人民共和国法律及有关法规汇编》（1979—1984）

这是改革开放以来，全国人大常委会法工委编辑的第一部编年体法律法规汇编。

（一）版本情况

封面紫红色，国徽及书名烫金，精装，850mm×1168mm，32开。法律出版社出版，1986年2月第一版，818页。

（二）本书出版目的

1979年以来，在党的十一届三中全会关于发展社会主义民主，健全社会主义法制的方针指引下，全国人大和全国人大常委会制定了一系列法律。为了适应各级党政机关、司法机关、人民团体、企业事业组织和广大干部、群众的需要，全国人大常委会法工委编辑出版这部《中华人民共和国法律及有关法规汇编》（1979—1984）。

（三）本书内容

本书包括《中华人民共和国宪法》和全国人大、全国人大常委会在1979年至1984年期间通过的法律，关于修改、补充法律的决定，以及有关法律的决定，还编入国务院在同一时间颁布的有关行政法规。

（四）本书的编排

本书没有分类，按年编排，年内按法律公布的时间先后为序。国务院行政法规附在相关法律之后，如《中华人民共和国环境保护法（试行）》（1979年9月13日第五届全国人民代表大会常务委员会第十一次会议原则通过，1979年9月13日全国人民代表大会常务委员会令第二号公布试行），同时将国务院1982年2月5日发布的《征收排污费暂行办法》行政法规附排在该法律之后。

十、《中华人民共和国法库》

这是我国第一部现代版的法律"四库全书"，是中国特色社会主义法律体系的权威载体，是集权威性、系统性、科学性、重大影响性于一身的法律工具书。因此，有必要从多方面加以介绍。

（一）本书具有权威性

1.国家主席为本书作序

江泽民同志为《中华人民共和国法库》作序。国家主席为其作序的书，很少见。

2. 列入国家重点图书规划项目

《中华人民共和国法库》是根据中央领导的提议而编辑，并列入国家新闻出版署"十五"国家重点图书出版规划项目。

3. 权威审定

总主编由最高人民法院原院长肖扬担任，全国人大常委会法制工作委员会审定。第九届、第十届全国政协副主席罗豪才，中华人民共和国大法官、最高人民法院原副院长曹建明、祝铭山、刘家琛、李国光、姜兴长、张军、万鄂湘也先后对本书相关内容作了审定。

为确保本书的权威性、科学性，本书编委会邀请了全国人大常委会法工委、国务院法制办和中国社科院法学所、北京大学、中国人民大学、中国政法大学、武汉大学、吉林大学、华东政法学院等单位的国内各法律学科的权威专家，对本书的书名、框架、体例、内容作了详尽充分的论证，并由全国人大常委会法制工作委员会最终审定。

4. 各分卷主编，由我国法学界权威专家担任

宪法卷的主编为祝铭山、许崇德；民法卷的主编为王家福、曹建明；商法卷的主编为江平、李国光；行政法卷的主编为罗豪才、孙琬钟；社会法卷的主编为姜兴长、关怀；刑法卷的主编为高铭暄、马克昌、刘家琛、张军；程序法卷的主编为陈光中；国际法卷的主编为韩德培、万鄂湘。

可以说，本书是中国法学界专家学者、最高人民法院大法官以及全国著名院校共同努力和智慧的结晶。

5. 法律文件排印根据权威

本书收录的法律和有关法律问题的决定根据《中华人民共和国全国人民代表大会常务委员会公报》公布的标准文本排印；行政法规和行政法规性文件根据《中华人民共和国国务院公报》公布的标准文本排印；司法解释和司法解释性文件根据《中华人民共和国最高人民法院公报》和《中华人民共和国最高人民检察院公报》以及《人民法院报》公布的

标准文本排印；国际法卷的国际条约除了根据《中华人民共和国全国人民代表大会常务委员会公报》公布的标准文本排印外，还有一部分采用中华人民共和国外交部条法司的《中华人民共和国多边条约集》中的文本排印。

(二)《中华人民共和国法库》序言

新中国成立以来，我国的法制建设在实践中不断发展，积累了重要的经验，取得了重大的成果。我们深刻地认识到，实行依法治国，建设社会主义法治国家，是建设有中国特色社会主义伟大事业取得成功的重要保证，是实现国家兴旺发达和长治久安的重要保障。一九九七年九月，中国共产党第十五次全国代表大会明确提出了依法治国的基本方略和建设社会主义法治国家的重要任务。一九九九年三月十五日，第九届全国人大代表大会第二次会议将依法治国和建设社会主义法治国家载入了《中华人民共和国宪法修正案》。这标志着中国的法制建设进入了一个新的发展时期。

法律，既是社会发展的产物，又对社会发展产生作用。经济越发展，社会越进步，越需要通过法治来引导和规范经济生活和社会生活。依法治国，是我们对国家事务、经济和文化事业、社会事务进行管理的有效方式。只有严格依照宪法和法律规范国家权力的运行，才能保证全体人民依法行使国家权力和享有广泛的公民权利；只有完善的法律和制度作保障，才能保证社会主义市场经济的有序发展；只有正确运用法律手段，有效调节和解决各种社会矛盾，才能保证国家和社会长治久安、人民安居乐业。法令行则国治，法令弛则国乱，这是一条被古今中外历史所证明了的为政之道。

形成完备的法律体系，是依法治国的基础。我们已经明确，要在二〇一〇年形成有中国特色社会主义法律体系。这是推进依法治国进程的首要任务。建设有中国特色社会主义法律体系，必须坚持以马克思列宁主义、毛泽东思想、邓小平理论为指导，贯彻"三个代表"要求，坚持我国法律体系的社会主义性质和方向。要从国情出发，制定和实施体现人民意志和利益、符合社会发展规律的法律，在我国宪法的基础上，形成体系统一、结构逻辑严谨、法律部门齐全、体例安排科学的社会主义法律体系，使国家的各项工作和社会的各方面生活都有法可依。

实现依法治国、建设社会主义法治国家的目标，需要我们进行长期的努力。现在，我们已经初步建立了有中国特色社会主义法律体系，推进国家和社会管理的法治化进程也取得了重大进展。但是，我们面临的立法和修改法律的任务还很重，实施依法治国的基本方略还有大量工作要做。我国加入世界贸易组织后，要在世界贸易组织的法律框架下行使权利和履行义务，也需要进一步完善我国的法律制度。我们必须根据经济和社会发展的要求，努力体现人民的意志，大力加强立法工作，大力推进司法改革，大力推进依法行政，大力加强法律教育和研究工作，大力在全社会普及法律知识，尤其要大力增强各级干部的法治观念和依法办事能力。总之，实现国家经济、政治、文化生活的法治化，是我国社会主义现代化建设的必然要求，我们一定要为实现这一目标而不懈努力。

《中华人民共和国法库》，是一套反映我国法制建设成就的法律全书。编辑出版这套大型的法律全书，是一件很有意义的基础工作。我相信，本书的出版将有助于促进我国社会主义民主政治的建设，有助于完善有中国特色社会主义法律体系，特别是有助于推动实施依法治国、建设社会主义法治国家的进程。

江泽民
二〇〇二年七月十二日

（三）本书版本

1.封面

藏蓝，国徽套红，书名烫金，大16开，精装。

2.出版

本书是新中国成立以来现行法律、法规、司法解释等法律文件的权威文本，由人民法院出版社出版，2002年10月第一版，2002年11月第二次印刷，共16册；2007年第二版，2007年10月第一次印刷，共22册。

（四）本书内容

1.第一版收录了新中国成立至2002年8月以前，现行有效的法律、法规、司法解释等法律文件，包括全国人民代表大会及其常务委员会通过的法律和有关法律问题的决定、决议和解释264件；国务院发布的行政法规和行政法规性文件703件；最高人民法院和最高人民检察院发布的司法解释及司法解释性文件888件；选收国务院各部委发布的部门规章和部门规章性文件1810件；我国缔结或加入的国际条约以及常用国际惯例208件；以及部分国家标准，共计3800余件。全书总字数约2600万字。

编委会在编辑第一版的过程中对已经废止的法律文件均未收录。同时，根据我国加入世贸组织后各部门法律文件的立、改、废进程，对宣布失效、明令废止、重新修订的法律文件又作了系统的梳理，剔旧补新，随时根据最新情况调整本书内容。所以本书收录的法律文件与我国入世后法律清理活动同步，及时全面地反映了最新的立法动态，体现了法律文件的现行有效性。本书所收录的法律文件截至2002年8月31日。

2.本书第二版收录了全国人民代表大会及其常务委员会通过的法律和有关法律问题的决定、决议、解释532件；国务院发布的行政法规和法规性文件929件；最高人民法院和最高人民检察院发布的司法解释及司法解释性文件1275件；选收国务院各部委发布的规章和部门规章性文件3364件；我国缔结或加入的国际公约、双边条约及国际惯例320件；还收录少量国家标准和民商事交易规则。

所收录的法律、法规及文件截至2007年8月底。凡已修正或修订的法律、行政法规均采用修正或修订后重新发布的法律文本，并将修正决定附于该法律文件之后。全书总字数3581.6万字。

（五）本书分类

第一版《中华人民共和国法库》由宪法卷、民法卷、商法卷、行政法卷、社会法卷、刑法卷、程序法卷、国际法卷和索引卷共9卷16册组成。

第二版《中华人民共和国法库》分宪法卷、民法商法卷、行政法卷、经济法卷、社会法卷、刑法卷、程序法卷、国际法卷，共8卷22册。各卷册数不等：宪法卷1册；民法商法卷2册；行政法卷5册；经济法卷8册；社会法卷1册；刑法卷1册；程序法卷1册；国际法卷3册。

1.宪法卷，分宪法，相关法。

2.民法商法卷，分民法篇、商法篇，各篇独立成册。

3.行政法卷各册分类。第一册：总类、军事、外交、公安、国家安全；第二册：监察、人事、司法行政、民政、侨务、宗教；第三册：城乡建设、环境保护、旅游、气象、地震；第四册：教育、文化、新闻出版、影视、体育；第五册：科学技术、卫生医药、计划生育。

4.经济法卷各册分类。第一册：总类、财政、国有资产管理、税收、审计；第二册：金融；第三册：商务、海关；第四册：工商管理、质量监督、检验检疫；第五册：农、林、牧、渔；第六册：交通、铁路、民航；第七册：国土资源、测绘、信息产业；第八册：能源、水利、统计、价格、其他。

5.国际法卷分类。按内容分为国际多边条约篇、双边司法协助和引渡条约篇、国际惯例篇三篇，各篇独立成册。

（六）本书内容编排

1.按不同法律效力层次编排。本书在目录上对不同法律效力层次的法律文件用不同的字体标出以视区别。用黑体字表示法律和全国人民代表大会及其常务委员会通过的有关法律问题的决定、决议、立法解释；用宋体字表示行政法规和司法解释；用仿宋体字表示部门规章。在每一级别类目下的法律文件按照法律、有关法律问题的决定，行政法规、行政法规性文件，部门规章和规章性文件，司法解释和司法解释性文件的顺序排列。效力级别相同的法律文件，按公布或发布的时间先后排列。全国人民代表大会及其常务委员会通过的法律，置于该类目之首。该类目下没有法律的，国务院发布的行政法规置于该类目之首。

2.关于法律、行政法规"实施细则"的编排。法律、行政法规的实施细则或实施条例按文件内容性质接排在该法律或行政法规之后。

3.采取设"存目"的方法避免重复排列。部分法律文件的分类在内容上出现交叉或重叠时，为避免重复，根据其主体内容，采用一卷收录全文，另一卷设"存目"互见，指引读者检索文件。例如，《中华人民共和国职业病防治法》在《行政法卷》"医药卫生"类目下收录全文，在《社会法卷》"劳动保护"类目下注明：《中华人民共和国职业病防治法》（存目，参见《行政法卷》四、卫生医药　计划生育［三］职业病防治）。

4.考虑到读者检索方便，部分法律文件没有完全按其所属法律部门的性质收录。例如，《著作权行政处罚实施办法》没有收录在《行政法卷》，而是收录在《民法商法卷》商法篇四、知识产权的类目下。

（七）《中华人民共和国法库》第二版与第一版的区别

1.收录的内容第二版比第一版大量增加

本书第二版与第一版的最大的区别是内容大量增加。第二版增加了十届全国人大及其常委会2003年至2007年五年来的重要立法，收录同期"两高"的重要司法解释，使第二版法库的内容更加完整和全面，对我国社会主义法律体系建设成就进一步全面汇总、展示，是反映我国社会主义法律体系基本形成的标志性法律典籍。

2.《中华人民共和国法库》第二版分类比第一版分类更加科学

法律体系的构成涉及法律部门的分类。《中华人民共和国法库》第一版的分类，总体思路是从法院审判工作的实际需要，着重从法律适用的角度构建分类框架。按八个法律部门进行分类编辑，即宪法、民法、商法、行政法、社会法、刑法、程序法、国际法。与此相适应，第一版内容分类为：宪法卷、民法卷、商法卷、行政法卷、社会法卷、刑法卷、程序法卷、国际法卷。

为了使《中华人民共和国法库》第二版分类更加科学、准确，反映我国社会主义民主法制建设的成果，本书编委会对我国法律体系的分类又进一步深入研究，认为我国的法律体系划分为七个法律部门比较合适，即宪法及宪法相关法、民法商法、行政法、经济法、社会法、刑法、诉讼与非诉讼程序法。与此相适应，《中华人民共和国法库》第二版分为宪法及相关法卷（简称宪法卷）、民法商法卷、行政法卷、经济法卷、社会法卷、刑法卷、诉讼与非诉讼程序法卷（简称程序法卷）和国际法卷——我国缔结或加入的国际条约及常用国际惯例（简称国际法卷）。这种法律分类的划分，能够比较清楚地反映各类法律规范所调整的对象和方法，既易于把各个法律部门区分开，又使各个法律部门之间的关系合乎逻辑，并且符合我国现有法律和将要制定的法律状况。

第七章
法规规章备案制度的建立

20世纪80年代前,在我国没有现代意义的"规章"一词概念,更谈不上法规规章备案制度。改革开放之后,经济建设飞速发展,立法进程加快,20世纪80年代初期,作为一种法律形态的地方性法规、规章应运而生。为了经济发展和政府法制管理的需要,建立法规规章备案制度提上日程。法规规章备案制度是为加强地方性法规、地方政府规章和国务院部门规章的管理和监督,依法设定的由法规规章制定机关履行报送法规规章、接受管理和监督的法律制度。

一、法规规章备案制度建立的背景

法规规章备案制度建立前,由于国家对地方立法权、地方政府规章及国务院部门规章制定权的确立,法规规章备案制度大有呼之欲出之势。为了方便叙述,我把这段法制建设背景分为两部分。

(一)地方立法热潮的掀起,更显现地方性法规备案制度建立的必要性

1.省级地方立法权的确立

法学界大部分人都认为,1979年是中国社会主义现代化建设新时期

立法工作的起步年，我举手赞成。1979年7月1日，第五届全国人民代表大会第二次会议通过了《中华人民共和国地方各级人民代表大会和地方各级人民政府组织法》（以下简称地方组织法），以基本法的形式确立了省级人大及它的常委会制定地方性法规的权力，从此在新中国这块土地上诞生了地方立法权。

地方组织法第6条规定："省、自治区、直辖市的人民代表大会根据本行政区域的具体情况和实际需要，在和国家宪法、法律、政策、法令、政令不抵触的前提下，可以制订和颁布地方性法规，并报全国人民代表大会常务委员会和国务院备案。"地方组织法第27条规定："省、自治区、直辖市的人民代表大会常务委员会在本级人民代表大会闭会期间，根据本行政区域的具体情况和实际需要，在和国家宪法、法律、政策、法令、政令不抵触的前提下，可以制订和颁布地方性法规，并报全国人民代表大会常务委员会和国务院备案。"

1979年7月1日地方组织法颁布以前，省级人民代表大会及其常委会没有地方立法权。1982年宪法对地方组织法赋予省级人民代表大会及其常委会制定地方性法规的这项权力又以宪法形式确认。同时，民族自治地方行使自治条例、单行条例制定权也重新确认。随着省级地方立法权的确立，向国务院备案的地方性法规开始多了起来，掀起了地方立法的热潮。

2.市级地方立法权的确立

1979年颁布施行的地方组织法还没有赋予省会市、较大的市的人民代表大会及它的常委会地方立法权，1982年12月4日颁布施行的宪法也没有赋予省会市、较大的市的人民代表大会及它的常委会地方立法权。但是第五届全国人民代表大会第五次会议在1982年宪法公布施行6天后，即对地方组织法作了修改和补充的决议。决议规定，地方组织法第27条增加一款，作为第2款："省、自治区的人民政府所在地的市和经国务院批准的较大的市的人民代表大会常务委员会，可以拟订本市需要的地方性法规草案，提请省、自治区的人民代表大会常务委员会审议制定，并报全国人民代表大会常务委员会和国务院备案。"这个规定有三层意思：第一，省会市、较大的市的人民代表大会仍然还不具有实体意义的地方立法权；第二，省会市、较大的市的人民代表大会常委会其实也没有真正的地方立法权，只是有"拟订"地方性法规草案权，还须提请省、自治区人大常委会审议制定；第三，制定的地方性法规草案被批准后不能直接报备，必须由省、自治区人大常委会向全国人大常委会和国务院备案，没有规定由省会市、较大的市的人民代表大会常委会直接向全国人大常委会和国务院备案。当时，业内人士称这项立法权为"半个立法权"。这一规定施行了4年，到1986年，随着改革开放的深入、市场经济的发展，民事关系、商业往来、城市管理出现多样化、复杂化，亟须新的法律调整。全国人大常委会考虑到实际需要，对1982年地方组织法有关省会市、较大的市人民代表大会及其常委会立法权的规定作出了修改和补充的决定，1986年12月2日第六届全国人民代表大会常务委员会第十八次会议通过并公布施行。决定赋予省会市、较大的市的人民代表大会在不同宪法、法律、行政法规和本省、自治区的地方性法规相抵触的前提下，可以制定地方性法规。省会市、较大的市的人大常委会也由"拟订地方性法规草案"权，上升为"可以制定地方性法规"，但二者所制定的地方性法规都需要报省级人大常委会批准后施行。关于向全国人大常委会和国务院备案的规定没有修改，仍由省级人大常委会报送，省会市、较大的市制定的地方性法规仍不能直接报送备案。建立法规规章备案制度以前，即1987年以前，我国共有27个省会市，13个经国务院批准的较大的市，包括：唐山市、大同市、包头市、大连市、鞍山市、抚顺市、吉林市、齐齐哈尔市、无锡市、淮南市、青岛市、洛阳市、重庆市（后来升为直辖市）。那时候较大的市只指经国务院批准的较大的市，后来立法法里的"较大的市"还包括经济特区所在地的市。市级地方立法权的确立，一下子多了40个地方立法机关。法定地方立法机关的增多，使得地方性法规数量激增，仅1987年向国务院备案的地方性法规就有176件。1979年至1986年，全国制定的地方性法规已达千余件。地方性法规数量的快速上升，凸显了建立法规备案制度的必要性。

2015年《立法法》修改后，把地方政府规章制定权扩大到设区的市和自治州。按照法律规定，全国有地方政府规章制定权的机关是：省、自治区、直辖市人民政府（31个）；省、自治区所在地的市人民政府（27个）；经国务院批准的较大的市人民政府（18个）；设区的市人民政府（290个）；自治州人民政府（30个）；经济特区所在地的市人民政府（4个），共400个地方政府规章制定机关。每年报送国务院备案的地方政府规章几千件。

（二）宪法、法律对规章制定权的确立催生规章备案制度

1.国务院部门"规章"概念的出现

1982年以前，作为法律层面的规章，在宪法、法律里还没有出现，无论是地方政府还是国务院部门发布的具有普遍约束力的文件一般都称"决议"或者"命令""指示"。1954年宪法第51条规定："各部部长和各委员会主任在本部门的权限内，根据法律、法令和国务院的决议、命令，可以发布命令和指示。"第64条第3款规定："地方各级人民委员会依照法律规定的权限发布决议和命令。"1979年7月1日通过的地方组织法，统一规定了县级以上的地方各级人民政府的职权，"执行本级人民代表大会和它的常务委员会的决议，以及上级国家行政机关的决议和命令，规定行政措施，发布决议和命令"，这里地方政府增加了"规定行政措施"的职权。1982年宪法把地方政府"发布决议和命令"的职权改述为"发布决定和命令"。总之，此前地方政府发布的具有普遍约束力的文件称"决议""决定""命令""行政措施"，没有出现"规章"的概念；国务院部门发布的具有普遍约束力的文件称"命令""指示"，也没有出现"规章"的概念。

虽然1982年宪法仍然没有规定地方政府的规章制定权，但是在1982年宪法中已经明确了国务院部委的规章制定权。1982年宪法第90条第2款规定："各部、各委员会根据法律和国务院行政法规、决定、命令，在本部门的权限内，发布命令、指示和规章。"这是新中国法律第一次使用"规章"的概念。

2. 省、自治区、直辖市和省会市、较大的市地方政府可以制定规章

就在1982年宪法公布施行后的第六天（1982年12月10日），第五届全国人民代表大会第五次会议作出了对地方组织法修改和补充的决定，决定在第35条第1项最后增加规定："省、自治区、直辖市以及省、自治区的人民政府所在地的市和经国务院批准的较大的市的人民政府，还可以根据法律和国务院的行政法规，制定规章。"至此，我国法律在明确国务院部委的规章制定权后，不到六天，也明确了省、自治区、直辖市和省会市、较大的市的地方政府的规章制定权。1982年12月4日和1982年12月10日是国务院部委规章制定权和地方政府规章制定权的诞生日。

到1986年，全国共有地方立法机关162个，其中有30个省、自治区、直辖市人民代表大会及其常委会，31个自治州和101个自治县的人民代表大会及其常委会，制定了地方性法规1000多件，自治条例、单行条例200多件；到2021年，全国有31个省，设区的市290个，自治州30个，自治县117个，报备的地方性法规已经达到8000多件。到1986年，全国有规章制定权的地方政府共70个，其中有30个省级人民政府，27个省会市人民政府，13个经国务院批准的较大的市的人民政府（唐山市、大同市、包头市、大连市、鞍山市、抚顺市、吉林市、齐齐哈尔市、无锡市、淮南市、青岛市、洛阳市、重庆市，1984年批准），制定了地方政府规章2000多件。到2021年，全国设区的市有290个，自治州30个，制定地方政府规章上万件。在法规规章备案制度建立前，全国共有地方立法机关和地方政府规章制定机关232个，共制定了地方性法规、地方政府规章3000多件。截至1986年，国务院有规章制定权的部门共67个，

其中部委45个，直属机构22个，已经制定部门规章2000多件，全国共制定地方性法规、地方政府规章、国务院部门规章已近6000件。法律规定的明确、立法机关和法规规章数量的速增，对法规规章备案制度起到了催生作用。

2015年，《立法法》进行了第一次修正，将地方性法规和地方政府规章制定权的范围，扩大到所有设区的市人民代表大会及其常委会和自治州人大和人大常委会、自治州人民政府。

《立法法》第72条规定，省、自治区、直辖市的人民代表大会及其常务委员会根据本行政区域的具体情况和实际需要，在不同宪法、法律、行政法规相抵触的前提下，可以制定地方性法规。设区的市的人民代表大会及其常务委员会根据本市的具体情况和实际需要，在不同宪法、法律、行政法规和本省、自治区的地方性法规相抵触的前提下，可以对城乡建设与管理、环境保护、历史文化保护等方面的事项制定地方性法规，法律对设区的市制定地方性法规的事项另有规定的，从其规定。

但是设区的市制定的地方性法规仍需要报批程序。《立法法》第72条规定，设区的市的地方性法规须报省、自治区的人民代表大会常务委员会批准后施行。省、自治区的人民代表大会常务委员会对报请批准的地方性法规，应当对其合法性进行审查，同宪法、法律、行政法规和本省、自治区的地方性法规不抵触的，应当在四个月内予以批准。省、自治区的人民代表大会常务委员会在对报请批准的设区的市的地方性法规进行审查时，发现其同本省、自治区的人民政府的规章相抵触的，应当作出处理决定。自治州的人民代表大会及其常务委员会可以依照本条第二款规定行使设区的市制定地方性法规的职权。

二、规章备案制度的诞生

卖啥吆喝啥，干啥想着啥。作为国务院法制局法规监督检查司的工作人员，规章如何监督的问题在脑子里占据很重要的位置。实践中，部门规章与部门规章，部门规章与地方政府规章及地方性法规相互矛盾的问题也日显突出，逼着我们起草、出台规章备案的有关文件进入实操阶段。

（一）国务院办公厅发文，决定建立规章备案制度

1.到全国人大常委会办公厅了解情况

规章备案，当时对于我们来说是全新的工作，没有任何参考资料，起草文件到底规范什么，心里一点儿底也没有。因为地方组织法1979年就规定省级人大及其常委会制定的地方性法规要向全国人大常委会和国务院备案，当时我们想，也许全国人大已经有了法规备案的工作经验，于是，我们到全国人大常委会办公厅了解情况。1987年初，我带着国务院法制局的介绍信去了全国人大常委会办公厅联络局。地方联络处一位女处长接待了我。我们谈了半个多小时，她介绍的情况归纳起来有三个方面：其一，尚没有开展法规备案审查工作，各省、自治区、直辖市人大常委会报送的备案件都锁在柜子里，一般是备而不审。其二，报备的问题主要是内容不规范。有的报备件用文件汇编的撕页，有的还是油印件，有的盖省人大常委会办公厅的章，有的不盖章等。其三，由于报备时间和报备内容没有具体要求，所以有的一件一报，有的年底报，有的没有起草说明和备案报告。这位处长介绍的情况虽然不多，但对我启发很大，后来她所介绍的内容在之后我们起草的"通知"中都有所借鉴和吸收。

2.起草规章备案"通知"的难点

到全国人大常委会办公厅了解情况后，我们就着手起草建立规章备案制度的"通知"。遇到的难题不少，大致有以下几个方面。

（1）建立规章备案制度的目的。建立任何一项新制度，首先要回答为什么建立这项制度的问题。应该说，研究建立规章备案制度的初衷，

是想通过规章备案途径，减少或者消除规章之间、部门规章与地方性法规之间的矛盾，规范行政执法监督检查内容，加强对抽象行政行为的监督。但最后这些内容都没有直接反映，而是把建立规章备案制度的目的定位在三点：其一，完善对规章的管理，重要的是先把规章管起来。当时各部门、各地方制定的规章比较乱，"规章打架"现象时有发生，想通过规章备案管一管，解决一些问题。其二，加强政府法制建设，把规章备案制度作为政府法制建设的一项基本制度来加强。其三，为了解决实际工作需要。当时，在实际工作中，无论是国务院办公厅各局、处、国务院公报室，还是国务院法制局各司、室都需要了解有关地方性法规、地方政府规章、国务院部门规章。至于备案审查、处理，则比较复杂，当时就没考虑，想留着在制度发展中解决，因此，"通知"没有涉及审查和如何处理的问题。

（2）"直属机构规章"的问题。当时的法律都是规定国务院部、委有规章制定权，国务院直属机构制定规章，法律上还没有明文规定。当时法律界对国务院直属机构有无规章制定权也有争议。我们考虑：一是行政机构设置是作为部、委还是作为直属机构并无具体标准，也没有严格界限。实践中，在机构改革时，往往有些部委改为直属机构，如林业部改为国家林业局、体育委员会改为国家体育总局，而有些直属机构又改为部，如国家环保总局改为环境保护部。二是直属机构的职能、管理事项与部委同样重要，不存在重要与非重要之分。三是1987年国务院直属机构有国家物资局、国家物价局、国家统计局、国家工商行政管理局、海关总署等共14个，实践中这些直属机构制定了大量的行政规范，对社会和经济生活的运转起到了不可或缺的作用。因此，我们认为直属机构制定的法律规范与部委制定的规章在程序、性质、作用上基本等同。所以"通知"中使用了"直属机构规章"的概念，也得到了国务院的认可。至此，国务院部、委、直属机构制定的规章统称"部门规章"，2000年被立法法正式确认。可是，在当时提出直属机构规章的概念我们还真没有把握,直到"通知"被批准发布,我们的心才放下来。

(3)要求规章向国务院备案的法律依据问题。1987年以前,无论是宪法、地方组织法,还是国务院组织法,都只是规定省、自治区、直辖市、省会市、较大的市的人民政府和国务院各部、各委员会有规章制定权,但并没有规定其制定的规章向国务院备案。当时,在任何一部法律里,都找不出规章须向国务院备案的明文规定,而"通知"必须首先回答要求规章向国务院备案的法律依据。我记得法制局领导在向国务院领导汇报时,国务院主管法制工作的副秘书长就曾问过,要求规章向国务院备案有法律依据吗?当时我们回答得并不清楚。经过反复研究,我们认为以下法律规定,可以作为要求规章向国务院备案的法律依据:

一是1982年宪法第85条规定,中华人民共和国国务院,即中央人民政府,是最高国家行政机关。第89条规定,国务院有权"统一领导各部和各委员会的工作,并且领导不属于各部和各委员会的全国性的行政工作";"改变或者撤销各部、各委员会发布的不适当的命令、指示和规章";"统一领导全国地方各级国家行政机关的工作";"改变或者撤销地方各级国家行政机关的不适当的决定和命令"。二是地方组织法第55条规定,"地方各级人民政府对本级人民代表大会和上一级国家行政机关负责并报告工作","全国地方各级人民政府都是国务院统一领导下的国家行政机关,都服从国务院"。三是国务院组织法第3条规定,国务院行使宪法第89条规定的职权,在国务院组织法中又明确了宪法第89条规定的上列职权是国务院的法定职权。

以上法律规定说明,国务院在国家行政机关体系中处于最高的领导地位,它统一领导国务院各部、各委员会,以及地方各级行政机关的工作,并享有改变或者撤销各部门的决定、命令和规章以及各地方的不适当的决定、命令权。无论是各部、各委员会,还是各地的规章制定机关都是国务院的下级行政机关,因此,上级行政机关要求下级行政机关将制定的规章向国务院备案是领导和管理权的一种体现方式。宪法、地方组织法规定，全国各级行政机关都要服从国务院的领导，因此，规章制定主体机关将制定的规章向国务院备案是对上级负责和接受领导、监督的一项内容。无论是从行政领导关系上看还是从法理上看，国务院要求国务院部门规章、地方政府规章向国务院备案，都有充分理由，都符合宪法、法律规定的相关精神。然而，毕竟还找不到法律的明文规定，所以，在"通知"中把建立规章备案制度的法律依据表述为："根据实际工作需要，并按照宪法及地方各级人民代表大会和地方各级人民政府组织法的有关规定精神，决定建立地方政府和国务院各部委、各直属机构制定和发布规章的备案制度。"

（二）建立规章备案制度的国办发〔1987〕15号通知发布

"通知"费了九牛二虎之力总算起草完了，经监督司司长审查、修改后，送法制局分管监督司工作的副局长审定，经法制局会议讨论，最后形成法制局报国务院送审稿并报国务院。由于事前有沟通、汇报，"通知"很快被批准发布，于1987年3月7日以《国务院办公厅关于地方政府和国务院各部门规章备案工作的通知》（国办发〔1987〕15号），下发给各省、自治区、直辖市人民政府，国务院各部委、各直属机构。规章备案制度从此诞生，但作为法规规章备案制度还不完善，还没有对地方性法规备案的规范。

三、早期规章备案制度内容

（一）备案机关

《国务院办公厅关于地方政府和国务院各部门规章备案工作的通知》明确了规章向国务院备案的机关是省、自治区、直辖市的人民政府和国务院各部委、各直属机构，而不是它的办公厅或者其他别的机构。省会市、较大的市的人民政府在当时还不是报备机关，其制定的规章由所在的省、自治区统一报送。

(二) 报备范围

《国务院办公厅关于地方政府和国务院各部门规章备案工作的通知》并没有给规章下定义，只是以"规定""办法""实施细则"等名称来区分其他规范性文件，即凡是省、自治区、直辖市及省会市、较大的市的人民政府和国务院各部委、各直属机构制定并发布称为"规定""办法""实施细则"的规章均须向国务院备案。那个年代，无论是政府法制界还是法学界都没有明确规章的定义，当时国务院制定并发布的行政法规与国务院其他规范性文件就是以名称来区分的，国务院制定并发布的"条例""规定""办法"是行政法规，其他规范性文件不是行政法规。借鉴这个区分，基本明确报备范围，如规章制定机关发布的"通知""准则""公告""布告"等就不是规章，就不需要报备。有个范围界定，是为了防止本来不是规章，报备机关也将其报备的问题出现。

(三) 报送时间

《国务院办公厅关于地方政府和国务院各部门规章备案工作的通知》要求从规章批准之日起30日内报送。为什么明确这个限制，主要考虑：其一，借鉴全国人大的经验教训，防止因没有报送时间限制而攒到一块报送的问题出现；其二，考虑到规章批准后有个运转程序和制作、印刷的时间过程，参考国务院法制局、国办文件内部运转、印刷的时间，定为30日内报送较为合适，规章批准之日起30日内寄出都被视为按通知规定的日期报送。时间短了会给地方、部门工作人员造成压力，时间长了显得拖拉，也没有必要。这个期限后来也被全国人大发布地方性法规备案的通知以及立法法所吸收，可见其合理性。

（四）报备材料及要求

报备材料包括，规章文本、起草说明、备案报告。对报备材料的具体要求是：每份备案材料一式25份；要铅印或打印，不要以会议文件或文件汇编的撕页报送；备案报告上，要加盖报备机关的印章。报备材料和要求，主要根据全国人大介绍的内容确定。需要说明的有三点：其一，"一式25份"是考虑当时的实际需要而定的。经调查，除备案审查、存档管理需要外，国务院法制局各司室、国办各局处和国务院公报室也都需要参考。后来"一式25份"显得多了一些，统一到一式15份。其二，那个年代，行政机关办公条件较差，使用油印材料的还不少，上报的材料使用文件或文件汇编的撕页代替也有之，所以，必须加以规范。通知要求一律铅印或打印并不要以会议文件或文件汇编的撕页报送。其三，备案报告是创制性要求，主要考虑地方、部门制定的规章是向上级申请备案，上级机关也有准予和不准予备案登记的审查权力，因此，申请备案机关必须有备案报告，并同时要求在备案报告上加盖备案申请机关的印章。不能是办事机构的印章，而必须是申报机关的印章。

四、全国人大常委会办公厅、国务院办公厅联合发文，规范地方性法规备案制度

（一）"两办"联合发文，进一步完善地方性法规备案程序

《国务院办公厅关于地方政府和国务院各部门规章备案工作的通知》下发不到半个月，全国人大常委会办公厅希望与国务院办公厅联合发布关于地方性法规备案工作的通知。因为宪法、法律虽然规定省、自治区、直辖市人民代表大会和它的常委会，省会市、较大的市人民代表大会及

它的常委会制定的地方性法规向国务院备案，但没有程序规定，国务院又无权给相关地方人大及其常委会发文件规定有关备案事项。虽然规章备案制度有了，但地方性法规备案还没有程序规范，如果国务院能与全国人大联合发文，真是求之不得，正好解决这个难题，于是我表示同意并尽快向领导汇报。国务院法制局领导听了我的汇报，也欣然同意并汇报国办领导。全国人大常委会办公厅会签文件很快寄来，国办领导签批得也很痛快，会签文件返回后不到一周，1987年5月25日，全国人大常委会办公厅向省、自治区、直辖市人民代表大会及其常务委员会和省、自治区人民政府所在地的市及经国务院批准的较大的市的人民代表大会及其常务委员会发出《全国人民代表大会常务委员会办公厅、国务院办公厅关于地方性法规备案工作的通知》。《全国人民代表大会常务委员会办公厅、国务院办公厅关于地方性法规备案工作的通知》，除要求备案材料分别报送全国人大常委会和国务院各一式15份外，其他报备事项与《国务院办公厅关于地方政府和国务院各部门规章备案工作的通知》基本相同。需要说明的有二点：其一，法律依据明确。因为地方性法规向全国人大常委会和国务院备案有宪法、法律的明文规定，所以《全国人民代表大会常务委员会办公厅、国务院办公厅关于地方性法规备案工作的通知》的法律依据，明确规定通知是根据宪法和地方组织法而作出，是针对地方性法规备案的有关具体事项作出通知。其二，法规报备机关明确各省、自治区、直辖市人大常委会为地方性法规报备机关。省会市、较大的市的地方性法规，自治州、自治县的自治条例和单行条例也不能直接报送，而是由省、自治区、直辖市人大常委会统一报送。因为法律对省会市、较大的市制定的地方性法规，自治州、自治县制定的自治条例和单行条例，都有报所在省、自治区、直辖市人大常委会批准发布的程序，所以，省会市、较大的市的地方性法规，自治州、自治县的自治条例和单行条例由该地省级人大常委会统一报送才符合法律规定。

（二）有了规范的地方性法规备案程序，法规规章备案数量激增

《全国人民代表大会常务委员会办公厅、国务院办公厅关于地方性法规备案工作的通知》《国务院办公厅关于地方政府和国务院各部门规章备案工作的通知》的发布，标志着法规规章备案制度在中国法制进程中正式诞生。改革开放的洪流催发我们政府法制工作者的生机，我们每天迎接新的事物，迎接新的阳光，我们为之骄傲。法规规章备案制度是中国政府法制发展的一个坐标，一诞生就表现出强大的生命力和发展空间。

法规规章备案制度诞生后，向国务院备案的法规规章增加迅猛。1987年报备的地方性法规176件，地方政府规章536件，部门规章645件，共计1357件。1988年报备的地方性法规261件，地方政府规章1472件，部门规章769件，共计2502件。1988年比1987年报备的地方性法规、地方政府规章、部门规章增加54%。法规规章备案制度在不断加快的立法进程中顺利运行。

五、法规规章备案制度的法制化

法规规章备案制度，起初毕竟还是以发文件的形式建立起来的，应当尽快将其法制化。于是我们开始总结备案制度运行初期出现的问题，起草法规规章备案规定，以行政法规形式将备案制度法制化。

（一）总结法规规章备案制度运行初期暴露出的问题

备案制度经过一年多的运行，无论是制度设计本身，还是制度的执行，都暴露出一些问题：一是不属于规章的也报送，如一些地方或部门将本地方本部门发布的公告、布告、意见、通知等规范性文件或者其他公文也一起报送。二是不是备案主体的机关也将其制定的文件报来，如轻工总会、供销合作总社等将本机关制定的条文化的文件报送备案。轻

工总会、供销合作总社不是国务院的直属机构，其制定的规范性文件不属于部门规章。看来这些机关对通知的理解还有失偏差。三是未按通知具体要求报送。例如，有的仍不按时间要求报送，经常积攒在一起报；有的没按规定份数报送；有的未写备案报告；有的在备案报告上加盖办事机构印章或没盖印章；有的应附说明而未附说明；等等。

为了正确贯彻执行法规规章备案制度，以上问题亟待改进。1988年10月27日，国务院法制局及时给国务院各部委、直属机构办公厅、条法司（局），各省、自治区、直辖市人大常委会办公厅，各省、自治区、直辖市人民政府办公厅、法制局（办）下发了《国务院法制局关于地方性法规、地方政府和部门规章备案有关事宜的函》（国法函字〔1988〕037号）。

《国务院法制局关于地方性法规、地方政府和部门规章备案有关事宜的函》指出："为了进一步做好地方性法规、地方政府和国务院各部门规章备案工作，现将有关备案事宜函告如下：一、各地区、各部门应按照1987年《全国人大常委会办公厅、国务院办公厅关于地方性法规备案工作的通知》和《国务院办公厅关于地方政府和国务院各部门规章备案工作的通知》的要求，按时将本地区、本部门制定的地方性法规和规章一式20份、备案报告和说明各一式10份报送国务院备案。今年1至9月份未报送的备案件请于11月底前报来。10月份以后的备案件，应当在批准之日起的30日内报送。二、备案件一律铅印或打印，不得以会议文件或文件汇编撕页报送。三、备案报告应加盖本部门或本地区人大常委会、人民政府的印章。四、为了减少备案报送环节，各地区、各部门在备案报告的抬头应写国务院或国务院办公厅，但在发送的信封上可迳写国务院法制局收。国务院法制局的邮政编码是：100017。"《国务院法制局关于地方性法规、地方政府和部门规章备案有关事宜的函》发出后，各地方、各部门认真贯彻，对函中指出的问题，提出的要求，认真纠正，法规规章备案工作有很大改进。

（二）法规规章备案制度本身暴露出的缺陷

1.将法规规章备案制度当成"文档管理活动"

通知没有强调对规章的监督审查，而是侧重于"先管起来"，以至于有的业内人士也把通知建立的规章备案制度当成了一种"文档管理活动"。虽然建立规章备案制度的初衷是希望达到监督的目的，但毕竟没有明确提出对规章的监督，更没有提出对备案后的规章进行审查和如何审查。这是制度设计本身的明显缺陷，因此，修改、完善这项制度的任务就提上日程。

2.备案份数不够合理

实践中，各地方、各部门纷纷反映25份备案材料多了一些。对此，我们的原则是，能改的则尽快改，因此，从1988年037号国法函下发起，通知中的备案份数由一式25份改为一式20份，备案报告和说明改为各一式10份。

（三）规章的争论，凸显加强对法规规章备案审查监督势在必行

1987年至1989年初，对我国行政机关具有里程碑性影响的行政诉讼法正在起草过程中。1987年6月，全国人大常委会法工委完成行政诉讼法"试拟稿"，1988年7月形成"征求意见稿"。在征求意见中，社会上，特别是法学界、政府法制系统，对规章是否作为行政审判的依据，争论非常大。支持者认为：第一，行政规章作为行政审判依据，符合我国国情。实践中，我国行政管理的具体工作一般都是依据规章进行的，如果不以规章为行政审判依据，往往会出现审判活动无法可依。例如，当时海关管理方面的法律仅一件，行政法规也只有14件，而海关总署发布的规章就有427件。如果这些规章不作为依据，对海关行政管理工作顺利进行是不现实的。事实上，许多民事审判，依据规章判决的情况很多。第二，规章是我国法律体系的组成部分，具有执行性法律效力，应该作

为行政审判的依据，否则，会对国家的行政管理、行政体制带来负面，甚至破坏性影响。反对者则认为：第一，行政规章较为混乱，相互矛盾的现象突出，如果作为依据，可能会出现法院无所适从的情况。第二，规章越权或者与上位法不一致，往往从本部门利益出发，需要什么就制定什么，缺乏严格的制定程序，容易将违法内容从形式上合法化等。

当时，政府法制系统的同志多数都支持把规章作为依据的观点。为了弄清问题，反映同志们的意见，国务院法制局于1989年1月19日召开行政诉讼法草案座谈会，邀请全国人大常委会法工委主任顾昂然同志和部分参与行政诉讼法起草的同志，座谈行政诉讼法征求意见稿的一些问题。会上，大家各抒己见，争论热烈。全国人大常委会法工委的同志基本倾向于规章不作为行政审判依据，国务院法制局的领导和同志们反映了各地方、各部门希望把规章作为审判依据的意见和理由。最后，立法机关采取了折中主义，在《行政诉讼法》第53条中规定，人民法院审理行政案件，"参照"国务院部委、地方政府规章。"参照"是一个容易引起歧义的概念，以至于实践中基层人民法院愿意参照就参照，不愿意参照就不参照，随意性很大，实际上等于把规章是否适用于审理行政案件的决定权给了基层人民法院。虽然《行政诉讼法》也规定，人民法院认为地方政府规章与部门规章，以及部门规章之间不一致的，由最高人民法院送请国务院作出解释或者裁决，但是实践中很少有"送请"情况，这个问题只好留作《行政诉讼法》修改时的研究课题。

（四）国务院发布《法规、规章备案规定》，法规规章备案制度法制化

伴随着规章问题的争论和《行政诉讼法》的出台，国务院法制局领导和具体工作人员加快实行法规规章备案审查的主观认识提升了，及时把制定《法规、规章备案规定》列入国务院立法计划一档，调配起草力量，很快将《法规、规章备案规定》草案提交国务院。国务院非常重视法规规章备案制度的完善，1990年2月18日，发布了《法规、规章备案

规定》(国务院第48号令)。值得一提的是,《行政诉讼法》1989年4月4日公布,1990年10月1日施行,就在《行政诉讼法》公布不到一年,还在施行准备期中,国务院就发布了《法规、规章备案规定》。为了贯彻《法规、规章备案规定》,1990年4月29日,国务院办公厅印发了《国务院办公厅关于贯彻实施〈法规、规章备案规定〉的通知》,强调贯彻措施,纠正一些容易出现的问题。至此,法规规章备案制度实现了法制化,从内容和形式上,比起初建时也大大完善。

1.《法规、规章备案规定》比备案制度运行初期新增的内容

一是明确提出对法规规章加强监督。从法规规章备案制度的诞生到《法规、规章备案规定》出台前,经过三年的运行,暴露出最大的问题就是缺乏对法规规章的监督,所以,《法规、规章备案规定》将其制定的目的开宗明义为"为了维护社会主义法制的统一,加强对法规、规章的监督和管理"。

二是界定"法规""部门规章""地方人民政府规章"的含义。法规是指由省、自治区、直辖市以及省、自治区人民政府所在地的市和经国务院批准的市的人民代表大会及其常务委员会根据本行政区的具体情况和实际需要,在不同宪法、法律、行政法规相抵触的前提下按法定程序所制定的地方性法规的总称。部门规章是指国务院各部门根据法律和国务院的行政法规、决定、命令在本部门的权限内按照规定程序所制定的规定、办法、实施细则、规则等规范性文件的总称。地方人民政府规章是指由省、自治区、直辖市以及省、自治区人民政府所在地的市和经国务院批准的较大的市的人民政府根据法律和行政法规按照规定程序所制定的普遍适用于本地区行政管理工作的规定、办法、实施细则、规则等规范性文件的总称。

三是确定审查内容。主要是地方性法规是否同法律、行政法规相抵触;规章是否同法律、行政法规相违背;地方性法规与部门规章之间、规章相互之间是否矛盾;规章的制定是否符合法定程序及规范化要求。

四是设定审查后的处理程序。具体包括：（1）地方性法规同法律、行政法规相抵触的，由国务院提出处理意见，提请全国人大常委会处理。（2）规章同法律、行政法规相违背的，由国务院予以撤销、改变或者责令改正。规章之间有矛盾的，先由国务院法制局进行协调；不能取得一致意见的，由国务院法制局提出意见，报国务院决定。（3）规章报送机关在接到有关处理决定或者意见的30日内，应将处理结果报国务院法制局。（4）规章制定程序及技术上的问题，由国务院法制局提出处理意见，转报送机关处理。此外，对不报或者不按时报备的，由国务院法制局通知报送机关，限期报送；拒不报送的，由法制局向国务院汇报，给予通报批评，并限期改正。

五是其他新增事项。（1）行政法规正式授权法制局负责备案审查和管理工作并提出年度报告。《法规、规章备案规定》明确规定国务院法制局具体负责法规规章的备案审查和管理工作，并规定由国务院法制局每年将规章制定情况、备案工作向国务院提出年度报告。（2）明确要求各部门、各地方每年将所制定规章的目录报国务院法制局。

2.《法规、规章备案规定》对制度运行初期修改或者进一步明确的事项

一是明确部门联合制定规章的报备机关。《法规、规章备案规定》发布之前，国务院几个部门联合制定规章，其报备机关不明确，存在要么联合的部门都报，要么都不报的现象。《法规、规章备案规定》明确为"由主办部门负责报国务院备案"。

二是明确不属于备案的文件范围。国务院部门、地方政府发布的内部工作制度、文件，具体事项的布告、公告以及行政处理决定，不属于备案范围。这就进一步明确了备案范围，解决了什么都报的问题。

三是修改报备份数。法规规章备案制度建立时，要求规章文本、备案报告、起草说明各一式25份。1988年国法函037号将其改为文本一式20份，备案报告、说明各一式10份。1990年4月29日国办贯彻《法规、

规章备案规定》的通知中将备案份数改为文本一式15份，起草说明、备案报告一式5份，使报备份数更切合实际。

四是完善备案格式。法规规章制度建立初期，对报备格式没有统一要求，因此，一些报备机关各行其是。为了统一格式，在总结问题的基础上，国务院法制局设计了备案报告格式（国务院部门备案报告格式、省级政府备案报告格式）和规章目录登记表格式。这些格式以附件形式随1990年4月29日国务院办公厅关于贯彻实施《法规、规章备案规定》的通知下发，使报备格式统一化。

3. 加强备案审查

（1）《法规、规章备案规定》明确对备案的法规规章进行逐件审查

《法规、规章备案规定》实施后，加大了备案审查的力度。起初对备案的法规规章进行逐一审查。具体做法是，把每天接到备案的法规规章一件一件附上备案审查意见表，分发给局内各相关立法司进行审查，并把审查意见填在表上，由该司司长审核签字，然后，反馈备案处处理。大约经过两三年，此方法暴露出一些问题，主要是备案的法规规章太多，根本审不过来，给各立法司带来的工作压力太大，他们没有积极性，致使审查往往流于形式。《法规、规章备案规定》发布后，我们都是一直坚持对法规规章的审查。据备案处的统计，1998年至2012年共审查报送国务院备案的法规规章23712部，纠正或者其他方式处理的存在问题的法规规章745部，起到了对法规规章的监督作用。

（2）规章矛盾的协调和处理

规章矛盾的协调和处理，现举几例：一是城建部门的规章因城市地下矿泉水的开采、利用、管理与水利部门规章之间的矛盾。两个部门规章都授权本部门负责城市地下矿泉水的开采权及发证、收费，致使地方的城建和水利两个部门矛盾很大，往往弄得地方政府无所适从。二是在城市出租汽车管理上，城建部门和交通部门的相关规章都规定管理权。全国对城市出租车的管理不统一，有的地方归城建部门管，有的地方归

交通部门管。如果在城建部门负责管理出租车的城市，出租车只能在城市内运营，不敢出城，出城就要受交通部门的处罚；反之也一样。一时间，矛盾突出。三是地矿部门规章因河道采砂与水利部门规章的矛盾。水利部门规章规定，河道采砂许可证由水利行政主管部门统一发放，实行统一发证、统一收费。地矿部门认为河道里的砂石属于矿藏，因此，要求地方地矿部门"严格按照法定程序办理采矿审批登记手续，严把采矿许可证审批发放关"。两个部门都从管理职能出发，以规章确权，一时间，长江河道采砂问题重重，影响地方政府对河道采砂的管理。四是农机监理部门要求对拖拉机、农用运输车施行牌证管理，核发全国统一牌证，而公安部门又以未挂公安部门发放的号牌为由不准拖拉机、农用车上路。农民不知道听谁的，没办法，到处告状。五是公安部门规章因楼门牌号管理与民政部门规章的矛盾。当时，对楼门牌号的管理全国不统一，有的地方归公安部门管理，有的地方归民政部门管理，但总的来说，由公安部门管理的多些。两个部门都争管理权，矛盾长期存在，这种局面如不改变，严重影响楼门牌号的管理水平。六是在商业网点的建设与布局上相关部门有争议，在部门规章上也有矛盾。当时，国务院在城市建设上要求有一定的配套商业网点，便于市民生活和城市管理，但是商业网点的建设与管理分属两个部门，因此，一直存有争议。

以上规章之间的矛盾，按照《法规、规章备案规定》的处理程序，先由国务院法制局进行协调，提出处理建议，由国务院作出决定。上述关于商业网点的矛盾就是经协调后，提出处理建议，最后国务院决定由各地人民政府根据国务院的有关规定和实际需要来决定本地的商业网点的建设和管理。把商业网点的建设与管理下放给地方政府，主要考虑，商业网点的建设配套和使用管理各地千差万别，没有必要作出全国统一规定，发挥地方政府的主动性，更有利于城市管理。

当时，协调处理规章矛盾问题有个原则，即对同一事项两个部门规章都有规定的，一般来说，除了必须由中央管理的事项外，如果有地方性法规或者地方政府规章规定的，适用地方性法规或者地方政府规章；如果没有地方性法规或者地方政府规章规定的，由地方政府决定适用其中一个部门的规定。当时没有出现停止执行或者撤销部门规章的情况，因为两个部门规章虽然矛盾，但并不与法律、行政法规相抵触，某地决定不适用，其他地方不见得不适用，所以没必要停止执行或者撤销。

从以上规章矛盾的情况看，主要是由于部门职能交叉造成的，当时都是以协调为主，作出其他处理的很少。这些矛盾，随着机构改革的深化与部门的调整已经解决。例如，城市出租车的管理，国务院决定下放给地方，部门不再有这个职能，矛盾自然解决。

4.对问题严重的规章责令改正

在备案审查中，如果发现问题严重的规章，一般先由国务院法制机构致函该制定机关，指出存在的问题，要求其说明情况。接函后，制定机关一般都能自行改正或者停止执行。例如，1998年国家档案局等4部门联合发布《国有企业资产与产权变动档案处置暂行办法》，设定了10万元罚款的行政处罚，而国务院规定，最高不得超过3万元。国务院法制办致函国家档案局，指出与行政法规相抵触的问题。国家档案局很快发出了《国家档案局关于修改〈国有企业资产与产权变动档案处置暂行办法〉行政处罚罚款额度的通知》，将"10万元以下"罚款，修改为"3万元以下"罚款。又如，2000年11月22日，郑州市人民政府发布实施《郑州市馒头生产销售管理暂行办法》，规定从事馒头生产、销售的单位和个人，均要向市商贸行政主管部门提出申请，经审查符合规定条件的，由市商贸行政主管部门发给《馒头定点生产许可证》。并规定，未取得《馒头定点生产许可证》从事馒头生产的，处3000元以上20000元以下罚款。这项规定严重违反社会主义市场经济规律，属于滥设行政许可。经国务院法制办致函，该市自行停止执行《馒头生产销售管理暂行办法》。

5.对地方性法规与行政法规相抵触的处理

1999年12月3日，水利部反映《安徽省淠史杭灌区大型水库库区经济发展扶持资金管理条例》规定的"从淠史杭灌区农业灌溉水费中提取10%"作为淠史杭灌区大型水库库区经济发展扶持资金与国务院《水利工程水费核订、计收和管理办法》相抵触。经研究,主要有以下几个方面的抵触:(1)国务院的《水利工程水费核订、计收和管理办法》明确规定,"水利供水工程所需的运行管理费、大修费和更新改造费由所收水费解决","结余资金可以连年结转,继续使用,但不得用于水利管理以外的开支。其他任何部门不得截取或挪用水费"。而该地方性法规规定从水费中提取10%作为库区经济发展扶持资金,属于水利管理以外的开支,明显抵触行政法规。(2)库区经济发展扶持资金,属于政府性基金,其设立程序违反了《国务院关于加强预算外资金管理的决定》。(3)属摊派行为。

由于国务院对与行政法规抵触的地方性法规,没有停止执行或者撤销的权力,所以,按照《法规、规章备案规定》启动了"提请"程序:(1)由国务院法制办负责法规规章备案审查的政府法制协调司向全国人大常委会办公厅秘书局发出《关于转送水利部反映〈安徽省淠史杭灌区大型水库库区经济发展扶持资金管理条例〉有关问题的函》,并附水利部、财政部、国家计委等部门的有关意见;(2)国务院法制办提出处理意见,报国务院;(3)国务院领导批示:同意法制办的意见;(4)2000年9月16日,国务院办公厅以《国务院办公厅关于对〈安徽省淠史杭灌区大型水库库区经济发展扶持资金管理条例〉处理建议的函》致全国人大常委会办公厅,建议撤销或者停止执行该地方性法规。

国务院出台《法规、规章备案规定》,标志着法规规章备案制度有了规范化、法制化的发展。国务院非常重视贯彻《法规、规章备案规定》,多次在有关政府法制工作文件中,都有专门规定。1993年10月9日,《国务院关于加强政府法制工作的决定》发布,一方面,强调加强行政机关内部监督,强化上级政府对下级政府、政府对其所属各部门的监督,及时发现和纠正行政机关违法或者不当的行政行为;另一方面,更强调严格执行法规规章备案规定,通过备案工作,审查法规规章的合法性,发现规章同法律、行政法规相抵触或者规章之间相矛盾等问题,要依法予以纠正和解决。1999年11月8日,《国务院关于全面推进依法行政的决定》发布,进一步强调按照法规规章备案规定,加强法规规章的备案审查,从源头上、制度上解决"依法打架"的问题,切实维护社会主义法制的统一。在国务院赋予贯彻备案工作的强大力度下,各部门、各地方法制机构贯彻备案规定的热情大大提高,纷纷增设"备案处",配备、充实备案工作人员,制定《法规、规章备案规定》实施办法。

《法规、规章备案规定》经过10年的运行,在政府法制战线上有了一批备案工作人员队伍,为促进法规规章备案制度不断完善而默默工作着,法规规章备案工作基本达到了组织完善、制度完善、运行程序完善。

(五)适应形势需要,对1990年《法规、规章备案规定》进行修改

1. 修改《法规、规章备案规定》的必要性

1990年《法规、规章备案规定》经过10年的运行,取得的效果非常显著,但是我国经济和社会发展迅速,《法规、规章备案规定》已经不适应一些新出现的情况。2000年3月15日,《立法法》公布,2000年7月1日实施。当时也正是我国为加入世贸组织活动频繁时期,处于各界都积极配合的阶段。《立法法》的实施和我国加入WTO以后,社会经济、法律制度形势发展很快,《法规、规章备案规定》已经明显与WTO和《立法法》的规定不一致,客观上需要修改和健全法规规章备案制度。

(1)《法规、规章备案规定》与《立法法》的规定不一致

一是《立法法》规定"自治州、自治县制定的自治条例和单行条例,由省、自治区、直辖市的人民代表大会常务委员会报全国人民代表大会常务委员会和国务院备案",而《法规、规章备案规定》规定得不明确,虽然在《全国人大常委会办公厅、国务院办公厅关于地方性法规备案工作的通知》中,包括自治州、自治县制定的自治条例和单行条例

的备案，但《法规、规章备案规定》中没有规定。

二是《法规、规章备案规定》与《立法法》对"较大的市"的概念规定不同。《立法法》的"较大的市"包括省会市、经济特区所在地的市和经国务院批准的较大的市，而《法规、规章备案规定》中的"较大的市"，不包括经济特区所在地的市。

三是《法规、规章备案规定》与《立法法》对地方政府规章的报备机关规定不一致。按照《立法法》的规定，省会市、经济特区所在地的市和经国务院批准的较大的市制定的地方政府规章直接报送国务院备案，"较大的市"人民政府成为地方政府规章的报备机关，而在《立法法》之前，包括1987年的国办通知和1990年的《法规、规章备案规定》，"较大的市"政府规章都是由省、自治区人民政府统一报送。这就是说，按照《法规、规章备案规定》，"较大的市"人民政府不是报备机关。因此，关于规章的报备机关，《法规、规章备案规定》与《立法法》的规定明显不一致。这是一项重大的变化。

四是《立法法》增加省级人大常委会、人民政府和较大的市人大常委会为接受地方政规章备案的机关。《法规、规章备案规定》没规定地方政府规章向本级人大常委会备案，也没规定较大的市政府规章向省、自治区人大常委会、人民政府和本级人大常委会备案，而《立法法》规定，地方政府规章应当同时报本级人大常委会备案，较大的市的人民政府制定的规章应当同时报省、自治区人大常委会和人民政府备案，省级人大常委会、较大的市人大常委会和省级人民政府成为接受地方政府规章备案的机关。

五是应当赋予个人、实体认为地方性法规、规章同法律、行政法规相抵触的，可以提出审查建议的权利。《立法法》把这项权利赋予了公民、企业和其他实体。《立法法》第90条规定："国家机关和社会团体、企事业组织以及公民个人认为行政法规、地方性法规、自治条例和单行条例同宪法或者法律相抵触的，可以向全国人民代表大会常务委员会书面提出进行审查的建议，由常务委员会工作机构进行研究，必要时，送有关的专门委员会进行审查、提出意见。"而《法规、规章备案规定》没有这方面的规定，很不适应。

六是《立法法》授权国务院制定规章制定程序。《立法法》第74条明确授权，"国务院部门规章和地方政府规章的制定程序，参照本法第三章的规定，由国务院规定"。

从以上《立法法》对法规规章备案的新要求，显现出修改和进一步完善《法规、规章备案规定》的必要性和迫切性。

（2）《法规、规章备案规定》与WTO有关规定不相适应

我国加入世贸组织承诺"所有个人和实体均可提请中央政府主管机关注意中国贸易制度中未统一适用的情况"，"及时废除与中国义务不一致的地方性法规、政府规章和其他地方性措施"。因此，我国及时进行了法规规章的大规模清理，通过立法增加相关规定。

2.《法规规章备案条例》应运出台

形势催人，我们意识到，在行政法规中必须尽快建立公民、组织对地方性法规、规章和其他政策措施等抽象行政行为提出审查申请的受理机制。为了适应新的形势要求，履行WTO规则和我国对外承诺、贯彻立法法，在总结《法规、规章备案规定》运行10年中存在的问题基础上，国务院法制办起草了《法规规章备案条例》，2001年12月14日经国务院公布，2022年1月1日实施，以新的行政法规替代了《法规、规章备案规定》。2001年11月16日，国务院公布《规章制定程序条例》。这两个行政法规虽然公布的日期差几天，但规定的施行日期都是自2002年1月1日起施行，可以说是法规规章备案制度配套的姊妹篇。如果说《法规、规章备案规定》执行的10年中，法规规章备案制度还是处于趋于完善、比较完善阶段，那么，到了《法规规章备案条例》《规章制定程序条例》公布实施后，法规规章备案制度经过26年的磨练，现在已经达到了内容完备、程序完备的政府法制的一项法律制度。

（六）从八个方面35项规定中看法规规章备案制度的完备

总结《法规规章备案条例》《规章制定程序条例》和其他有关规定，现在的法规规章备案制度的全部内容和程序包括八个方面35项规定。

1. 八类备案主体

（1）省级人大常委会是地方性法规、自治条例、单行条例的报备主体。

（2）经济特区法规的制定机关是授权特区制定的经济特区法规的报备主体。

（3）设区的市法规制定机关是设区的市制定法规的报备主体。

（4）省级人民政府是省、自治区、直辖市制定的地方政府规章的报备主体。

（5）较大的市人民政府是较大的市政府制定的地方政府规章的报备主体。

（6）设区的市人民政府是设区的市制定的地方政府规章的报备主体。

（7）国务院部门是国务院部、委、中国人民银行、审计署和具有行政管理职能的直属机构制定的部门规章的报备主体。

（8）主办的部门是两个或者两个以上部门联合制定的规章的报备主体。

2. 五类接受备案的主体

（1）全国人大常委会是接受地方性法规、自治条例、单行条例、经济特区法规备案的主体。

（2）国务院是接受地方性法规、自治条例、单行条例、经济特区法规和省级地方政府规章、较大的市和设区的市及自治州制定的地方政府规章备案的主体。

（3）省级人大常委会是接受本省、自治区、较大的市、设区的市及自治州制定的地方性法规、地方政府规章备案的主体。

（4）省、自治区人民政府是接受本省、自治区的较大的市、设区的市及自治州政府制定的地方政府规章备案的主体。

（5）较大的市、设区的市、自治州人大常委会是接受本级政府制定的地方政府规章备案的主体。

3.五个审查事项

国务院法制机构对报送国务院备案的法规、规章从五个方面进行审查：

（1）是否超越权限

按照立法法规定，部门规章属于执行法律和国务院的行政法规、决定、命令，在本部门权限范围内制定规章的事项；地方政府规章是为执行法律、行政法规、地方性法规的规定需要制定规章的事项和属于本行政区域的具体行政管理事项，除此范围均属于超越权限。

（2）下位法是否违反上位法的规定

宪法、立法法明确规定，宪法的效力高于法律、行政法规、地方性法规、自治条例和单行条例、规章；法律的效力高于行政法规、地方性法规、规章；行政法规的效力高于地方性法规、规章；地方性法规的效力高于本级和下级的地方政府规章；省级政府规章的效力高于本行政区域内的较大的市、设区的市、自治州政府规章。一般来说，效力较高的法律文件是效力较低法律文件的上位法，效力较低的法律文件是效力较高法律文件的下位法。地方性法规与部门规章之间，部门规章之间，部门规章与地方政府规章之间，不存在上下位之分。授权立法的效力位阶根据授权规定。法律不允许下位法违反上位法。

（3）地方性法规与部门规章之间或者不同规章之间对同一事项的规定不一致，是否应当改变或者撤销一方的或者双方的规定

因为根据立法法的规定，地方性法规与部门规章之间、部门规章与地方政府规章之间，以及部门规章之间，不存在上下位之分，所以，地方性法规与部门规章之间对同一事项规定不一致，部门规章之间及部门规章与地方政府规章之间对同一事项规定不一致，不适用有关上位法的法律效力

高于下位法的原则。如果出现不能确定如何适用时，就要按照有关法律规定处理。有没有出现不能确定如何适用的情况，是审查机关对备案的法规规章的一项审查内容。

（4）规章的规定是否适当

备案审查机关，应当对规章适当性进行审查。过去，在法律中找不到对规章进行合理性审查的规定，实践中，对"适当性"缺乏监督，立法法有"规章的规定被认为不适当，应当予以改变或者撤销"的规定。所谓是否适当，就是规章的规定是不是合理。比如，规章对行政机关自由裁量权幅度的规定，就存在合理不合理、适当不适当的问题，过窄、过宽都不能算作适当或者合理。

（5）是否违背法定程序

法定程序是法律、法规、规章规定的强制性的法律文件制定程序。《规章制定程序条例》规定，制定规章的法定程序包括立项、起草、审查、决定、公布、批准等程序。如果不按这些程序制定规章，就是违背法定程序制定规章。

4. 三个审查程序

（1）征求意见与请制定机关说明情况

为了慎重和准确，国务院法制机构对法规、规章主动审查出的问题，或者个人、组织对法规、规章反映的意见，首先要征求国务院有关部门和地方政府的意见。《法规规章备案条例》第11条规定："认为需要有关的国务院部门或者地方人民政府提出意见的，有关的机关应当在规定期限内回复。"因为有关部门或者地方政府比较了解情况，对问题看得比较清楚，所以，首先要征求和听取他们的意见。在充分了解情况的基础上，如果国务院法制机构初步认为有问题，还需要向制定机关制发法规、规章制定情况说明函，进一步了解制定的背景、法律依据等情况。所以《法规规章备案条例》第11条规定："认为需要法规、规章的制定机关说明有关情况的，有关的制定机关应当在规定期限内予以说明。"需要说明的是，被征求意见机关应当在规定期限内回复和有关的制定机关应当在规定期限内予以说明，是被征求意见的机关和有关的法规规章制定机关的法定义务，不是可不可回复的问题，还有期限限制。要求有关机关在接到征求意见函15天内回复；特殊情况，可以延到20天。有关制定机关在接到制定情况说明函后20天内回复，最长可以延到30天。

（2）协调

审查的目的在于纠正，只要纠正了就好，往往用不着采取责令改正或者撤销的强制性做法。实践中，制定机关多数都不是故意作出错误规定的，只要把存在的问题和情况沟通清楚了，多数制定机关都能自行解决。所以，《法规规章备案条例》第15条规定，部门规章之间、部门规章与地方政府规章之间对同一事项的规定不一致的，由国务院法制机构进行协调；协调不能取得一致意见的，再做处理。一般情况下，经国务院法制机构的协调，多数问题都能解决。

（3）建议自行纠正

经过征求意见、制定机关作出情况说明和协调等程序后，如果国务院法制机构认为确实存在违法或者不当的问题，而制定机关又坚持不改的，就要向制定机关制发自行改正的建议函。所以，《法规规章备案条例》第14条规定："经审查，规章超越权限，违反法律、行政法规的规定，或者其规定不适当的，由国务院法制机构建议制定机关自行纠正。"实践中，多数规章制定机关接到建议自行纠正函后，都能自行纠正，并按时间要求回复处理结果。

5. 八种审查处理及程序

（1）对地方性法规的审查处理及程序。提请处理程序。按照我国的法律制度，对地方性法规的问题，国务院没有直接处理权。所以，《法规规章备案条例》第12条规定："经审查，地方性法规同行政法规相抵触的，由国务院提请全国人民代表大会常务委员会处理。"具体提请程序，法律、行政法规或者规章并没有规定，实践中的操作程序，前面已讲述清楚。

（2）关于地方性法规与部门规章对同一事项规定不一致的处理及程序。由国务院法制机构提出处理意见，报国务院依照立法法的规定处理。因为，地方性法规与部门规章之间不是上下位法的关系，所以遇到对同一事项规定不一致，不能确定如何适用时，处理的程序比较复杂。《立法法》第86条第1款第2项对处理及程序作出了明确规定："地方性法规与部门规章之间对同一事项的规定不一致，不能确定如何适用时，由国务院提出意见，国务院认为应当适用地方性法规的，应当决定在该地方适用地方性法规的规定；认为应当适用部门规章的，应当提请全国人民代表大会常务委员会裁决。"

（3）对规章超越权限，违反法律、行政法规及规定不适当的处理及程序。分两种情况：一是"由国务院法制机构建议制定机关自行纠正"；二是"由国务院法制机构提出处理意见报国务院决定，并通知制定机关"。

（4）关于规章之间对同一事项规定不一致的处理及程序。部门规章之间、部门规章与地方政府规章之间对同一事项的规定不一致的，其处理和处理程序也分两种情况：一是"由国务院法制机构进行协调"；二是"经协调不能取得一致意见的，由国务院法制机构提出处理意见报国务院决定，并通知制定机关"。

（5）对无效规章和规章在制定技术上存在问题的处理及程序。《规章制定程序条例》第2条、第8条对什么是无效规章分别作出规定，规章不按照立项、起草、审查、决定、公布、解释等6个法定程序制定的，其制定的规章无效；涉及国务院两个以上部门职权范围的事项，有关部门应当联合制定规章，国务院有关部门单独制定的规章无效。《法规规章备案条例》第16条规定，对《规章制定程序条例》第2条第2款、第8条第2款规定的无效规章，国务院法制机构不予备案，并通知制定机关。

（6）规章在制定技术上存在问题的，国务院法制机构可以向制定机关提出处理意见，由制定机关自行处理。

（7）规章制定机关应将处理情况报国务院法制机构。规章制定机关，在接到国务院处理通知或者国务院法制机构处理函后，自通知之日起30日内，将处理情况报国务院法制机构。

（8）国家机关、社会团体、企业事业组织、公民建议审查程序。为了适应有关WTO和《立法法》的规定，法规规章备案审查吸纳了建议审查程序。《法规规章备案条例》第9条规定，国家机关、社会团体、企业事业组织、公民认为地方性法规同行政法规相抵触的，或者认为规章以及国务院各部门、省、自治区、直辖市和较大的市的人民政府发布的其他具有普遍约束力的行政决定、命令同法律、行政法规相抵触的，可以向国务院书面提出审查建议，由国务院法制机构研究并提出处理意见，按照规定程序处理。

6.备案登记

备案登记是在总结《法规、规章备案规定》10年运行经验的基础上，对法规规章备案制度新充实的一项内容。在实施《法规、规章备案规定》的过程中，暴露出报送备案的承办机构或者负责报送的工作人员随意性较大的问题，漏报、少报，并有把材料报上来就算备案的思想，对能不能备案、给不给备案缺乏约束性。同时，对备案管理的具体程序也欠缺严密性、科学性。因此，在《法规规章备案条例》中增加了法规规章备案登记的规定，分四种情况。

（1）予以备案登记

对报送备案的地方性法规、经济特区法规、自治条例、单行条例，其制定主体符合法律规定，并依照法定职权和程序制定，符合全国人大常委会关于法规备案要求的，国务院法制机构予以登记；对报送备案的规章，其制定主体符合法律、行政法规的规定，并依照《规章制定程序条例》制定，符合按照规定格式将备案报告、规章文本和说明装订成册，一式10份要求的，国务院法制机构予以备案。

（2）不予备案登记

对报送的地方性法规、经济特区法规、自治条例、单行条例、规章，不符合以上要求的，不予备案；对报送备案的规章，不符合以上予以备案的条件的，不予备案。

（3）暂缓办理备案登记

报送备案的地方性法规、经济特区法规、自治条例、单行条例，虽然符合制定主体和制度程序的备案条件，但不符合全国人大常委会关于法规备案要求的，暂缓办理备案登记；报送备案的规章，虽然符合制定主体和制度程序的备案条件，但不符合按照规定格式将备案报告、规章文本和说明装订成册，一式10份要求的，暂缓办理备案登记。

（4）补充报送备案或者重新报送备案

对于暂缓办理备案登记的，由国务院法制机构通知制定机关补充报送备案或者重新报送备案，补充或者重新报送备案符合规定的，予以备案登记。

7.规章报备机关的法律责任

《法规规章备案条例》第20条规定，对于不报送规章备案或者不按时报送规章备案的，由国务院法制机构通知制定机关，限期报送；逾期仍不报送的，给予通报，并责令限期改正。

8.六项其他规定

（1）法规规章报送备案的日期

自法规规章公布之日起30日内，报送备案。

（2）法规规章备案内容与格式

《法规规章备案条例》第6条第2款规定，报送法规备案，按照全国人大常委会关于法规备案的有关规定执行。2000年的《行政法规、地方性法规、自治条例和单行条例、经济特区法规备案审查工作程序》规定，法规备案内容包括：备案报告、公告、有关修改（废止或者批准）

的决定、法规文本、说明及审议结果报告等有关材料，装订成册，一式10份。对备案格式的要求是：备案报告由版头、发文字号、标题、主送机关、正文、发文机关署名、成文时间、印章等部分组成。规章备案的内容包括：备案报告、规章文本（具备条件的应当同时报送法规、规章的电子文本）和说明，按照规定的格式装订成册，一式10份。规章备案的格式有4种：部门规章备案格式，部门联合规章备案格式，地方政府规章备案格式，年度规章目录备案格式。

（3）法规、规章制定机关报送年度目录

法规、规章的制定机关应当于每年1月底前，将上一年所制定的法规、规章目录报国务院法制机构。

（4）负责法规规章报送备案的承办机构

过去，负责法规规章报送备案的承办机构不明确，各部门、各地也不统一，有的是法制机构，有的是办事机构，还有的是政策研究机构，给法规规章报送备案工作带来混乱。由谁来承办，在《法规规章备案条例》和2000年的《行政法规、地方性法规、自治条例和单行条例、经济特区法规备案审查工作程序》中有了明确：按照《行政法规、地方性法规、自治条例和单行条例、经济特区法规备案审查工作程序》的规定，地方性法规，自治州、自治县制定的自治条例和单行条例由各省、自治区、直辖市人大常委会办公厅负责报送；经授权制定的经济特区法规由制定机关办公厅（室）负责报送。按照《法规规章备案条例》的规定，负责规章报送备案的机构是：国务院部门法制机构；省级人民政府和较大的市人民政府法制机构。国务院法制机构负责国务院的法规规章备案工作，履行备案审查监督职责。

（5）与行政诉讼法相衔接的规定

部门规章之间、部门规章与地方政府规章之间对同一事项的规定不一致，由国务院法制机构提出处理意见报国务院决定的处理结果，按照《法规规章备案条例》的规定，可以作为对最高人民法院依照行政诉法第53条送请国务院解释或者裁决的答复。

（6）授权省级政府根据《法规规章备案条例》的有关规定，建立相关的备案审查制度

省级政府应当依法加强对下级行政机关发布的规章和其他具有普遍约束力的行政决定、命令的监督，建立相关的备案审查制度，从此，地方省级政府对下级行政机关的抽象行政行为建立了审查监督制度。

《法规规章备案条例》从备案主体、接受备案的主体、审查事项、审查程序、审查处理程序、备案登记、备案机关的法律责任以及其他规定等八个方面，作出了35项规定，构成了法规规章备案制度的完备内容，并实现了定型化。

六、国家法规规章备案库

（一）成立

国务院法制办公室根据国务院、全国人大的有关规定建立的法规规章备案库，是全国唯一的法规规章备案数据库，可以称为国家法规规章备案数据库。

1998年以前，由于把重点放在备案审查上，关于怎么管理在方向上也不甚明确，所以对报上来的法规规章并没有整理，而是放在柜子、地下室或者角落里。当时，我司有的同志错误地认为对法规规章的审查，可以实行"不告不理"的原则。"不告不理"是适用于法院审判侮辱、诽谤案、暴力干涉婚姻自由案、虐待案等案件的一个原则，就是说，这类案件，如果没人举报揭发，没有原告，公安机关、法院是不会立案侦查或者审查的。但是法规规章审查是行政的一种审查，不能适用"不告不理"的原则，法规规章审查应该主动审查。报备的法规规章长期没整理是我们的工作失误。1998年初，我们加大投入，对报送的法规规章进行

了分类整理，装订成册，排序上架，决心建立一个同图书馆、档案馆一样规模的法规规章备案库。

截至1998年，报送备案的法规规章已经有23305件。如果除去1998当年报送的1765件法规规章，未整理的法规规章有21540件。每件法规规章都包括文本、起草说明、备案报告等文件，再加上一式10份的复本，对二十几万份无序的文件进行了整理。

如何分类成册，当时也是一个不小的难题。我学过图书分类，懂一些期刊合订的知识，又是这项工作的主管负责人，所以，总体设计工作自然落到我身上。设计包括开本、封面、书脊、文字、分类等。

1.开本：采取16开本，成品尺寸18cm×26cm，每册厚度5cm左右。

2.封面：上下三行文字，上行"法规规章备案件"为书名，下行"国务院法制办公室"为馆藏单位，上二行为年代，均为横书。整个封面为深紫红，一色，纸板装。

3.书脊：书脊上的文字较多，所以采取平脊。书脊共4行文字。顶行标明合订年代，为阿拉伯数字；最下行标明年内的册序号，也为阿拉伯数字；顶行和最下行均为横书。上二行标明地方性法规或国务院部门规章或地方政府规章；上三行标明本册合订的地方性法规或者地方政府规章所在的省、自治区、直辖市，部门规章所在的国务院部门，上二行、上三行均为竖写。

4.文字：封面、书脊文字均为仿宋体，烫金。

5.分类：先以年划分，年内再分地方性法规、国务院部门规章、地方政府规章三类，每类独立成册。考虑到每册厚度大体一致，有时候某地区的地方性法规要分装两册或者多册，有时候也要和邻近省区合订。国务院部门规章、地方政府规章也有这种情况。

我们把2万多件的法规规章备案件，整理出381份，连同设计要求送国务院办公厅印刷厂装订。与此同时，法制办秘书行政司给我们调配了一间地下室，作为库房，考虑到防潮还进行了精装修。为了早些时候上架，我又到国家图书馆的图书馆设备用品公司订购了书架。大约在1998年10月，送国办印厂装订的381册法规规章备案件取回，并排序上架，法规规章备案库正式建成。现在的库房已为标准库房，书架也换成全封闭轨道式的标准档案柜，真正成为具有规模的现代化法规规章备案库。

（二）纸质文本

现在法规规章备案件，纸质文本已拥有1104册，其中，地方性法规540册，国务院部门规章199册，地方政府规章365册。截至2012年12月，已收藏珍贵的法规规章备案文件45580件。

（三）电子文本

《法规规章备案条例》规定报送法规、规章备案，具备条件的，应当同时报送法规、规章的电子文本。那时考虑各地、各部门条件不一样，电子文本报送软件也在试运行阶段，所以，没有统一要求。2010年以后，实行电子文本报送的条件成熟，同时，为了落实国务院"加强备案工作信息化建设"的要求，开始实行电子文本报送。2010年11月5日，国务院法制办发出《关于规章报备时同时报送电子文本的通知》（国法秘函〔2010〕492号），要求各地方、各部门自2011年1月1日起规章制定机关的报备机构在报送纸质文本备案时，应当同时报送规章电子文本，规章电子文本应当与规章标准文本保持一致，并符合规定的格式和要求。从此，法规规章备案库除纸质文本外，还包括规章的电子文本，丰富了法规规章备案库，也向现代化迈进了一步。

七、中共中央、国务院、全国人大常委会重视法规规章备案审查工作

法规规章备案制度发展，离不开领导者和有权机关的重视、支持和

制度本身存在的合理性与现实意义。这项制度一出现就受到领导和各方的重视与支持。

（一）备案审查第一次上了中央文件，列为若干重大问题决定中的问题

2013年11月12日，党的十八届三中全会通过了《中共中央关于全面深化改革若干重大问题的决定》。其中，第九部分"推进法治中国建设"对法规规章备案审查工作提出明确要求：建设法治中国，必须坚持依法治国、依法执政、依法行政共同推进，坚持法治国家、法治政府、法治社会一体建设。一切违反宪法法律的行为都必须予以追究。完善规范性文件、重大决策合法性审查机制。建立科学的法治建设指标体系和考核标准。健全法规、规章、规范性文件备案审查制度。这是开天辟地第一次，在党的重要决定中，对法规规章备案审查制度作出的专门规定。我非常激动，看到这个规定，我流泪了，我为这项制度的建立、维护，付出过艰辛，流过汗水，我感到由衷自豪。党中央肯定了这项制度在政府法制乃至中国法律制度建设中的地位和作用，每个给这项制度添砖加瓦的人都值得骄傲。

（二）国务院重视法规规章备案审查

作为承担国务院政府法制工作的司法部，为了进一步推动法规规章备案审查工作，于2020年9月25日，召开法规规章备案审查专家委员会会议。司法部向受聘为专委会委员的19位立法工作者、法官、专家学者和律师颁发聘书。司法部要求专家委员会为加快建设中国特色社会主义法律制度体系做出积极贡献。强调要坚持以习近平新时代中国特色社会主义思想为指导，增强"四个意识"、坚定"四个自信"、做到"两个维护"，强化使命担当，认真履行职责，发挥专业特长，扎实推进备案审查工作创新，切实提高法规规章质量水平，为加快建设中国特色社会主义法律制度体系做出积极贡献。司法部指出，法规规章备案审查是一项

具有中国特色的重要立法监督制度,对保障宪法法律实施发挥着重要作用。备案审查工作具有很强的政治性、法治性、专业性。一要站位更高一点,聚力履行职责使命。要把握政治方向、强化质量意识、注重专业定位,深入研究、积极探索、辩证把握,扎实推进备案审查工作。二要观念更新一点,着力推动创新发展。希望各位委员当好理论研究的"思想库""参谋部""智囊团",进一步提高理论研究的系统性、针对性和时效性,在推进工作实践的同时推动理论创新,不断提高法规规章备案审查规范化、科学化、制度化水平。三要工作更实一点,努力实现提质增效。坚持实字为先、干字当头、效字以求,在完善工作机制、强化统筹协调、做好服务保障等方面出实招、见实效,构建顺畅有序、协调有方、指导有力的工作格局。

2023年3月13日,司法部公布法规规章备案审查情况:2023年2月司法部收到地方和部门报送国务院备案法规规章453件,经审查,予以备案登记449件(其中,地方性法规306件,地方政府规章129件国务院部门规章14件),暂缓备案4件。

(三)全国人大常委会法制工作委员会备案审查专家委员会第一次会议召开

为了贯彻落实党中央关于加强备案审查制度和能力建设的部署要求,贯彻落实中央人大工作会议精神,充分发挥专家学者作用,加强备案审查理论研究,提高备案审查工作质量,全国人大常委会法制工作委员会决定成立备案审查专家委员会。备案审查专家委员会是全国人大常委会法工委开展法规、司法解释备案审查工作的专家咨询团队,承担为全国人大常委会法工委开展备案审查工作提供专家咨询意见等工作。12位专家学者受聘成为备案审查专家委员会首批委员。2021年11月19日,全国人大常委会法工委备案审查专家委员会第一次会议宣读全国人大常委会法工委关于成立备案审查专家委员会及关于聘请12位同志为全国人大常委会法工委备案审查专家委员会委员的通知，并向受聘专家颁发了聘书。受聘专家结合自身开展学术研究的实践，围绕备案审查制度的历史、近年来取得的重大进展和未来发展展望、合宪性审查与备案审查的关系以及备案审查专家委员会的定位、作用等作了发言。

  备案审查工作连着宪法，连着人民代表大会制度，连着全过程人民民主，意义重大。党的十八大以来，备案审查制度取得长足发展，备案审查工作取得明显成效，各方面的关注度也显著提升。备案审查工作连着宪法，连着人民代表大会制度，连着全过程人民民主，意义重大。备案审查里面有合法性问题、适当性问题，也有合宪性问题，涉及宪法实施和监督问题，与国家法治建设和民主政治密切相关。备案审查专家委员会的成立，将对全国人大常委会法工委做好备案审查工作，加强备案审查理论研究，提高备案审查工作质量，起到重要促进作用。希望通过备案审查专家委员会这个新机制，进一步密切与专家的沟通联系、交流，从理论上为备案审查实践提供支撑，从法理上讲通、讲好中国法治故事。

附录一

法规清理文献目录

一、第一次至第三十一次法规清理所依据的文献目录

（一）国务院法制局关于法规整理工作的总结报告

（1955年12月30日）

（二）国务院批转法制局关于法规整理工作的总结报告的通知

（1956年9月25日）

（三）国务院经济法规研究中心关于对国务院系统过去颁发的法规、规章进行清理的建议（摘要）

（1983年8月27日）（出自《国务院公报》1983年第21号）

（四）国务院办公厅转发经济法规研究中心《关于对国务院系统过去颁发的法规、规章进行清理的建议》的通知（国办发〔1983〕83号）

（1983年9月22日）（出自《国务院公报》1983年第21号）

（五）国务院办公厅转发国务院经济法规研究中心关于全国第二次经济法制工作会议情况的报告的通知（国办发〔1984〕100号）

（1984年11月17日）（出自《国务院公报》1984年第30号）

（六）国务院关于废止部分财贸法规的通知（国发〔1986〕82号）

（1986年7月25日）（出自《国务院公报》1986年第24号）

（七）国务院关于废止部分农林法规的通知（国发〔1986〕89号）

（1986年9月15日）（出自《国务院公报》1986年第27号）

（八）国务院关于废止部分外事外经贸、工交城建、劳动人事和教科文卫法规的通知（国发〔1987〕2号）

（1987年1月3日）（出自《国务院公报》1987年第6号）

（九）国务院关于废止部分政法、军事、机关工作和其他法规的通知（国发〔1987〕54号）

（1987年6月10日）（出自《国务院公报》1987年第25号）

（十）国务院关于废止部分涉外法规的通知（国发〔1988〕35号）

（1988年6月18日）（出自《国务院公报》1988年第15号）

（十一）国务院关于废止第二批涉外法规的通知（国发〔1988〕70号）

（1988年9月27日）（出自《国务院公报》1988年第25号）

（十二）国务院办公厅关于清理治理整顿期间所发文件的通知（国办发〔1992〕15号）

（1992年4月1日）（出自《国务院公报》1992年第9号）

（十三）国务院关于废止1993年底以前发布的部分行政法规的决定（国务院令第154号）

（1994年5月16日）（出自《国务院公报》1994年第10号）

（十四）国务院办公厅关于开展现行行政法规清理工作的通知（国办发〔2000〕5号）

（2000年1月15日）

（十五）国务院关于废止2000年底以前发布的部分行政法规的决定（国务院令第319号）

（2001年10月6日）（出自《国务院公报》2001年第32号）

（十六）国务院办公厅关于开展行政法规规章清理工作的通知（国办发〔2007〕12号）

（2007年2月25日）（出自《国务院公报》2007年第12号）

（十七）国务院关于废止部分行政法规的决定（国务院令第516号）

（2008年1月15日）（出自《国务院公报》2008年第6号）

（十八）国务院办公厅关于做好规章清理工作有关问题的通知（国办发〔2010〕28号）

（2010年4月29日）

（十九）国务院关于废止和修改部分行政法规的决定（国务院令第588号）

（2011年1月8日）（出自《国务院公报》2011年第3号）

（二十）国务院关于修改和废止部分行政法规的决定（国务院令第628号）

（2012年11月9日）（出自《国务院公报》2012年第33号）

（二十一）国务院关于废止和修改部分行政法规的决定（国务院令第638号）

（2013年7月18日）（出自《国务院公报》2013年第22号）

（二十二）国务院关于修改部分行政法规的决定（国务院令第645号）

（2013年12月7日）（出自《国务院公报》2014年第1号）

（二十三）国务院关于废止和修改部分行政法规的决定（国务院令第648号）

（2014年2月19日）（出自《国务院公报》2014年第7号）

（二十四）国务院关于修改部分行政法规的决定（国务院令第653号）

（2014年7月29日）（出自《国务院公报》2014年第24号）

（二十五）国务院关于宣布失效一批国务院文件的决定（国发〔2016〕38号）

（2016年6月25日）

（二十六）国务院关于修改部分行政法规的决定（国务院令第666号）

（2016年2月6日）（出自《国务院公报》2016年第8号）

（二十七）国务院关于修改和废止部分行政法规的决定（国务院令第676号）

（2017年3月1日）（出自《国务院公报》2017年第10号）

（二十八）国务院关于修改部分行政法规的决定（国务院令第687号）

（2017年10月7日）（出自《国务院公报》2017年第31号）

（二十九）国务院关于修改部分行政法规的决定（国务院令第690号）

（2017年11月17日）（出自《国务院公报》2017年第35号）

（三十）国务院关于废止《中华人民共和国营业税暂行条例》和修改《中华人民共和国增值税暂行条例》的决定（国务院令第691号）

（2017年11月19日）（出自《国务院公报》2017年第35号）

（三十一）中共中央办公厅、国务院办公厅、中央军委办公厅《关于开展军民融合发展法规文件清理工作的通知》

（2018年2月22日）

（三十二）国务院关于修改和废止部分行政法规的决定（国务院令第698号）

（2018年3月19日）（出自《国务院公报》2018年第11号）

（三十三）国务院办公厅关于开展生态环境保护法规、规章、规范性文件清理工作的通知（国办发〔2018〕87号）

（2018年9月12日）（出自《国务院公报》2018年第27号）

（三十四）国务院关于修改部分行政法规的决定（国务院令第703号）

（2018年9月18日）（出自《国务院公报》2018年第29号）

（三十五）国务院关于修改部分行政法规的决定（国务院令第709号）

（2019年3月2日）（出自《国务院公报》2019年第9号）

（三十六）国务院关于修改部分行政法规的决定（国务院令第710号）

（2019年3月24日）（出自《国务院公报》2019年第12号）

（三十七）国务院关于修改部分行政法规的决定（国务院令第714号）

（2019年4月23日）（出自《国务院公报》2019年第13号）

（三十八）国务院关于修改《中华人民共和国外资保险公司管理条例》和《中华人民共和国外资银行管理条例》的决定（国务院令第720号）

（2019年9月30日）（出自《国务院公报》2019年第30号）

（三十九）国务院关于修改和废止部分行政法规的决定（国务院令第726号）

（2020年3月27日）（出自《国务院公报》2020年第10号）

（四十）国务院关于修改和废止部分行政法规的决定（国务院令第732号）

（2020年11月29日）（出自《国务院公报》2020年第10号）

（四十一）国务院关于废止部分行政法规的决定（国务院令第747号）

（2021年9月9日）（出自《国务院公报》2021年第29号）

二、其他文件目录

（一）国务院法制局关于工作部署和加强法制工作的报告

（1955年1月13日）（出自《国务院公报》1955年第2号）

（二）国务院秘书厅关于总理对法制工作指示的通知

（1955年2月7日）（出自《国务院公报》1955年第2号）

（三）国务院法制局组织简则

（1955年11月19日）（出自《国务院公报》1955年第22号）

（四）国务院办公厅转发国务院清理法规工作小组关于国务院各部门清理法规的情况和今后意见的报告的通知（国办发〔1985〕41号）

（1985年6月24日）（出自《国务院公报》1985年第20号）

附录二

法规汇编文献目录

（一）管理书刊出版业印刷业发行业暂行条例

（1952年8月16日）

（二）中共中央、国务院关于加强出版工作的决定（中发〔1983〕24号）

（1983年6月6日）（出自《国务院公报》1983年第13号）

（三）国务院办公厅关于改进行政法规发布工作的通知（国办发〔1988〕25号）

（1988年5月31日）（出自《国务院公报》1988年第13号）

（四）中共中央办公厅、国务院办公厅关于整顿、清理书报刊和音像市场，严厉打击犯罪活动的通知（中办发〔1989〕13号）

（1989年9月16日）

（五）法规汇编编辑出版管理规定

（1990年7月29日国务院令第63号发布　2019年3月2日国务院令

第709号修订）（出自《国务院公报》1990年第16号、2019年第9号）

（六）新闻出版署关于贯彻执行国务院《法规汇编编辑出版管理规定》的通知

（1991年12月23日）

（七）中共中央办公厅、国务院办公厅关于加强和改进书报刊影视音像市场管理的通知（中办发〔1994〕19号）

（1994年11月7日）

附录三

法规规章备案文献目录

一、法规规章备案相关文献

（一）法规、规章备案规定（国务院令第48号）

（1990年2月18日）（出自《国务院公报》1990年第3号）

（二）规章制定程序条例（国务院令第322号）

（2001年11月16日）（出自《国务院公报》2002年第1号）

（三）法规规章备案条例（国务院令第337号）

（2001年12月14日）（出自《国务院公报》2002年第3号）

（四）国务院关于修改《行政法规制定程序条例》的决定（国务院令第694号）

（2017年12月22日）（出自《国务院公报》2018年第3号）

（五）国务院关于修改《规章制定程序条例》的决定（国务院令第695号）

（2017年12月22日）（出自《国务院公报》2018年第3号）

（六）中华人民共和国立法法（主席令第31号）

（2000年3月15日）（出自《国务院公报》2000年第13号）

（七）中华人民共和国立法法（修正）（主席令第20号）

（2015年3月15日）

二、其他文献目录

（一）国务院办公厅关于地方政府和国务院各部门规章备案工作的通知（国办发〔1987〕15号）

（1987年3月7日）

（二）全国人民代表大会常务委员会办公厅、国务院办公厅关于地方性法规备案工作的通知

（1987年5月25日）

（三）国务院关于部委管理的国家局与主管部委关系问题的通知（国发〔1998〕12号）

（1998年4月29日）

（四）国务院法制办秘书行政司关于国务院部委管理的国家局没有规章制定发布权的复函（国法秘函〔2001〕35号）

（2001年3月5日）

（五）国务院办公厅关于法规审查有关工作程序规定的通知（国办函〔2002〕26号）

（2002年3月20日）（出自《国务院公报》2002年第13号）

（六）全面推进依法行政　努力建设法治政府——温家宝总理在全国依法行政工作电视电话会议上的讲话

（2004年6月28日）（出自《国务院公报》2004年第23号）

（七）国务院办公厅关于进一步规范部门涉外规章和规范性文件制定工作的通知（国办发〔2006〕92号）

（2006年11月29日）（出自《国务院公报》2007年第2号）

（八）国务院关于加强法治政府建设的意见（国发〔2010〕33号）

（2010年10月10日）（出自《国务院公报》2010年第32号）

附录四
作者发表在书刊上与本书内容有关的文章目录

1.《对修订中国土地管理法的认识与思考》，载《中国法律》1998年第3期。

2.《中国颁布行政复议法》，载《中国法律》1999年第2期。

3.《中国全面清理行政法规》，载《中国法律》2002年第1期。

4.《六法全书的编纂及分类》，载青峰等主编：《法律编纂研究》，中国法制出版社2005年版。

5.《中国法规规章备案制度的创建（上）》，载《中国法律》2014年第3期。

6.《中国法规规章备案制度的创建（下）》，载《中国法律》2014年第4期。

后　记

笔底含辛苦，岁月不饶人。我呛血、咬牙，总算在82周岁时完成了《法规清理、法规汇编、法规规章备案三项法律制度研究》一书。感悟有新，应该写在"后记"。

一、有点后怕

写这本书的事，一拖再拖，差点没拖成半途夭折。去年10月，我的听力突然断崖式下降，四处求医，无力回天，只好忍受与美好声音世界几乎隔绝的痛苦煎熬。

2022年底，我"中招"了，"新冠"害得我浑身无力，啥都不想干，也无力干。心想，我的书怕是写不成了，恐怕要带着遗憾到另一个世界。还好，躺了一个多月，体力恢复了，我终于完成了全部书稿。我在80岁之前没有"老"的感觉，体力、思维，没有老的变化。可是到了81岁就不一样了，体力、精力，明显不如从前。我有点后怕，岁月不饶人啊，我的书若晚一年开始写，恐怕就瞪眼完不成了，遗憾只好自己忍吞，想起来有点后怕。

二、本书之亮点

（一）有独没见偶

迄今为止，专门研究法规清理、法规汇编、法规规章备案三项法律制度的书还没见到。这个领域,我的这本书只此一种,确是有独没偶,得之新。

(二)"三性"有佳

正如贵州省原省长石秀诗、中编办原副主任黄文平两位领导在本书"序言"中所说:"《三项法律制度研究》一书,具有法学知识性、语言可读性、材料丰富性的特点,对从事政府法制工作的同志具有重要的参考价值。"

(三)中国共产党早期红色革命根据地的四种法律法令汇编闪闪发光

作者带着革命感情和专业视野介绍,珍贵、难得的四部革命早期法律法令汇编,对法律法规内涵拓展、延伸思考,展现当时调整的社会情境,使读者对早期红色革命根据地基础性法律法规工作有所了解,对做好当下的法律法规工作具有重要的指导意义。

(四)适用于教材

在大学时期,我就感到做研究工作的一个难题就是缺少资料。有了资料才有研究的基础,资料越多,越丰富,研究得越通透。本书资料丰富,而且都是文件原件,发布机关权威,对学生理性思考、思维的创新、顿悟灵感,都有积极的启发和引领作用。

(五)同学情颂

我邀请石秀诗、黄文平两位领导,为我的书作"序",二人很快答应,我感到很高兴,体会到二位领导对我的关心、爱护、鼓励和情谊。"序言"写得很精辟,意义表达又全面、灵动。文字功夫深透,不愧为给国务院写过文件的人,我为之赞佩。

1992年我入学中央党校国家机关分校,学习一个学期。同学都是来自国务院系统的各个单位。石秀诗是我们的支部书记,黄文平同学是班长。我们共同研讨邓小平南方谈话，到南方基层实地考察，取得丰富学习成果，结下了深厚的同学情。从1992年到2023年，这31年我们一直联系很密切。这是人间的真情，它像参天的大树，友谊的枝叶越来越繁茂。

石秀诗、黄文平同学从中央党校毕业后，进步很快。石秀诗曾任国务院副秘书长、贵州省省长、全国人大财经委主任。黄文平曾任国务院办公厅秘书三局局长、中编办副主任。官至部长级，但他们没有官气，反而对我们更加和蔼可亲，关心切切，着实让同学们内心称颂。我们的同学情，永远永远。

（六）感谢老同事沈春耀同志

我和沈春耀同志在国务院法制局、国务院法制办工作十几年，是的的确确的老同事。沈春耀现在是全国人大常委会法工委主任，正部级。感谢他对我的这部著作给予的肯定和溢美之言，我得到力鼎鼓励，深深致谢。

2023.6.22端午
2023.7.22阅修

图书在版编目（CIP）数据

法规清理、法规汇编、法规规章备案三项法律制度研究 / 赵威著. -- 北京：中国法治出版社，2024.11.
ISBN 978-7-5216-4740-2

Ⅰ. D920.4

中国国家版本馆CIP数据核字第2024F59386号

责任编辑：李佳欣　　　　　　　　　　　　　　　　　封面设计：李　宁

法规清理、法规汇编、法规规章备案三项法律制度研究
FAGUI QINGLI、FAGUI HUIBIAN、FAGUI GUIZHANG BEIAN SANXIANG FALÜ ZHIDU YANJIU

著者 / 赵　威

经销 / 新华书店

印刷 / 北京虎彩文化传播有限公司

开本 / 710毫米×1000毫米　16开　　　　　　　　　　印张 / 17　字数 / 227千

版次 / 2024年11月第1版　　　　　　　　　　　　　　2024年11月第1次印刷

中国法治出版社出版

书号 ISBN 978-7-5216-4740-2　　　　　　　　　　　　　　定价：85.00元

北京市西城区西便门西里甲16号西便门办公区

邮政编码：100053　　　　　　　　　　　　　　　　　传真：010-63141600

网址： http://www.zgfzs.com　　　　　　　　　　　编辑部电话：010-63141821

市场营销部电话：010-63141612　　　　　　　　　　印务部电话：010-63141606

（如有印装质量问题，请与本社印务部联系。）